教育管理与教育政策

Policy and Governance Evolution of
Higher Education in Australia

澳大利亚高等教育的政策演进与治理嬗变

何晓芳◎著

科学出版社

北京

内 容 简 介

  本书运用政策分析方法，从国别研究视角出发，系统梳理了1850年至今澳大利亚高等教育政策变迁的独特轨迹，分析了不同时代澳大利亚高等教育政策的复杂背景、改革进程与深刻影响，反思了在全球化与新自由主义背景下的大学、政府与市场关系的新变化，关注了澳大利亚大学在治理理念、权力关系与文化转型中的市场逻辑。本书将澳大利亚的高等教育政策演进与治理嬗变过程作为一个经典案例，生动地描述了在"没有强大的本地根基的派生性教育传统和影响下，一个移民国家不断砥砺奋进"，实现高等教育强国梦的特殊经验。

  本书可为教育学科及其他相关学科的教师和研究生提供参考，也可供高等学校、教育行政部门与相关机构的管理者或工作人员参阅。

图书在版编目（CIP）数据

澳大利亚高等教育的政策演进与治理嬗变/何晓芳著. —北京：科学出版社，2020.6
（教育管理与教育政策）
ISBN 978-7-03-064846-4

Ⅰ.①澳⋯　Ⅱ.①何⋯　Ⅲ.①高等教育-教育政策-研究-澳大利亚
Ⅳ.①G649.611.0

中国版本图书馆 CIP 数据核字（2020）第 064259 号

责任编辑：孙文影　高丽丽／责任校对：何艳萍
责任印制：李　彤／封面设计：润一文化

科 学 出 版 社出版
北京东黄城根北街 16 号
邮政编码：100717
http://www.sciencep.com
北京虎彩文化传播有限公司 印刷
科学出版社发行　各地新华书店经销

*

2020 年 6 月第　一　版　　开本：720×1000　B5
2020 年 6 月第一次印刷　　印张：16
字数：287 000
定价：99.00 元

前　言

　　澳大利亚是一个后起的发达国家。两个多世纪之前，英国殖民者硬生生地将西方文明嫁接在这片广袤的土地上，改变了原始的澳大利亚土著社会的历史发展轨迹。作为一种移民性质的殖民地，澳大利亚大陆上最初的高等教育的建立，在本质上是对宗主国文化的引进和复制。新移民既担心地理上的分隔造成与宗主国在文化上的割裂，又希望通过高等教育机构的创建为新社会的发展培养有用之才。高等教育系统就是在这样的背景下创立的，这与北美殖民地的发展历程颇为相似，呈现出较为典型的后发外生型发展特点。从澳大利亚创办第一所大学开始算起，其高等教育的历史已经有约 170 年了，这比澳大利亚建国史更为悠久。从总体上讲，澳大利亚社会的发展过程是渐进式的，很少出现突变性的革命。然而，澳大利亚的高等教育政策与政治、经济改革进程高度契合，同时又是社会意识、观念的综合体现。澳大利亚高等教育政策的演进过程总体体现为一种嬗变。

　　自 1850 年第一所大学创立至第二次世界大战结束，澳大利亚面临着国家新建、社会秩序形成与外部国际环境的挑战，在高等教育制度初创时期借鉴了英国高等教育系统的设计模式，并在后期学习了美国高等教育系统快速发展的经验，建立了高等教育分权管理模式和"双轨"体系。20 世纪 70—80 年代，澳大利亚认识到高等教育迅速发展所依赖的民间市场根基存在重大缺陷，进而运用国家机器的强大力量自上而下地推进了高等教育宏观治理模式改革，并在政策价值上服务于建立澳大利亚民族认同与国家发展取向的根本需要。

20世纪80年代至21世纪初的这段时间，被澳大利亚著名的历史学者麦金泰尔（S. Macintyre）称为"澳大利亚社会的重建期"。虽然政局较为平稳，但黄金发展时代已经终结，前期发展中积累的问题和形成的习惯都已经根深蒂固，迫切需要进行全方位的社会变革。高等教育首当其冲成为政府政策调控的重要领域。在新自由主义经济学说席卷西方的背景下，道金森改革应运而生，包括市场和私人投资在内的多元化经费筹措模式以及高等教育竞争机制的建立标志着澳大利亚高等教育市场化进程的正式启动。随后，霍华德政府将高等教育改革作为经济社会改革的一部分，通过市场的方式加强高等教育体系的多样化建设，以满足社会对高质量高等教育产品的差异化需求，竞争与绩效管理进一步升级，澳大利亚高等教育留学教育成为高等教育出口贸易的主体。

21世纪以来，澳大利亚高等教育规模有了较大幅度的提升，高等教育的整体质量也得到国际社会的认可，留学生教育占据了较为有利的国际市场，但同时也面临着较多挑战与问题。这一时期的高等教育政策均是在回应政府对于这些问题的关注，并指向澳大利亚高等教育的未来发展。其改革集中于以下方面：一方面是财政拨款的比例与模式，财政拨款的比例问题体现了澳大利亚对于高等教育个人收益与社会收益关系的重新认识，财政拨款的模式问题的实质是联邦政府与大学就高等教育治理关系开展的博弈；另一方面涉及大学自身的治理体系和治理能力建设，是从经济学和管理学角度对高校能否面向市场、良好经营、提升运行效率的考量，标志着高等教育市场化改革的不断深化。

澳大利亚高等教育政策的演进历程也是高等教育治理模式与关系的嬗变过程。本书借用布迪厄的"场域思想"，将澳大利亚高等教育政策变迁过程中的大学与政府、市场的关系理解为一种宏观治理场域，将大学内部的制度变革与文化转型解读为一种微观治理场域，对联合国教育、科学及文化组织（以下简称联合国教科文组织）所称的"一种高等教育的改革模式"进行了具体剖析。

　　不管在理念上还是在实践上，澳大利亚高等教育都在发生着变革。由于高等教育国际化进程的推进，澳大利亚的高等教育改革与其他国家具有很强的相似性，即大学在不断回应社会需求、应对外部挑战、解决内部危机的过程中均采取了较为相似的策略。但澳大利亚的案例又有很大的不同，即澳大利亚的高等教育市场不是以美国为代表的自由市场，而是在联邦政府宏观控制之下的"高等教育市场"。在这个过程中，大学、政府与市场之间出现了一种较为特殊的治理关系，出现了一种较为特殊的治理模式。澳大利亚高等教育改革可谓国际高等教育改革的一个典型案例。在我国当前高等教育规模发展进入普及化阶段、高等教育系统整体实现现代化的历史节点上，在全面提升我国高等教育治理体系与治理能力现代化建设的重要关头，对澳大利亚高等教育领域的经验进行研究不仅是有益的，也是必需的。

何晓芳

2019 年 12 月 10 日

目　　录

绪　　论

一、国际高等教育改革与发展的整体形势

（一）国际高等教育政策走向

进入 20 世纪 70 年代后不久，西方"福利社会"的弊端日益显现，在经济均不景气的同时，各国又普遍迎来了高等教育大众化，财政负担日趋沉重，各国政府不约而同地削减教育经费并开始寻求对策，力求在不增加公共开支的情况下来维持和发展本国的高等教育事业。此后一个时期的高等教育改革领域充斥着高等教育大众化、绩效管理问责制、教育产业私营化、高等教育市场化等显性政策话语，同时充满着关于高等教育公平与效率、质量与效益、统一性与多样化等各种理念与价值之争。各国进而通过政策手段促进高等教育质量提升，并且强化高校面向市场办学，通过提升办学业绩与社会声誉，获得更多的办学资源。特别是 20 世纪 80 年代以来，受到里根（R. Reagan）和撒切尔夫人主导的新自由主义、新公共管理主义等经济体制改革的影响，西方许多国家均在传统公共领域治理中引入市场机制，重新界定了政府与市场的关系，提倡公共部门和公共服务的市场化改造。这场变革不仅具有全球政治、经济改革范式的意义，而且在很大程度上影响着各国内部高等教育发展的方向和趋势。高等教育在传统上一直被视为公共领域的重要组成部分，自然而然地接受政府的资助和管理。然而，公共部门的市场化改革使这种优势被大大削弱，同时使"竞争""价

格机制""效益""效率"等市场词汇在高等教育领域中具有了实在的意义。对高校来讲，高校更为强调自身内部的管理效率，推崇公平有序的竞争，更为关注市场需求，进而提升治理成效。

同时，还有一个不容忽视的政策背景，就是全球化与多样化。诚如吉登斯（A. Giddens）所言，全球化的本质是流动的现代性。全球化对很多国家高等教育政策产生了影响，一方面是使得各国高等教育政策的大环境越来越类似，与比较教育学初创时期学者出于好奇开展的国际比较研究相比，当前的比较研究更多是出于实用的目的，借助于了解其他国家在解决类似问题时采用的手段，进而提升本国高等教育的质量与效率；另一方面是全球化也促使高等教育政策更为多样化与个性化。即使知识是国际性的，但高等学校总有其特殊的传统、结构、组织与制度。因此，全球范围内的高等教育政策在全球化与多样化之间存在一种张力。当在分析高等教育政策的相似性时，研究者应该把这种相似性归因于全球化这种外在因素的绝对影响还是应多样性路径中的殊途同归，在这一点上，学者的争议一向很大。

基于此，国际高等教育政策改革在差异化政策问题的驱使下呈现出带有共性的趋势。政策本身既有普遍性，又有特殊性。普遍性可体现为一种范式上的转型，各国相继从凯恩斯模式中跳出来，通过政策的手段重新界定高等教育领域内部各主体的定位及其之间的关系，重新确立新型的高等教育资源的组织与利用的手段，重新审视高等教育自身的价值与功能。在这一过程中，高等教育政策的主客体关系也发生了前所未有的变革，深刻地影响了高等教育的体制改革、学术环境、管理模式以及大学的发展方向。对政策变迁进行研究，易于发现国际高等教育政策的普遍性，更容易解释当前国际高等教育改革的重要问题。同时，差异化的政策研究则可以解释不同国家在面临相似问题时所秉承的价值体系与采取的政策手段的根本差异，因此更具解释意义。

（二）国际高等教育政策变迁中的大学治理

在国际高等教育研究的背景下，大学治理的模式与特征既体现了高等教育制度与政策在传统、文化、管理与实践等多个层面上的碰撞，又体现了大学在国际化与本土化的情境中对于自由、平等、公正、效率等多元价值的追求与博弈。在不同的高等教育传统文化下，不同国家中大学、政府、市场的关系，以及大学内部资源配置与决策的路径与手段均呈现出较大差异。随着高等教育国际化潮流的深刻影响，以及 20 世纪 80 年代以来的"新公共管理"改革，不同高等教育系统在变迁中呈现出类似的特征。在强调政府宏观管控、不断加强公共部门绩效管理与引入市场调节机制的背景下，大学、政府与市场的关系被重新塑造。以往由政府强势控制大学运作的国家，纷纷放松了对大学办学标准、课程、学位要求、考试制度等方面的直接管控，给予大学更多的办学自主权，并通过经费竞争以及绩效评估的方式对大学进行宏观管控。然而，以往大学享有更多治理权力的国家，政府则收紧了对于大学的管理，从以前的无为而治，到现在通过财政、项目、评估等手段，逐渐间接介入大学治理过程。从大学与政府间的关系上看，国家政府权力对于大学治理的影响出现了折中的趋势。这说明在不同国家的高等教育治理变迁中，大学宏观治理以不同的作用方式产生了较为类似的政府—大学关系。在保留宏观管控影响力的前提下，政府实现治理权力的下放，从硬性直接控制到通过绩效与质量评估进行间接控制，通过引入市场机制与企业管理手段，大力促进大学办学资源的有效配置，增强了成本—收益意识，形成了大学面向市场办学的文化。

伴随政府在高等教育管理上的角色转型，大学获得更多评聘、招生、课程等领域的办学自主权；在以绩效评估为导向的高等教育竞争机制下，大学更加关注社会与市场声誉；在引入市场机制与企业管理手段的同时，大学积极吸纳社会利益相关者参与办学。在这种宏观治理情境的变革中，大学内部的治理理念、权力体系、组织架构、运行机制以及整体的办学资源配置过程均受到深刻影响。传统上对于治理模式的定义，包括"外部人治理""内部人治理""混合型治理""分享式治理"，均呈现出不同于以往的特点，大学内部呈现出多元权力关系网络，围绕着治理实体进行权责划分的方式，以及权力在实现自身价值时所表现出来的相互作用关系，是新形势下大学内部治理研究的热点。

列宁曾指出，"规律就是关系……本质的关系或本质之间的关系"①。对于大学治理的研究，在某些程度上体现为对外部利益相关者以及内部治理主体之间关系的演变过程的探讨。20 世纪 80 年代以前，政府一直将高等教育视为公共部门的重要组成部分，其顺理成章地成为高等教育"公共产品"的唯一可靠的提供者，而大学则心安理得地接受政府的资助，不必更多关注瞬息万变的社会需求。然而，面对全球化、新自由主义、新公共管理以及市场经济发展等众多挑战和要求，许多国家开始重新思考高等教育在社会系统中的位置，重新调整

①　列宁. 列宁全集（第 38 卷）[M]. 中共中央马克思恩格斯列宁斯大林著作编译局编译. 北京：人民出版社，1988：161.

对于大学管理的理念与策略。当政府通过大规模放权或采用更有针对性的管理手段，充分利用市场机制与大学的自主行为时，传统力的平衡正在改变。在这一张一弛中，大学内部的各种力量也在相互博弈，进而形成了不同国家高等教育政策变迁的路径，体现出了鲜明的大学治理特色。

（三）当前我国高等教育改革的重心

高等教育管理体制改革一直都是我国高等教育改革的主线。1979 年 12 月 6 日，《人民日报》发表《给高等学校一点自主权》一文，将大学与政府关系的问题提到学术研究与社会讨论的前台。①相应的理论研究逐渐成为学科热点，并涌现出众多的学术成果。20 世纪末社会主义市场经济体制的确立可以作为一个时代的关键节点，包括高等教育在内的社会其他子系统均全面开展与社会主义市场经济体制相适应的体制机制改革，政府与高校之间的关系在多年的理论研究的基础上，成为政策调控与实践改革的重心，政府有所为而有所不为的定位，促使高校焕发了新的活力。此后，高等教育领域中的诸多政策调控均直接或间接地与高等教育管理体制改革相关。

随着社会主义市场经济体制的建立和全球化浪潮的冲击，我国高等教育面临越来越多的挑战。2015 年，国务院印发《统筹推进世界一流大学和一流学科建设总体方案》，提出到 21 世纪中叶基本建成高等教育强国。②高等教育强国建设最迫切的任务，是建立与世界一流大学相匹配的治理体系。当前，我国高等教育的改革与发展进入深水区，传统教育管理政策的弊端不断显现。随着高等教育大众化进程的不断推进，高等教育整体规模与高等教育质量水平的发展并没有随时保持高度契合，高等教育对经济社会发展的适应与引领作用并未完全有效发挥，大学自身改革频频遇到多重阻碍。学界与社会都在关注和思考高等教育当前问题的破解之法。在诸多原因中，大学、政府与市场的关系被认为是主要因素，大学治理体系与治理能力的现代化建设成为当务之急。在 2018 年 9 月召开的全国教育大会上，习近平总书记又一次强调，"要深化办学体制和教育管理改革，充分激发教育事业发展生机活力"③。结合历次主要领导的重要

---

① 苏步青，李国豪，刘佛年，等. 给高等学校一点自主权[N]. 人民日报，1979-12-06（003）.

② 国务院关于印发统筹推进世界一流大学和一流学科建设总体方案的通知[EB/OL]. http://www.gov.cn/zhengce/content/2015-11/05/content_10269.htm[2019-09-16].

③ 习近平. 坚持中国特色社会主义教育发展道路 培养德智体美劳全面发展的社会主义建设者和接班人[EB/OL]. http://www.xinhuanet.com/politics/2018/09/10/c_1123408400.htm[2019-10-15].

讲话与中央政策文本的分析，可以看出深入推进我国高等教育治理体系与治理能力现代化建设，已经成为一个时期内我国高等教育总体改革与发展的重心。

（四）澳大利亚案例的典型性

澳大利亚的高等教育是传统英国高等教育的一个分支。盎格鲁-撒克逊高等教育体系的文化内部有很多共通性，但在不同的客观环境与内外因素的共同作用下，澳大利亚高等教育系统体现出较为鲜明的"同质异形"发展路径。澳大利亚是一个善于借鉴的民族，高等教育体制的建立相对较晚，最初既没有像美国那样雄厚的经济基础，也没有像英国那样丰富的高等教育传统和文化，但在不断进行的一系列全球化和本土化努力中，高等教育在短时间内取得了快速的发展，在高等教育国际化潮流的推动下，已经跻身于世界主要高等教育留学目的地国之列，其高等教育总体实力和水平不容小觑。澳大利亚的高等教育发展具有鲜明的特色，被联合国教科文组织称为"一种高等教育的改革模式"，其高等教育发展历程是"没有强大的本地根基的派生性教育传统和影响，与一个移民国家不断砥砺奋进"[①]的交互作用。

20 世纪 80 年代以来，澳大利亚以政府为主导，对高等教育机构设置、管理体制、投资体制等诸方面进行了一系列市场化改革运动。澳大利亚高等教育的理念与实践都在发生着变革，政策变迁的核心就是大学治理环境与关系的嬗变，既包括宏观上大学、政府和市场关系的重新塑造，也包括大学内部管理理念与手段的调整。澳大利亚高等教育的这场变革与世界上许多其他国家正在发生的高等教育改革有很大的相似性，表现为大学在不断追求绩效的过程中引入了越来越多的市场因素。同时，澳大利亚的改革也有很大的不同，改革所形成的高等教育市场区别于美国的自由市场，而是在联邦和州政府引导与控制之下的高等教育市场，政府对大学的控制力和作用力不是日益减弱而是日益加强，大学所面临的办学环境发生了重大变化。澳大利亚高等教育改革不仅是国际高等教育改革的一个典型案例，还可以为我们提供分析大学治理现代化建设新范式的新思路。

我国研究者对于英国、美国高等教育政策与制度的理论研究相对较为成熟，

---

① Kaminsky J S. A New History of Educational Philosophy in the United States: A Prologue[M]. London: Greenwood Press，1993：195.

而对于澳大利亚这样的分支系统的研究仍显不足。对其进行研究，对于包括中国在内的亚洲新兴高等教育强国与潜在高等教育强国的建设十分必要，对于探索高等教育现代化进程亦有着深刻的理论与现实意义。对外国的教育制度和问题的研究，可以作为更好地理解本国教育的一面"明镜"。本书并没有从外显的结构上进行中国与澳大利亚高等教育政策的比较，而是采用从本土意识入手的"心中比"①方式。在研究过程中，笔者始终站在当前中国高等教育现代化建设与普及化发展阶段的关键节点，从国际高等教育政策演进的历史梳理中探寻高等教育治理的普遍规律与特殊经验。

二、前期相关研究基础

（一）高等教育政策研究的基本脉络

1. 国外高等教育政策前期研究

20 世纪 50 年代以来，从公共政策学的创立者拉斯韦尔（H. Lasswell）开始，包括伊斯顿（D. Easton）、艾斯顿（R. Eyestone）、戴伊（T. Dye）等一系列研究者对公共政策的内涵、性质、特点与分类做了较为系统和深入的研究。达尔（R. Dahl）、胡德（C. Hood）、彼特斯（B. Peters）等学者专门对政策工具进行了研究。麦克唐纳（L. McDonnell）和埃莫尔（R. F. Elmore）对政策工具做了细致的划分。这些成果对教育政策研究产生了深远的影响。

系统的教育政策研究可以追溯至著名的比较教育学学者汗斯（N. Hans）。他摒弃之前的比较教育学者一贯采取的个案研究方法，开创了以历史的方法分析各国教育制度的比较教育研究范式，采用把各种问题集中起来进行系统性比较研究的手段，尝试通过实证研究方法及体系型的研究方法，探索教育政策的原理，并得出"教育政策是介于国家与教育之间的'桥梁'"②的结论，对国际教育政策比较研究产生了深远的影响。德国教育学者斯普兰格（E. Spranger）在其出版的《教育政策的科学基础》（1928 年）一书中，运用了观念论方法，基于教

① 张建新. 高等教育体制变迁研究——英国高等教育从二元制向一元制转变探析[M]. 北京：教育科学出版社，2006：24.

② Hans N. Comparative Education: A Study of Educational Factors and Traditions[M]. London: Routledge & Kegan Paul, 1958: 9.

育与国家权力的关系，深入分析了教育政策的基本要素。20 世纪五六十年代以后，随着第二次世界大战结束后经济的复苏与政治民主进程的加快，教育政策中的"公平""民主"等价值理念日益受到研究者的关注。同时，比较教育政策研究也取得了较多有影响力的成果。例如，福斯特（P. Foster）对发展中国家高等教育体制改革的研究，胡森（T. Husen）对瑞典学校改革的案例研究，福尔（C. Fuhr）对德国教育政策的研究等。20 世纪 70 年代以后，受到结构主义和后现代主义教育思想的影响，教育政策研究范式出现较大变化，多学科交叉的研究模式日益显现。

莱维斯（A. Lewis）提出，教育政策研究有三个角度——过程、内容、价值。20 世纪 80 年代以来的高等教育政策研究较多关注价值维度，如"政府角色""放权""高校服务与绩效""高等教育竞争"等。兴起于西方的公共管理改革，通过引入市场领域中的某些做法，对包括高等教育机构在内的一些庞大的服务部门和管理部门进行改造，一方面主张发展市场生产用以代替或补充现有的公共项目，另一方面倡导公共部门内部模拟市场进行"营运"。这场公共部门的改革引发了新一轮的高等教育政策变革。许多学者对 20 世纪 80 年代以来由于公共部门改革所引发的高等教育政策背后的管理主义（managerialism）、泰勒主义（Taylorism）和国际化（internationalization）等关键问题进行了深入研究。还有一些学者从教育学、文化学视角研究了当前突出的高等教育政策问题，例如，吉洛克斯（H. Giroux）在《新自由主义、公司文化和高等教育的前途：大学作为一种民主的公共领域》一文中对当前政策中体现出来的企业文化对大学的负面效应做了深入的分析[1]；惠迪（G. Whitty）在《教育中的放权与择校：学校、政府、市场》一书中探讨了西方发达国家市场化取向的高等教育改革，以及学校、政府、市场相互作用的内在机制[2]；澳大利亚格里菲斯大学教育系的莫菲（D. Mahoney）教授对澳大利亚高等教育政策中的消费主义文化问题进行了深入研究[3]。

在此期间，美国的五大湖地区教育研究与实践中心（Education Study and Practice Center in the Great Lakes）、由几所知名大学组成的"教育政策联盟"、宾

---

① Giroux H A. Neoliberalism, corporate culture and the promise of higher education: The university as a democratic public sphere[J]. Harvard Edcation Review, 2002, 72（4）：425.

② 转引自：Whitty G, Sally P, David H. Devolution and Choice in Education: The School, the State and the Market[M]. Buckingham: Open University Press, 1998: 45.

③ 转引自：Mahoney D. Government and the University: The "new mutuality" in Australian higher education——A national case study[J]. Journal of Higher Education, 1994, 65（2）：123-147.

夕法尼亚州立大学的"教育政策研究协会"(Educational Policy Research Association)的诸多研究更多涉及"政策中的权力与政治现象""利益集团的政策影响与立场"等问题。同时,奥登(A. Odden)在其《教育政策执行》(Education Policy Implemention)、霍宁(M. Honig)在其著作《教育政策执行的新方向:直面复杂性》(New Directions in Education Policy Implementation: Confronting Complexity)中都对教育政策的工具选择进行了深入、系统的分析。

总之,20世纪50年代以来,国外教育政策的比较研究经历了从单一维度的静态研究到多维度的动态研究的转向。从研究内容而言,其从传统的实践问题研究转向了价值分析研究。政策和政策过程中的各种因素、策略与手段日益成为研究者关注的热门领域,深度研究较多,但基于20世纪80年代以来国际高等教育政策领域出现的普遍趋势,尚缺少宏观、全面、系统的尝试分析与研究。

2. 我国学者对高等教育政策问题的关注

20世纪80年代以来,教育政策研究成为我国教育学术研究中的"显学"。陈振明、袁振国、孙绵涛等是最早一批对教育政策进行系统研究的学者。随后,曾满超、褚宏启、邬大光、谈松华、吴志宏、刘复兴、张力、张乐天、范国睿等一批学者推动了我国教育政策研究的深入与发展,并推出了一系列高等教育研究分析的成果。

对教育政策价值问题进行研究的学者比较多,研究得较早且具有一定代表性的有孙绵涛、祁型雨和刘复兴等。前两位学者偏重于从教育政策价值生成及其结果的角度对教育政策的价值进行分析,而后一位学者则偏重于从教育政策生成范式中的单一范式,即教育政策主体的价值的角度,来分析教育政策的价值。最近几年,教育政策的过程分析成为博士学位论文的热门选题,如"教育政策执行模式研究""教育政策执行运行机制分析""区域教育政策行为研究""制度规约下的教育政策执行研究",其中有很大一部分研究是关于政策工具的选择的。在高等教育政策研究与比较教育研究领域,也有不少学者关注国内外高等教育政策的价值与工具,但多限于某一国别内的某一项高等教育政策文本或某个单项的政策内容,缺乏对高等教育政策的系统、全面的考察与分析。

在一系列有代表性的学术论文中,涂端午侧重于文本分析,通过对1979—1998年533项高等教育政策文本中政策价值的经验分析,将高等教育政策的价值划分为实体价值和符号价值两大类，并考察了二者之间的相互关系，提出经济价值与知识价值的矛盾是高等教育政策的基本价值矛盾，研究成果较有创新性。[①]徐红、董泽芳从宏观上对中华人民共和国成立后 60 年间我国高等教育价值取向的嬗变历程进行了分析，提出了价值取向的二中心与三阶段说，还提出了高等教育实现个人价值、社会价值与知识价值等"三元"价值有机整合的改革目标。[②]金世斌提出了我国高等教育三个不同的政策价值取向阶段及其不同的政策工具选择，并对其影响因素进行了系统分析。[③]从比较研究的角度而言，对西方国家高等教育政策进行深度解读与系统分析的研究成果一直较多，限于篇幅，恕不能一一而论。

（二）国际高等教育治理研究的源流

1. 国外高等教育治理相关研究

从研究时间与主题来看，国外大学治理研究主要集中于两个时段，有不同的研究侧重点。20 世纪六七十年代，世界范围内大学生运动兴起，大学的民主化管理成为学者关注的焦点，由此引发了有关重建大学治理结构的讨论，主旨是在大学治理结构中保障学生和教师参与大学和学院治理的权力，促进大学民主管理；20 世纪末到 21 世纪初，大学面临公共财政拨款的减少、高等教育竞争的加剧以及市场化因素的影响，治理再次成为学者研究的焦点，主旨在于建立科学的治理结构，以提升大学决策和运营的效率，以及提高其应对内外部各种变化和竞争的能力。

（1）经济学的视角

西方一些著名经济学家对大学宏观治理问题的探讨，大多是伴随着政府的职责研究进行的。西方许多知名的经济学家都是市场学派，他们主张主要由个人承担高等教育的成本，政府少量或基本不承担高等教育的成本，这一思想的代表人物主要有亚当·斯密（A. Smith）、弗里德曼（M. Friedman）、哈耶克（F. Hayek）、皮科克（A. Peacock）、怀斯曼（J. Wiseman）等。

① 涂端午. 高等教育政策的控制结构及其演变——基于政策文本的实证分析[J]. 复旦教育论坛，2010（2）：48-53.
② 徐红，董泽芳. 中国高等教育价值取向 60 年嬗变：教育政策的视角[J]. 中国高教研究，2010（5）：7-10.
③ 金世斌. 价值取向与工具选择：新中国高等教育政策的嬗变与逻辑[J]. 江苏高教，2013（1）：55-57.

18世纪，作为英国资产阶级古典政治经济学的奠基人，亚当·斯密极力推崇自由市场和自由贸易，在代表性著作《国富论——国民财富的性质和起因的研究》一书中，其提出政府应该关注普通人的基础教育。而对于高等教育，亚当·斯密认为，应该由获益者负担相应的费用，即遵循"谁受益、谁付费"的原则。①

20世纪下半叶，新自由主义思想开始兴起，其代表人物主要有哈耶克和弗里德曼等。新自由主义主要从经济学的角度论证市场和竞争优于国家干预，极力鼓吹市场化。关于高等教育问题，新自由主义主张高等教育应该走向市场，反对政府完全控制教育，认为大学变革的方向是市场化和私有化。作为教育市场化的积极倡导者，弗里德曼在1955年发表的《政府在教育中的作用》（The Role of Government in Education）一文中指出：公共教育制度缺乏必要的市场竞争的约束，效率低下，浪费资源。要改变这种状况，采取以往的改革措施是无效的，唯一的出路是走市场化道路。在高等教育领域，他认为无论是私立还是公立高等院校均应向学生全额收取学费。政府对公立院校的资助也应由原来的直接拨款的方式转向实行教育凭证制度。②著名经济学家哈耶克从20世纪60年代起便将经济学理论运用于教育领域，认为市场是进行教育活动的基础和依据，应将市场的竞争原则运用于教育领域。对学生进行选择的唯一途径是竞争和市场过程。政府不可能为所有有能力接受高等教育的人提供资助。多少人需接受高等教育，完全是由市场来决定的，国家对教育的投资规模不应受非经济的各种社会因素影响，而应完全由教育投资的回报率来决定。③1964年，英国经济学家皮科克和怀斯曼也提出了不必由国家投资教育，而应通过给家长凭券、资助或贷款的方式在自由市场状态下进行自由选择的主张。④

总体来看，主张自由市场的经济学者认为，只有"看不见的手"——市场才可以保证高等教育的高效发展，提高高等教育的效率，为保证这一目标的实现，要将政府对于高等教育的影响降到最低。新自由主义经济学者在论及高等教育市场化问题时，也认为政府对于高等教育的过多干涉会降低高等教育的效率，主张"小政府""大市场"，认为政府的作用应该受到限制。

（2）公共管理改革的视角

20世纪80年代以来，兴起于西方的政府改造运动也对大学治理问题，特别

---

① 亚当·斯密. 国富论——国民财富的性质和原因的研究[M]. 郭大力，王亚南译. 北京：商务印书馆，2014：383.
② 转引自：范秀双. 米尔顿·弗里德曼论政府在教育中的作用思想述评[J]. 外国教育研究，2004（4）：6-8.
③ 转引自：朱新涛. 新自由主义经济学的高等教育市场化观点评析[J]. 江苏高教，2004（3）：4-7.
④ 转引自：周飞. 教育券，能否洋为"中用"？[N]. 中国教育报，2002-10-21（004）.

是大学、政府、市场关系的调整起到了推波助澜的作用。政府改造运动是从公共管理的角度，主张政府要改变角色，以顾客、服务为导向，强调绩效、效率和效益，通过引入市场领域中的某些做法，对一些庞大的服务部门和管理部门进行改造，一方面主张发展市场生产，用以代替或补充现有的公共项目，另一方面倡导公共部门内部模拟市场进行"营运"。这场公共部门的改革引发了政府对于高等教育管理体制等诸多方面的调整。一方面，是更多的权力关系的调整，另一方面是更多市场要素的介入。还有一些学者从更微观的角度，探讨了公共部门改革所引发的高校内部管理等问题，取得了丰硕的成果。①

总体来看，从公共管理的角度出发，上述学者同样重视市场的作用，同时主张政府角色转型以适应市场的发展，不是要让政府无所作为，而是期望政府的角色实现从高等教育提供者到高等教育的监督者的转变，实现从"大政府"到"小而能的政府"的转变。同时，也有学者认为，大学内部的管理体制也要适应政府和市场的需求，并做出相应的调整。

（3）社会学的视角

美国高等教育学家伯顿·克拉克（B. Clark）在其经典著作《高等教育系统——学术组织的跨国研究》中，从高等教育系统的学术组织的视角出发，认为工作、信念、权力三者是高等教育的基本要素，并据此分析了高等教育运行的规律。伯顿·克拉克认为，高等教育系统的各个部门都在特定的规范和价值观的基础上形成了自己的学术信念，又从工作组织及其伴随的信念中产生各种权利关系，学科和院校通过国家、市场和学者的协调形成复杂的学术系统。②伯顿·克拉克认为，在每一个高等教育体系内，国家权威（state authority）、学术寡头（academic oligarchy）以及市场是影响各国高等教育形态发展方向的三股主要力量。他在国际比较研究的基础上，提出了纵横交错的矩阵式的权力分配模式，根据不同的权力组合，概括出了四种权力分配模式。伯顿·克拉克的高

①　Schapper J, Mayson S. Managerialism, internationalisation, Taylorism and the deskilling of academic work: Evidence from an Australian university//Ninnes P, Hellstén M. Internationalizing Higher Education: Critical Perspectives for Critical Times（pp. 181-198）[C]. Hong Kong: Springer, 2005; Harman G. Internationalization of Australian higher education: A critical review of literature and research//Ninnes P, Hellsten M. Internationalizing Higher Education[M]. Hong Kong: Hong Kong University Press, 2005; Levy D C. Market university? [J]. Comparative Education Review, 2006, 50（1）: 113-124; Hemsley-Brown J, Oplatka I. Universities in a competitive global marketplace: A systematic review of the literature on higher education marketing[J]. International Journal of Public Sector Management, 2006, 19（4）: 316-338.

②　伯顿·R. 克拉克. 高等教育系统——学术组织的跨国研究[M]. 王承绪，徐辉，殷企平，等译. 杭州：杭州大学出版社，1994：156.

等教育系统整合观点及其对大学、政府与市场的关系的分析，为后来的研究者解读高等教育系统的内部特征，探索高等教育系统内部的诸多权力关系，提供了可借鉴的研究思路和范式。较多学者从大学、政府与市场三者关系的视角开展相关研究，但视野更多集中于政府与大学的关系上，对于市场的影响与作用机制缺乏深入的研究。此外，还有一些学者从组织理论出发，对高等教育组织的性质、有效性和组织内部文化等问题进行了相关研究。范德格拉夫（Vande Graaff）运用组织社会学、比较政治学和公共管理学等社会科学的分析方法，在比较 7 国高等教育制度权力结构的基础上，提出了高等教育组织的 6 个层次。[1]美国学者卡梅隆（K. Cameron）提出的包括学生、教师和组织问题在内的 9 个分析维度也较有代表性。[2]但组织理论的视角使这些研究大多局限于高等教育机构内部，缺乏更为宏观的思考。

（4）教育学与文化学的视角

从研究的具体内容来看，很多研究侧重于对大学治理结构与权力关系的探讨。丹尼斯（J. Dennis）在其著名的报告《21 世纪的大学治理》（Governance in the Twenty-first-century University）中主要研究了大学内部的决策体系和运行方式、内部权力结构、治理模式的变化及其影响[3]；肯尼迪（K. Kennedy）剖析了外部环境因素对于大学内部治理结构的影响、压力和挑战[4]；夏托克（M. Shattoek）在《成功大学的管理之道》一书中创新性地提出了实现治理平衡的具体措施[5]；开普兰（G. Kaplan）对大学治理结构和大学组织的绩效之间的关系进行了实证分析[6]；伯恩鲍姆（R. Birnbaum）则重点关注了多元利益相关者中的某一类权力主体在大学治理体系中的影响，提出了"硬治"（hard governance）与"软治"（soft governance）两个大学治理系统，并强调了教师的专业权威和大学

① 约翰·范德格拉夫. 学术权力——七国高等教育管理体制比较[M]. 张维平，张民选，徐辉，等译. 杭州：浙江教育出版社，2001.

② Cameron K S. Measuring organisational effectiveness in instituions of higher education[J]. Administrative Science Quarterly，1978，23（4）：604-632.

③ 转引自：Gayle D J，Bhoendradatt T，Jr White A Q. Governance in the Twenty-first-century University：Approaches to Effective Leadership and Strategic Management[M]. New York：Wiley Periodicals Inc.，2003：22.

④ Kennedy K J. Higher education governance as a key policy issue in the 21st century[J]. Educational Research for Policy and Practice，2003，2（1）：55-70.

⑤ 迈克尔·夏托克. 成功大学的管理之道[M]. 范怡红主译. 北京：北京大学出版社，2006.

⑥ Kaplan G E. Results from the 2001 Survey on Higher Education Governance：Sponsored by the American Association of University Professors and the American Conference of Academic Deans[EB/OL]. http://www.ksg.harvard.edu[2019-09-02].

文化在大学治理中的重要性。[①]

此外，还有一些学者研究了大学在受到市场无孔不入的影响之下所出现的各种现象及存在的问题。例如，美国学者科恩（E. Cohn）在《教育券与学校选择》一书中着重分析了教育选择的理论和实践。[②]吉布斯（P. Gibbs）和耐普（M. Knapp）透彻地分析了高等教育与继续教育的市场化运作的策略和方法。[③]阿德内特（N. Adnett）、戴维斯（P. Davies）阐明了学校教育市场的经济理论，审视了学校教育市场的背景。[④]吉洛克斯在《新自由主义、公司文化和高等教育的前途：大学作为一种民主的公共领域》一文中，对公司文化对大学的负面效应做了深入的分析。[⑤]惠迪等在《教育中的放权与择校：学校、政府和市场》一书中探讨了西方发达国家市场化取向的教育改革，揭示了学校、政府、市场相互作用的内在机制。[⑥]埃兹科维茨（H. Etzkowitz）和雷德斯多夫（L. A. Leydesdorff）在《大学与全球知识经济》一书中提出建立以知识为基础的体制的战略构想，并提出大学-产业界-政府的三重螺旋关系的新理论。[⑦]莫菲对澳大利亚高等教育中的消费主义文化问题进行了深入研究，对高等教育中的拨款体制、评价机制、科研成果的商业化、高等教育中的公平与效率等问题进行了研究。[⑧]

2. 中国大学治理相关研究

（1）大学治理的问题域

20 世纪 90 年代以来，国内关于大学治理的研究逐渐增多，下面分别从权力研究和比较研究的角度进行梳理。

大学治理的权力研究建立在对大学权力进行分析的基础之上。学界一直存

---

① Birnbaum R. The end of shared governance：Looking ahead or looking back//Homes C，Mayhew K，Keep E. New Directions for Higher Education（pp.5-22）[C]. San Francisco：Jossey-Bass，2004：127.

② 埃尔查南·科恩. 教育券与学校选择[M]. 刘笑飞，等译. 北京：北京师范大学出版社，2000.

③ Gibbs P，Knapp M. Marketing Higher and Further Education：An Educator's Guide to Promoting Courses，Departments and Institutions[M]. London：Kogan Press，2001.

④ Adnett N，Davies P. Schooling Quasi-markets：Reconciling economic and sociological analyses[J]. British Journal of Educational Studies，1999，47（3）：221-234.

⑤ Giroux H A. Neoliberalism，corporate culture，and the promise of higher education：The university as a democratic public sphere[J]. Harvard Educational Review，2009，72（4）：425-463.

⑥ 杰夫·惠迪，萨梅·鲍尔，大卫·哈尔平. 教育中的放权与择校：学校、政府和市场[M]. 马忠虎译. 北京：教育科学出版社，2003.

⑦ 亨利·埃兹科维茨，劳伊特·雷德斯多夫. 大学与全球知识经济[M]. 夏道源，等译. 南昌：江西教育出版社，1999：174-176.

⑧ Mahoney D. Government and the university：The "new mutuality" in Australian higher education——A national case study[J]. Journal of Higher Education，1994，65（2）：123-147.

在一元权力说、二元权力说、三元权力说、四元权力说以及多元权力说。其中，与治理相关的研究更多集中于行政权力与学术权力的关系上，例如，张德祥的《高等学校的学术权力与行政权力》、郭卉的《大学治理中教师与行政人员的关系：基于社会资本的研究》、周光礼的《重构高校治理结构：协调行政权力与学术权力》、眭依凡的《论大学学术权力与行政权力的协调》、林荣日的《制度变迁中的权力博弈——以转型期中国高等教育制度为研究重点》等。

大学治理的国际比较研究增长速度较快，研究对象国以英国、美国为主，如谷贤林的《美国研究型大学教授权力分析及启示》、李硕豪和熊妮的《哈佛大学学院制管理中的权力运行及启示》等。其他国家研究与多国比较研究在质与量上都显不足，郎益夫和刘希宋的《高等学校治理结构的国际比较与启示》仅限于对高校组织层面进行简单描述和介绍；甘永涛的《大学治理结构的三种国际模式》主要关注学校层面的治理及学校与政府的关系；郑勇和徐高明则梳理了不同国家高校学院治理结构的模式及其特点。

对大学宏观治理问题的研究，多见于对高等教育市场化问题以及高等教育体制改革等问题的探讨。赵婷婷和胡建华分别从市场介入的度和市场化行为的强弱两方面研究了大学与政府、市场的关系问题。赵婷婷认为，市场介入大学是一种必然趋势，"从市场介入大学到大学市场化是一个从市场手段的运用到市场目标的渗入的过程"[1]。胡建华认为，大学的市场化行为是由高等教育体制决定的，"在以市场调节为主的高等教育体制内，大学行为的市场化因素较强"，"在以政府计划指导为主的高等教育体制内，大学行为的市场化因素较弱"。[2]因此，高等教育是否市场化是一个由制度因素决定的变量。然而，大学市场化行为会促进大学分层、分化，使大学主动适应市场经济社会的发展。我国学者戴晓霞等认为，应减少政府对大学的财务、人事、课程等方面的管制，将决策权下放给学校，由其自行制定收费标准、发展人事分类系统、规划课程、协商各类合作契约等。[3]简而言之，要解除管制，以市场力量取代政府干预，赋予高等教育机构更大的管理弹性，使其在面对变迁及竞争时能够更积极地实时响应。

（2）大学治理的学科域

对大学、政府和市场关系的研究大致包括以下几个角度，即政治学、教育

① 赵婷婷. 大学市场化趋势与大学精神的传承//戴晓霞，莫家豪，谢安邦. 高等教育市场化（pp.192-204）[M]. 北京：北京大学出版社，2004.
② 胡建华. 大学市场化行为的若干理论分析[J]. 南京师大学报（社会科学版），2001（4）：71-76.
③ 戴晓霞，莫家豪，谢安邦. 高等教育市场化[M]. 北京：北京大学出版社，2004：3-29.

管理、经济学、教育法学。

政治学对三者关系的研究主要是从政府理论入手，中国人民大学教育科学研究所的申素平介绍了政府的三种分权理论：公务分权理论、间接行政理论、学术自由理论。她通过研究得出：在处理我国公立高校与政府的关系时，德国的三种行政划分理论对我国有一定的借鉴意义。"我国自 20 世纪 70 年代末以来进行的高等教育体制改革，始终围绕高等学校与政府的分权进行，而如何进行分权，一般都是通过确定哪些是高等学校的自主权实现的，确定了高等学校的自主权，剩余的就是政府的权力。这种分权方式随着社会的发展日益暴露出很多问题。"①然而，北京师范大学的盛冰通过治理理论（治理理论强调将公共事务的管理权限和责任从传统的政府垄断中解放出来，形成一种社会各单元共治的局面）研究三者的关系。他指出，"高等教育的治理，首先意味着政府角色或功能将发生重大变化，政府不再是高等教育的唯一提供者，政府对高校的管理应由'政府控制模式'向'政府监督模式'转变"②。

教育管理的视角又可以分为宏观视角和微观视角。在宏观视角上，主要是从高等教育的管理体制、办学体制、投资体制、招生与就业体制以及高等教育的运行机制、运行模式等方面进行研究；在微观视角上，主要是从高等学校的办学自主权、办学经费的来源与筹措等方面进行研究。

北京大学的魏新等学者从经济学的视角研究了此问题，首先是从一般层面分析政府与市场的一般关系，指出政府的作用在于解决市场失灵问题，保证平等、维持经济稳定。其次，通过分析高等教育的产品属性，其指出政府的调控作用"在于把握社会、经济发展对高等教育的需要，妥善引导人们对高等教育机会的需求，并据此调节好高等教育机会的供给量，使高等教育的规模处于稳定发展的状态，不出现大的波动"③。

从比较研究的层面而言，国家教育行政学院的杨晓波通过责任与自治的视角研究了美国公立高等学校和政府的关系。她通过研究得出当前美国政府与公立高等学校之间的关系可以表述为伙伴关系模式。④东南大学的李成明在研究大学与政府的关系时以英国为例，通过分析英国大学拨款委员会的历史、现状及功能，得出了应建立中介性组织制衡政府与大学的关系的结论。政府对大学的

① 申素平. 公立高等学校与政府的分权理论[J]. 比较教育研究，2003（8）：1-4.
② 盛冰. 高等教育的治理：重构政府、高校、社会之间的关系[J]. 高等教育研究，2003（2）：47-51.
③ 魏新. 教育财政学简明教程[M]. 北京：高等教育出版社，2001：14.
④ 杨晓波. 责任与自治：美国公立高校和政府的关系[J]. 高等教育研究，2003（3）：102-106.

行为应"间接介入，由'中介组织'高等教育基金会去领悟政府意图，政府仅起到'校正'作用"①。

20 世纪 90 年代以来，学者开始广泛讨论大学与政府的法律关系问题，希望通过赋予大学独立法人地位，使大学独立于政府自主办学。较早的研究有劳凯声、李凌合作的《关于高等学校法人地位问题的探讨》、李连宁的《高等学校法人地位初探》等。从纵深方向对大学与政府的关系以及大学与市场的关系进行研究的，以申素平的博士论文《中国公立高等学校法律地位研究》为代表。

（三）关于澳大利亚高等教育问题的研究

对于澳大利亚高等教育的相关问题，许多澳大利亚学者进行了长期深入的研究。例如，莫菲教授从 20 世纪 90 年代至今发表了多篇论文，对澳大利亚大学体制改革、大学的市场化发展等问题进行了研究。他认为，自 20 世纪 80 年代末以来，澳大利亚高等教育正面临着巨大的挑战和发生着深刻的变革，其中的主要方面就是高等教育体制内部的结构调整。莫菲教授详细研究了发生于 20 世纪 80 年代末并影响至今的澳大利亚高等教育体制改革进程，从多个角度厘清了澳大利亚对于"大学"的界定，探讨了当今澳大利亚大学的基本特征。他认为，经过大范围的体制改革，澳大利亚高等教育正在市场化的道路上越走越远。针对澳大利亚和英国在高等教育改革中采取的相似举措，莫菲教授将二者的高等教育改革进行对比研究，得出如下结论：澳大利亚的高等教育市场化是政府由上至下强制推行的行为。②在另外一篇文章中，莫菲教授还深入探讨了澳大利亚高等教育市场化所引发的问题及澳大利亚学者对此的争论和质疑。③

曾在澳大利亚莫纳什大学国际教育研究中心工作过的马金森（S. Marginson）教授等对澳大利亚的高等教育市场化发展问题进行了深入研究。在《企业化大学：澳大利亚大学的权力、管理与重建》一书中，他回顾了澳大利亚高等教育的历史发展进程和当前状态，并从全球的视角探讨了大学当前所面临的主要问题。马金森和康西迪（M. Considine）认为，所有的澳大利亚大学现在

---

① 李成明. 大学与政府的关系：英国模式之研究[J]. 南京社会科学，2003（4）：75-82.

② Mahoney D. Government and the university: The "new mutuality" in Australian higher education—A national case study[J]. Journal of Higher Education，1994，65（2）：123-147.

③ Mahoney D. Counter images of Australia's movement to an undifferentiated higher education system: An analysis[J]. Higher Education，1994，28（3）：301-323.

在某种程度上都可以被称为"企业化大学",大学本身的认同和本身的伦理文化正在消解,在这一过程中,政府起到非常大的作用。事实上,究其根本,是市场的力量在左右着政府的行为。①

澳大利亚的密克(L. Meek)教授从政策和管理的角度对澳大利亚高等教育问题进行了深入研究。他通过回顾澳大利亚高等教育政策和管理的发展历程,对澳大利当今高等教育管理中存在的科层化的管理主义思想和学院式管理理念的冲突进行了研究。他认为,理想化的市场的根本特征就是那只"看不见的手",而在澳大利亚,操控高等教育部门的力量是完全可见的,这正是澳大利亚高等教育要继续改革和发展的原因。只有依靠市场的力量,才能真正提高高等教育的效率。密克教授认为,澳大利亚高等教育市场化有两个维度:一是经济维度;二是理念维度。从经济维度看,政府面临着推进高等教育大众化的压力,政府要引导高校在寻找政府之外的教育资源上下工夫,并为其建立一系列配套体制和政策环境。理念维度则更为复杂,需要重新界定高等教育与政府的关系,以及高等教育与社会的关系。密克教授认为,目前,市场已经成为澳大利亚高等教育战略发展的指导方向。②

此外,新英格兰大学的哈曼(G. Harman)教授对澳大利亚大学与工业之间的伙伴关系和大学科研成果的商业化等问题做了深刻的剖析,并对这种现象存在的程度、范围以及所产生的正反两方面的结果做了具体的分析。③澳大利亚的詹姆斯·库克大学商学院的雷森斯(A. Lysons)还运用组织理论对澳大利亚高等教育组织的性质及其有效性等问题进行了深入研究,取得了丰硕的成果。④

与针对英美国家的教育问题开展的研究相比,我国学者对于澳大利亚高等教育发展问题的研究无论在质和量上都略显不足。对于澳大利亚高等教育的研究散见于一些论文之中,如李兵的《澳大利亚高等教育质量保证体制综述》、田恩舜的《澳大利亚高等教育投资体制改革综述》、吴雪萍的《澳大利亚高等教育教学质量保障策略探究》、蒋凯的《美国、英国、澳大利亚高等教育市场的形成

---

① Marginson S,Considine M. The Enterprise University:Power,Governance and Reinvention in Australia[M]. Melborune:Cambridge University Press,2000:158.

② Meek L. Diversity and marketisation of higher education:Incompatible concepts?[J]. Higher Education,2000 (13):23-39.

③ Harman G. Internationalization of Australian higher education:A critical review of literature and research// Ninnes P,Hellsten M(Eds.),Internationalizing Higher Education(pp.119-140). Dordrect:Springer,2005.

④ Lysons A. Dimensions and domains of oranisational effectiveness in Australian higher education[J]. Higher Education,1990,20(3):287-300.

与发展》等。崔爱林的著作《二战后澳大利亚高等教育政策研究》系统地梳理了第二次世界大战后至 2008 年澳大利亚高等教育主要政策的出台背景与基本内容。杜海燕在其论文《澳大利亚大学发展史研究》中，对澳大利亚大学 1850—2008 年的发展历程进行了历史阶段性的分析。这些成果均构成了本书研究的重要文献基础。澳大利亚的高等教育市场化改革可以被称为一种典型范式，但从深层次分析其高等教育市场化的演进过程与发展趋势，并对这一过程中大学在宏观与微观层面上的治理关系演变开展研究的比较少见。

以上研究具有较高的学术水准，构成了本领域研究的文献基础。虽然自 20世纪 80 年代以来，我国高等教育政策研究成果日益增多，但缺乏有效的分析框架，对于政策过程的深度解读较为缺乏，从价值取向与工具选择的维度开展的政策研究有待深入；现有高等教育政策的比较研究，更多集中于美国、英国少数国家，综合比较方面的研究意义重大，但研究成果仍然不多。多数研究被置于单一国家背景，无法解释国际高等教育政策的普遍性与特殊性的关系。因此，本书综合运用比较教育学、高等教育学、公共管理学的理论与方法，构建政策分析框架，对 20 世纪 80 年代以来澳大利亚高等教育政策的发展、主体利益表达、价值取舍、工具选择等问题进行深入系统的研究，对此过程中大学宏观治理与微观治理的嬗变进行系统剖析，以期发现当前国际高等教育政策与治理领域中带有普遍性与特殊性的规律与问题，为我国高等教育的发展提供些许借鉴。

第一章　政策变迁与治理关系的分析框架

第一节
政策变迁的微观分析视角

一、高等教育政策的内涵

从拉斯韦尔首次提出政策学到现在已有半个多世纪，但是人们对政策的定义至今仍难以达成共识。政策的定义比较多，比较经典的是："政策是一种含有目标、价值与策略的大型计划。"①我国学者陈振明在《政策科学》一书中把政策定义为："政策是国家机关、政党及其他政治团体在特定时期为实现或服务于一定社会政治、经济、文化目标所采取的政治行为或规定的行为准则，它是一系列谋略、法令、措施、办法、方法、条例的总称。"②这个定义强调了以下内容：①政党、政府及政治团体是政策的主体；②政策包括法令、措施、办法、条例等构成要素。③我国学者对政策的解释过于强调政策的文本属性，即认为政

---

① 陈振明. 公共政策分析[M]. 北京：中国人民大学出版社，2002：1.

② 陈振明. 政策科学[M]. 北京：中国人民大学出版社，1998：59.

③ 张乐天. 高等教育政策的回顾与反思[M]. 南京：南京师范大学出版社，2008：3.

策是法律、规章、行政命令、指示等。政策除了表现为具体的文本或文件外，还是一个在执行中不断调整的过程。因此，政策还具有过程性、动态性的特点，这是常常会被忽略的。

教育政策是从政策的含义中演绎而来的。我国学者对教育政策的定义主要有："教育政策是一个政党或国家为实现一定时期的教育目标和任务而制定的行为准则"[①]；"教育政策是一种有目的、有组织的动态发展过程，是政党政府等政治实体在一定历史时期，为实现一定的教育目标和任务而协调教育的内外关系所规定的行动依据和准则"[②]。因此，我们认为高等教育政策即国家与政党为实现一定时期的高等教育目标与任务而制定的行为准则，同时也是政治实体不断协调高等教育的内外关系、重新配置高等教育资源的行动依据与准则。

总体来看，高等教育政策的内涵应该包括以下几部分内容：第一，高等教育政策是国家和政党总体公共政策的分支，是其在高等教育领域的具体呈现，主体是享有公共权威的政府部门。第二，高等教育政策是通过享有公共权威的政府的权威性活动在社会范围内进行高等教育利益重新分配的过程。第三，高等教育政策自身与协调过程体现出了鲜明的价值观，高等教育政策永远具有"价值负载"（value-laden）的特质。现代政策科学理论的一个重要特征就是强调公共政策的价值选择功能。第四，高等教育政策是工具性与目的性的统一，是动态协调与配置的过程与静态规范与准则的统一，是具有合法性与权威性的"文本"与"过程"的统一。但是，一项政策文本并不必然会实现预期的政策目标，高等教育政策的执行过程，以及在此过程中反映出来的各个不同利益集团的妥协，在很大程度上决定了高等教育政策的效果，所以高等教育政策活动也是一个过程。

二、政策变迁的微观分析框架

高等教育政策是目的与手段的结合，要解决两个层面的关系。其一是政策的主客体关系，即高等教育政策的主体一般为享有公共权威的政府，国外政府出台的政策又往往会受到政党的高等教育改革理念的深刻影响。高等教育政策

---

① 袁振国. 中国教育政策评论（2004）[M]. 北京：教育科学出版社，2004：12.

② 孙绵涛等. 教育政策分析——理论与实务[M]. 重庆：重庆大学出版社，2011.

调控的客体是高等教育资源。因此，高等教育政策具有不折不扣的"价值负载"特质，体现了政策现象背后的利益关系、价值冲突与价值选择，即为了什么目的进而实现资源的重新配置。其二是政策的内容与形式的关系。高等教育政策一方面是写满计划与准则的白皮书或蓝皮书，体现出了高度的合法性与权威性；另一方面是在具体实施这些静态的政策文本时反映出来的各个不同利益集团的妥协、共识与最终的效果。好的政策能在相当长的时间里解决原有政策存在的问题，而糟糕的政策实施往往成为酝酿新政策出台的背景与环境。因此，政策是静态的文本与动态的过程的结合。把握高等教育政策的内涵与特征对于分析高等教育政策是非常有帮助的。

澳大利亚学者海英斯（B. Haynes）提出了教育政策研究的二分法："教育政策内容研究"和"教育政策过程研究"。[①]进入 21 世纪以来，我国教育政策分析学者明确提出了教育政策的价值基础，使得对于政策的价值负载问题的研究是政策分析必不可少的内容之一，受到颇多的关注。政策环境研究对于国际高等教育政策分析来讲至关重要。政策环境是政策问题得以被政策主体识别与关注的重要土壤。环境是提出政策问题—探讨解决方案—抉择多元方案—具体实施这一整体政策链条的第一步。同时，政策环境研究之于国际高等教育政策分析来讲意义是特殊的。英国比较教育学者萨德勒（M. Sadler）在其著名的《我们从对外国教育制度的研究中究竟能学到多少有实际价值的东西》一文中提出了一个至今仍被广泛引用的观点："我们无法徜徉徘徊在世界的教育系统中，就像一个孩子漫步于花园，从一灌木上摘下一朵花和采摘下些许树叶。期望着如果我们能坚持把这些花叶收集起来，堆放在家中后再填埋入土壤，我们将会种植出一棵植物。一个国家的教育系统就是这样的生物……实用价值的研究应以正确的学术精神准确地研究国外教育系统，以便于我们更好地理解我们自己。"[②]

因此，本书的高等教育政策分析将遵从普遍的四维度分析框架，即教育政策环境分析、教育政策价值分析、教育政策内容分析和教育政策过程分析。环境、价值、内容和过程四个维度构成一个教育政策分析的基本理论框架。

---

① 转引自：谢少华. 试论教育政策研究分类的理论基础[J]. 华东师范大学学报（教育科学版），2002，20（1）：83-90.

② 萨德勒. 我们从对外国教育制度的研究中究竟能学到多少有实际价值的东西//赵中建，顾建民. 比较教育学的理论与方法——国外比较教育文选[C]. 北京：人民教育出版社，1994：119.

（一）教育政策环境的考察

政策环境是导致政策酝酿与政策行动的先决条件。美国政策学家安德森（J. Anderson）认为政策行动的要求产生于政策环境，并从政策环境传到政策系统。与此同时，政策环境限制和制约着决策者的行动。[1]教育政策受到多种因素的影响，从不同的角度出发，政策环境可有不同的划分方式。第一，政策环境可分为自然环境和社会环境，即所有对国家教育政策有影响和制约作用的地理、气候、资源等自然因素，以及对教育政策至关重要的政治、经济、文化、科技等社会因素，均是教育政策研究不可缺失的环境背景。第二，政策环境可分为国内环境和国际环境。教育政策作为国家内部社会公共政策的组成部分之一，受到国内政治环境、政党主张、公众舆论、经济条件等众多综合因素的影响，同时也在很大程度上受到国家外部多种因素的直接或间接的影响和制约，如当前对高等教育政策影响较大的国际环境就包括国际化的背景、跨国组织的影响、全球经济状况、全球民主思潮等，这些均是理解国家内部教育政策的重要视角。第三，政策环境可分为教育外部环境与教育内部环境。教育外部环境指存在于教育系统外部，影响教育活动及其发展的各种主客观因素与力量的总和，是由短期内不受教育系统所支配的因素组成的。教育内部环境因素指存在于教育系统内部，由教育系统自身所控制的因素，是教育系统内部的主观与客观因素、物质与文化因素的总和。教育的外部环境和内部环境是相互作用、辩证统一的关系。一方面，教育资源要从外部环境中获取，没有人力、物力与财力的支撑，教育系统是无法正常运转的。同时，教育产出的科学、技术与人才也必须通过社会市场获得认可。外部环境可以构成教育系统大发展的机遇，也会对其造成威胁。另一方面，教育在适应外部环境的同时也会对环境产生一定的反作用，推进社会进步与文化繁荣。因此，政策分析学者必须同时做好教育系统的外部环境分析和内部环境分析，只有这样才能理解政策的主旨与内容。可以说，几乎所有的教育政策都是在自然的与社会的、国家内部的与国际的、教育系统内与系统外的诸多因素影响与驱动的复杂过程中产生的。不理解环境，就无法更好地理解政策的产生；不结合环境，就不能对政策进行评价；不分析环境，就不能判断政策的发展走向。

---

① 郑敬高. 政策科学[M]. 济南：山东人民出版社，2005：105.

（二）教育政策价值的取舍

德国著名哲学家尼采（F. Nietzsche）说："对于事物本身我们没有什么好说的，因为当我们要说事物本身时，我们就丢开了认识和衡量的立足点。一个性质对我们来说存在，就是因为它是由我们加以度量的。如果我们拿走量尺，还有什么性质可言呢？"[①]价值是社会科学研究的基本命题。价值也是理解政策的量尺与主线。高等教育政策变迁的过程，本身就是高等教育领域内诸多价值观激烈交融的过程，同时伴随着一系列对利益进行重新分配的手段的取舍与选择。对政策进行研究的学者有一个基本共识：政策的本质是社会价值或利益的权威分配。只要有利益、利益集团和多元利益主体存在，价值冲突就是一个永恒的社会主题。从这个意义上说，政策是社会各种价值取向冲突和妥协的结果，它反映了特定时空内特定的社会利益关系。高等教育政策主体在制定和执行高等教育政策时，永远要面对各种教育发展要素之间的关系、面对各种利益相关者的利益追求，要根据所要处理的各种事务之间的价值差序做出一定的政策选择。高等教育政策主体做出选择的依据就是其价值观念和价值标准，即在他们的观念中何种价值处于优先地位。反过来，价值选择作为分析问题的背景，也影响着高等教育政策的制定、执行、评估的全过程。然而，政策制定者所采用的控制技术也可成为政策分类的一种实用途径。将价值作为贯穿政策现象的主线有助于综合理解教育政策之间的实质性差异。因此，教育政策价值分析既是教育政策分析的一个核心领域，也是教育政策分析的一种主要方法。

教育政策价值分析受到我国学者的重视和关注，其研究视角主要有两个：一是教育政策本身的价值；二是采用价值工具来分析教育政策。本书中的教育政策价值分析仅是对教育政策本身价值取向与取舍的分析，主要回答教育政策处理各种有冲突的教育利益诉求或者分配有限的教育资源所依循的价值准则是什么这一问题，其核心内容是以价值目标为标准对价值事实进行评判，最终确立价值规范，包括对教育政策的价值取向、政策主体的价值倡导、利益群体的价值协调三个方面。

首先，教育政策的价值要体现教育改革与发展的公共价值追求。作为公共权威的政府制定教育政策，必然致力于为教育发展确立一种更优的制度环境。

---

① 尼采. 哲学与真理[M]. 田立年译. 上海：上海社会科学院出版社，1993：56.

高等教育政策的公共价值追求，既包括自由、公正、质量、民主等传统核心价值，又包括特殊背景下对于效率、优异、效益、竞争等的价值偏好。当政策环境发生改变、利益关系出现矛盾、资源配置重新规划时，均需要政策价值发挥引导功能。因此，教育政策的价值分析就是以价值理性作为政策分析的基本评价尺度。

其次，教育政策的价值体现了教育政策决策主体和执行主体的价值追求。在致力于解决某一特殊的政策问题时，决策主体总会面临各种相互冲突的教育利益需求，并且需要对这些利益需求进行理解、比较、鉴别、协调、平衡，最终提出价值倡导，从而使与其所倡导的价值相融的需求得到满足，对其他需求进行相应的调适。政策执行主体也可以在政策的具体实施过程中，通过自身的价值体论，在对上与对下不同层次主体的博弈中，重新界定政策实施中的价值，进而可能会产生与原本的设计完全不相符的政策效果。

最后，教育政策的价值体现了各教育利益群体的价值冲突与取舍。教育政策是在全社会的范围内对公共教育资源的一种分配，一项政策的出台需要对各利益相关群体相互竞争的教育需求进行调和。从理想状态来说，教育政策应该在各种利益矛盾中寻找一个平衡点，使教育利益分配达到最优化，符合罗尔斯提出的"基本权利平等对待原则"和"差别化原则"[1]。

（三）教育政策内容的选择

政策内容属于静态的政策，包括政策的目标、语言、对象与手段等要素。政策内容具体反映了权威部门的价值控制行为，在某种程度上是对政策过程的反映。对政策文本内容的分析，不仅"提供了理论的可能性，也为探查政治机器的内部动力学提供了手段"[2]。教育政策的内容蕴含着教育政策的目标、对象与手段三个要素，是关于政府对于"为了什么""针对谁""如何配置资源"这三个问题的集中表述。在表现形式上，教育政策的内容体现为一系列规范性文件、方案或行动准则，包括横向和纵向两个维度、宏观和微观两个层次。在纵向上，包括国家与地方等不同级别的教育政策；在横向上，需要关注教育政策

---

① 孟卫青. 教育政策分析的三维模式[J]. 教育科学研究，2008（8）：21-23.

② Jenkins W. Policy Analysis: A Political and Organizational Perspective[M]. London: Martin Robertson，1978：107.

与其他领域政策的关系。宏观层次的教育政策内容指基于特定政策问题的政策体系，即某项政策体系是由多个相关具体政策所构成的统一体；微观的教育政策内容是指某一项具体教育政策的构成要素。本书对于澳大利亚高等教育政策内容的分析侧重于对国家层面上的宏观政策体系的考察。

（四）教育政策过程的实现

政策过程属于动态的政策，包括从确立政策问题到政策评价的所有形式化阶段，体现了政策活动过程以及必须遵循的一系列确定的程序和原则，主要回答"为了实现一定的政策目标，教育政策是怎样制定的以及如何执行"这一问题。

政策制定过程是西方政策科学研究的核心问题。不同国家的政策制定过程存在显著差异。政党、政府、公众、舆论以及其他利益相关机构与群体在教育政策制定过程中所发挥的作用也不尽相同。一般来讲，一个理想的公共政策制定过程包括政策问题界定、目标确立、方案设计、效果预测、方案抉择、政策实施和政策效果评价。

政策问题是教育决策部门认为有必要、有责任、需要迫切地加以解决的教育问题。识别政策问题是制定政策的起点。并不是所有社会问题都可以上升为政策问题，只有涉及广泛民众利益的问题、受到各界充分关注的问题、表现出价值观典型冲突的问题，才可能会成为政策问题，并进而通过"立法"的形式加以解决。一般高等教育的国家政策的问题识别，或是遵从由上至下的路径，即由政府意识到并提出，在政府及其委托机构的指导下进一步细化与阐释；或是由下至上的，即由社会舆论形成广泛影响，进而导致政府开始决策过程。

一旦识别政策问题，随即就进入了政策过程的第二阶段，即确立政策目标。政策目标反映了决策者通过决策手段想要达成的目的。确立政策目标后就进入政策方案的设计、效果预测和方案抉择的阶段。由于教育问题的特殊性，在设计教育政策的过程中，常会出现"摸着石头过河"的现象。因此，这一系列过程被形象地称为"大胆假设，小心求证，科学抉择"，即大胆地设想解决政策问题的多样化、可行的方案设计，运用各种预测技术和方法对方案在各种可能的客观条件下的预期效果进行预测，之后对各种方案进行评选，以选择一种令人满意的方案。

政策过程的关键环节是政策的执行。构成教育政策执行活动的基本要素有很多，包括政策的执行者、执行计划以及行动措施、目标群体、环境因素等多个方面，即需要明确教育政策由谁执行，执行的目标群体是谁，以怎样的程序执行，政策执行的政治、经济、文化等影响因素。在政策执行的中后期，一般还要依据先前确立的政策目标和价值准则对政策的具体执行效果进行监督与评估，以确保政策在执行过程中不偏离原来的目标，同时保障政策目标的达成。

对于教育政策环境、价值、内容与过程的考察，是对政策进行的静态与动态的综合考量，体现了对于政策的较为全面的分析。因此，本书尝试从以上四个方面对澳大利亚高等教育政策进行解析，探讨澳大利亚高等教育政策的发展轨迹与演进路径。

第二节
政策变迁的宏观分析视角

对高等教育政策进行研究应该采取历史的视角。只有考察政策的长期发展变化情况，才能把握高等教育改革与发展的规律性，对历史进行检视的同时，对高等教育的未来发展做出积极的预测。因此，在政策微观研究视角的基础上，政策变迁研究成为越来越被广泛应用的研究视角或研究方法。从历史的角度来讲，对高等教育政策变迁的研究可以分为两个部分，涉及两种关系，即一方面是历史的阶段性与连续性的关系，另一方面是政策变迁的内外动力因素的关系。

一、政策变迁轨迹分析：高等教育政策的阶段性与连续性

对于政策变迁的分析采取历史的研究方法时必须处理好政策的连贯性与阶段性的问题。英国历史学家柯林伍德（R. Collingwood）提出了著名的"一切历史都是思想史"的命题，认为如果"历史是由事实构成的一个无限的思想整体"，那么"所有的历史知识都是这个整体中的片段"①。即使是训练有素的历史学家，也没办法将全部历史作为自己的研究领域，因此对于历史的研究本质上都是基于个别事实所开展的碎片化的分析。而且，教育政策本身也体现出了鲜明的阶段性特征。因为教育政策受制于政党与政府的施政主张，受典型的特定价值观的引导，政策的更迭往往与政党的执政周期紧密相关。不同时间段内的政策往往具有稳定的政策价值与控制手段，表现为一以贯之的政策体系。因此，从这两个角度来讲，高等教育政策分析对历史进行阶段划分是合理的，也是必要的，否则政策史就无法研究下去了。有了分期与阶段，包括管理体制改革、投资体制改革等微观、宏观的高等教育发展历程就有了一个大体的轮廓。

但对于政策历史进行阶段分期也有很明显的缺点，就是僵化地把高等教育政策的变迁历程切割为一段一段的，仿佛某个关键的政策节点的前一阶段与后一阶段是截然相反的，或者说高等教育政策是完全不一样的，对于从上一个阶段进入下一阶段的理解容易陷入简单化，不易深入理解政策为何发展至此。柯林武德在 1920 年提出史学理论原则时，亦同样表达了对历史过程思想的认识。他指出，"历史学关注的不是'事件'，而是'过程'。'过程'是没有开端的、相互转换的事件。如果一个过程 P1 变成了过程 P2，二者之间没有 P1 终止和 P2 开始的分界线。P1 从未终止，以变化的形式继续存在于 P2 中。P2 也从未开始，它是此前的 P1 的延续。历史中没有开始与结束。历史书有开头和结尾，但其中描述的历史事件没有"②。因此，高等教育的历史是阶段性的，但又并不完全是阶段性的，它始终是一以贯之、连绵不断的。当前政策的出台根植于之前的政策问题与背景，当前的问题也定会对未来政策的调整埋下伏笔。高等教育政

① 柯林武德. 历史的观念 [M]. 何兆武，张文杰译. 北京：商务印书馆，1997：389.

② Collingwood R G. An Autobiography [M]. London：Oxford University Press，1951：97-98.

策的历史是一个过程，对于每个阶段来说，当它由前一个阶段发展而来时，也将前一个阶段包含在后一个阶段之中，因而"间接地将以前的历史包含在新的高等教育政策之中。高等教育政策的历史变迁即由对这种过程的不断总结而构成。"①

二、政策变迁动力分析：高等教育政策的内外影响因素

20 世纪 80 年代以来，政策变迁的理论研究日益丰富，形成了倡导联盟理论、多源流理论、间断均衡理论等分析政策变迁的原因与动力机制的多种理论分支，从不同角度探索了促成政策变迁的各种因素及其相互间的因果联系。

科恩（M. Cohen）、马奇（J. March）和奥尔森（J. Olsen）等研究者最初对组织行为进行观察时发现，在企业中工作的人容易对某些行为模式产生偏好，这会影响决策的制定过程和最终结果。他们在 1972 年提出了"组织选择的垃圾桶模型"，将其作为一种决策模型，来解释在"有组织的无序"状态中的组织决策过程的产生机制问题，即决策被视为问题、对策和决策者的选择三者某一特定组合。从这个意义上而言，最终决策只不过是发生在垃圾桶内的淘金过程的副产品而已。该模型有三个普遍的属性：目标模糊、手段或方法的不确定以及参与的流动性。贯穿这种决策结构的是四条分离的"溪流"：问题、解决办法、参与者以及选择机会。这四条"溪流"有时各自流动，有时形成交集，当选择机会漂过时，这四条"溪流"就会被混合在"垃圾桶"里，形成决策。

随后，金登（J. Kingdon）不断对垃圾桶模型进行修正，在实证研究的基础上，提出了政策议程建立的多源流理论。该理论认为，政策制定过程在阶段和步骤上并不是整齐划一的，政策议程的建立分为三种过程，即问题、政策和政治，这三种过程分别对应着三条独立的"溪流"，即问题流、政策流和政治流。这三条"溪流"的发展和运作受不同力量所支配，各自按照其动态性和规则发展。问题流说明了一般问题成为政策问题的过程。其中，决策者的关注是最主要的影响要素，某些有影响力的指标的变化、危机事件、焦点事件、政策执行过程中的强反馈等都是其作用因素。政策源流是由官员、学者或主要利益集团

---

① Collingwood R G. Speculum Mentis or the Map of Knowledge[M]. New York: Greenwood Press，1924：56.

组成的政策共同体构成的，他们针对政策问题提出的思想和建议是政策源流的内核。围绕问题产生的备选方案和建议在政策"原汤"里四处漂浮，彼此碰撞、结合，最终沉淀出符合标准的建议。政治源流中的事件包括政府行政管理改革、社会舆论、大众传媒、政党执政理念等。这三条"溪流"各自独立，当在某个节点上三条"溪流"汇合在一起时，政策议程便产生了。多源流理论自 1984 年被提出以来，备受政策研究者的青睐，被认为打破了政策制定的静态模式，揭示了政策制定的动态本质，试图去透视介于公共政策输入与输出中间的"黑箱"里的运作机理，解释为什么某些问题被重视而提上议程，而另一些却被忽略以致长期拖延。①

20 世纪 90 年代初，鲍姆加特纳（F. Baumgartner）和琼斯（B. Jones）提出了间断均衡理论（punctuated equilibrium theory），将政策变迁的动力因素区分为外部环境的变化与外部关注度的提高。前者指政治、经济、社会形势等的变化，后果者指公众和政府对某项政策议题或某个政策领域的重视。

通过对上述经典政策变迁分析模型的梳理可知，社会环境、公共舆论、政党与政府的施政主张、学者利益集团的价值引导等共同构成了政策变迁的动力源头，其中最为重要的影响因素是政府的关注度。因此，国外很多政策分析学者将研究的重心放在决策的"最初一公里"上，即让问题上升为政策问题，进而进入政府的决策议程中。然而，对于高等教育政策变迁的研究，除了需要关注以上外部影响因素之外，还需要对高等教育自身发展阶段中存在的政策问题进行自我解剖，问题在成为政策问题之前，一定在高等教育系统内部存在已久。高等教育的内部矛盾是高等教育系统自身发生改变的源泉和动力，是高等教育政策变迁的根本原因，外部原因只是借由高等教育内部因素的作用而发挥作用的第二位原因。从这个角度来讲，高等教育政策变迁的动力还应该包括高等教育系统自身。

本书基于对政策分析框架的多维透视，将澳大利亚高等教育政策变迁置于微观与宏观的双重分析系统中，构建了以价值分析为主线的政策环境-价值-内容-过程分析模式，并从历史发展的角度梳理澳大利亚高等教育系统与高等教育政策的历史演进历程，分析高等教育领域自身的改革与发展动因，以及影响高等教育政策变迁的重要外部因素。

---

① 向玉琼，李晓月. 我国大气污染防治政策变迁的动力分析——兼评多源流理论及其修正[J]. 长白学刊，2017，（5）：65-72.

第三节

高等教育政策变迁中的治理场域

一、大学治理的内涵

"治理"（governance）一词源于拉丁文和古希腊语，原意为控制、引导和操纵，开始主要被用于与国家的公共事务相关的管理活动和政治活动中，后来被更多地应用于企业研究，侧重于探讨与企业目标实现相关的重要管理问题，强调一种最优决策的机制。随着"治理"越来越多地被应用于公共领域，逐渐具有"各种公共的或私人的个人和机构管理其共同事务的诸多方式的总和"[①]的含义。"它是使相互冲突的或不同利益得以调和并且采取联合行动的持续过程，既包括有权迫使人们服从的正式制度和规则，也包括各种人们同意或认为符合其利益的非正式制度安排。"[①]

大学治理是一个系统，是协调大学内外部不同利益关系并使之服从于大学发展目标达成的一种过程。从关系范畴上而言，大学治理在习惯上分为外部治理（external governance）和内部治理（internal governance）。外部治理侧重于协调大学与政府、市场等外部利益相关者的关系。大学具有社会组织属性，其诞生以来，就与社会其他系统发生着千丝万缕的联系，时刻处于社会网络的组织关系中。无论是外部人治理还是内部人管理，大学治理均无法摆脱政府、市场等外部利益相关者的深刻影响。然而，在大学内部，大学治理是对大学决策权力、执行权力、监督权力以及利益相关机构和职位的职责范围的法定约束，以及各机构和职位之间的权力关系。在西方，大学内部治理强调董事会、理事会、评议会、校长、教授会、教师、学生、校友等各种权力的边界及它们之间的相互制约和协作。在我国，治理强调党委、行政、教授会之间的权力分配，以及教师、学生等权力主体的适度参与。外部治理与内部治理并不是截然对立的，大学与政

---

① The Commission on Global Governance. Our Global Neighbourhood[M]. Oxford: Oxford University Press, 1995.

府、市场等外部利益主体的互动关系，以及所形成的权力运行模式、习惯的资源配置方式、采取的价值协调手段等，均会在很大程度上影响甚至塑造大学内部的办学理念、管理体制与运行机制。因此，外部治理与内部治理其实是相通的。另外，从表现形式上而言，大学治理一方面体现为一系列正式与非正式制度安排，用来协调系统的决策层、执行层、监督层及其他利益相关者的关系，确保系统的健康发展；另一方面，它还是一系列围绕着系统的层次和组织关系展开的"理念"（idea）、"机构"（institution）、"体系"（system）和"控制机制"（control mechanism）的总和。

　　高等教育政策的本质是对于高等教育资源的重新配置。政策变迁带来了治理理念、结构、模式等的根本变革。因此，治理嬗变是政策变迁的目的、过程与结果，通过它可以更好地理解政策的价值与实施效果，也更容易判断政策的走向。

二、大学治理场域的分析框架

　　"场域理论"是法国社会学家布迪厄（P. Bourdieu）社会理论构架中的核心概念。在布迪厄看来，社会科学研究中的概念真正来自各种关系。由此可知，社会科学的本质是一种关系研究。他对黑格尔"现实即合理"的公式进行改动，提出"现实即关系"，在社会世界中"都是各种各样'独立于个人意识和个人意志'而存在的客观关系"。因此，"从关系的角度'进行思考'的技术"——"场域理论"，是"正好与社会世界现实相吻合"的社会科学研究必要的理论基础与框架结构。①

　　在布迪厄看来，每个场域都处于关系之中，关系构成了场域内的基本关系，关系场域是构成各种场域的基本场域，即所谓的"元场域"。因此，场域可以被看作一个游戏空间，在这一空间中主体围绕着利益彼此争斗。高等教育领域中的诸多问题，其本质都是多种利益相关主体遵照共同的规则与各自的行为逻辑，不断地相互影响与作用的过程或客观结果。大学治理场域指的就是对大学有重要影响的行动者和机构在相互作用中形成的网络（network）与构型（configuration）。这种网络与构型具备主观态度与客观现实的双重特性，因此将场域理论运用于大学治理研究中，既符合高等教育本身的内在逻辑，同时也具

---

① 皮埃尔·布迪厄，华康德. 实践与反思——反思社会学导引[M]. 李猛，李康译. 北京：中央编译出版社，1997：135.

备问题内部关联性的合理化基础。

在布迪厄看来，场域研究有三个必不可少的步骤：分析场域位置；确定行动者或机构的惯习；勾画行动者或机构之间的客观关系结构。①场域是位置之间的网络与构型。因此，场域最基本的元素就是位置，而场域位置是由主体各自拥有的资本的数量和相对分量所决定的。②掌握一定资本的行动者或机构"通过将一定类型的社会条件和经济条件内化，获得某些性情倾向"③，即行动者的惯习。同时，为了控制场域特有的合法形式的权威，资本之间相互竞争，从而形成某种关系结构。因此，大学治理场域研究要回答三个问题，即大学治理的权力类型、各权力主体的行为逻辑以及主体之间的关系，这三者共同构成了大学治理场域的研究框架。④

本书从大学组织的外部宏观环境与内部微观环境出发，将大学治理分为外部治理和内部治理。因此，大学外部治理场域侧重于对大学、政府与市场的外部宏观范围的权力类型、不同权力主体的权力作用空间，以及外部权力主体与大学之间的关系进行剖析；而大学内部治理场域则侧重于对大学内部权力主体与权力关系、治理理念、治理体系与治理机制等问题的探讨，同时对大学外部治理场域对微观治理的深刻影响进行深入探讨。

三、大学治理场域的基本关系

布迪厄认为，场域是一个竞争的市场，在这里分布着多种不同的资本。竞争是利益关系的核心。惯习就是掌握资本的主体将主观意愿社会化"形成的一种立场，一种明确地建构和理解具有其特定逻辑的实践活动的方法"⑤。一方面，场域形塑了惯习，惯习成为某个场域固有的必然属性的产物；另一方面，惯习也建构了场域。大学治理就是对场域中多元的利益竞争进行协调与配置。决定大学治理利益竞争的逻辑就是资本的逻辑。基于各自的逻辑，不同的资本类型共同构成了大学治理场域。借鉴布迪厄所提出的场域资本分类框架，我们提出

---

① 皮埃尔·布迪厄，华康德. 实践与反思——反思社会学导引[M]. 李猛，李康译. 北京：中央编译出版社，1997：151.

② 于海. 西方社会思想史[M]. 上海：复旦大学出版社，2005：578.

③ 皮埃尔·布迪厄，华康德. 实践与反思——反思社会学导引[M]. 李猛，李康译. 北京：中央编译出版社，1997：151.

④ 何晓芳. 大学治理场域中的资本、惯习与关系[J]. 大连理工大学学报（社会科学版），2012（3）：112-116.

⑤ 高宣扬. 布迪厄的社会理论[M]. 上海：同济大学出版社，2004：164.

将以市场为主体的经济资本、以高校为主体的文化资本、以政府为主体的政治资本作为分析大学治理场域的基本要素。

经济资本是大学办学不可或缺的关键要素，既包括以货币的形式呈现的生产的不同因素、经济财产、各种收入以及各种经济利益的组成，又包括以制度化的形式呈现的产权形式。金钱是经济资本，大学一切的办学活动都要以物质基础为前提。在大学治理场域中，金钱的作用无处不在，它以拨款、捐助、产业化收入、学费等形式为载体。无论投资者是政府、企业还是其他社会机构与个人，都会在为大学办学提供必要的资源的同时，以特有的方式潜移默化地对大学内外利益关系与结构产生一定的影响。

文化资本是大学持有的最核心的资本。依据布迪厄的分类框架，大学治理场域中的文化资本可以分为身体化的、客观化的、制度化的三种形式，分别指代大学组织成员经过多年研习而在身体内长期稳定地内化的禀性、才能、修养等智能结构；物化或对象化的科研成果等文化财产；由合法化和正当化的制度所确认的各种学术头衔、学术水平与等级等。可以说，文化资本构成并体现着大学的本质属性。知识是文化资本。从大学产生与发展的历程来看，知识一直都是大学的运作逻辑，是大学存在的理由。无论是基于"高深学问"探讨的"学者的联盟"，还是处于社会中心的"动力引擎"与"轴心机构"，大学所拥有的资源与掌握的具体的或抽象的力量，都主要取决于其在科学研究、人才培养、社会服务过程中体现出来的能力，这些都与对于知识的创造、保存、传承、利用的水平直接相关。可见，知识是大学同其他类型资本和利益主体博弈并提升兑换比率的重要砝码，大学在治理场域中的行动必须遵循知识的逻辑。

政治资本是大学借助于所占有的持续性社会关系网而获得的政治资源或财富。权力是政治资本。布迪厄认为，场域中的政治资本具有制度性，主体会通过采取策略确定并再生产某些社会关系，并将其转化为在体制上得到保证的权力关系。[①]因此。大学治理场域中的政治资本，既体现为带有公共权威和组织权威性质的制度性权力，还体现为组织内部基于外在权威内化而产生的行政性权力。

场域是一个竞争的场所，资本是大学场域竞争的目标。拥有资本就意味着掌握了在这一场域中利害攸关的专门利润（specific profit）的获益权，掌控了利

---

① 李全生. 布迪厄场域理论简析[J]. 烟台大学学报（哲学社会科学版），2002（2）：146-150.

益分配结构以及与其他资本拥有者之间的客观关系，提升了自身在场域中的地位。同时，资本也是大学场域竞争的手段。每个竞争的主体都凭借着对于某一类型的资本的有效运用，来增加或维持他们的资本。在场域中经常可见的竞争手段是：主体通过运用策略极力提升或维持他们自己优先拥有的资本类型，或者通过改变不同类型的资本之间的兑换比率来保持自身的有利地位，甚至不惜"极力贬低作为他们对手力量所在的那种资本形式的价值"①。在大学治理场域中，这种围绕着资本进行的争斗是实实在在且无处不在的。

布迪厄认为，"概念的真正意涵来自于各种关系"②。因此，大学治理场域中利益主体之间的"关系状况最终决定了场域的结构"③。大学治理场域的动力学原则，就是在对各种资本类型的行为逻辑进行深入分析的基础上，研究资本之间的关系结构和相互作用的内在机制。笔者认为，以文化资本、政治资本、经济资本这三种资本类型为基础，大学治理形成了一个以控制、自治、效益、理念、效率、公平为关系内核的作用场域，如图 1-1 所示。

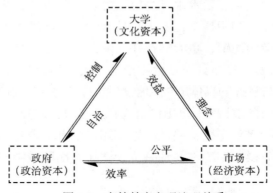

图 1-1　高等教育宏观治理关系

布迪厄的权力场域理论对社会行动者及其行为进行的全面阐释，为大学治理问题的研究提供了重要的启示。借用布迪厄的分析框架，大学治理场域的动力学原则就在于不同类型的资本以特有的行为逻辑为基础形成特有的结构，同时还根源于场域中相互对立的特殊力量之间的不对称关系。利益主体拥有了特定的资本，就掌握了治理场域中的主动权，占据了特定的空间位置，形成了一系列较为稳定的策略取向（惯习）。主体所采取的实际行动取决于其自身拥有的

① 高宣扬. 布迪厄的社会理论[M]. 上海：同济大学出版社，2004：137.
② 转引自：高宣扬. 布迪厄的社会理论[M]. 上海：同济大学出版社，2004：131.
③ 高宣扬. 布迪厄的社会理论[M]. 上海：同济大学出版社，2004：136.

资本的数量与比例，也取决于其场域位置与行为惯习。某一利益主体可能拥有大量经济资本而缺乏社会资本，而另一个利益主体则可能拥有丰富的文化资本却缺乏经济资本。大学治理场域的本质就是主体凭借自身拥有的资本，遵循各自的行为惯习，不断地进行资本兑换，从而逐渐实现某种程度上的各利益相关者利益的最大化的稳定的状态。在大学治理场域中，不同类型的资本形式分别占据了特定的场域空间，共同构成了既相互作用又相互斗争的力量的"竞技场"。场域关系的本质，就是各种资本形式基于特定的行为惯习所展开的关于自治、控制、效率、公平、理念与效益的诸多领域与层面的冲突与博弈。大学治理所追求的目标是寻找资本之间的"均衡机制"与合理的"兑付比例"，以保障高等教育系统自身整体的动态平衡。

（一）自治与控制：大学与政府的博弈

在《高等教育系统——学术组织的跨国研究》一书中伯顿·R.克拉克在论及其著名的高等教育三角形协调模式时曾提到，高等教育领域中的"公开的战斗是在国家官员和教授之间展开的"①。而国家官员与教授之间关系的本质，就如同英国历史学家帕金（H. Parkin）所说的，是"自由和控制的矛盾"②。在大学的发展历史中，自治与控制是大学与政府的关系中的一对永恒矛盾，这一矛盾自中世纪大学产生以来便始终伴随着大学的成长。时至今日，大学自治与政府控制仍然是高等教育中的两难问题。

在高等教育领域，大学的"自治"实际上包含多种层次。美国社会学家昂格尔（R. Unger）从社会学的角度认为自治性表现在四个方面，分别为区别于宗教、道德及政治的实体自治（substantive autonomy），即大学或其他高等教育机构拥有的自主决定其发展目标的自由；司法独立的机构自治（institutional autonomy），即大学是否拥有人事任免、招生、课程设置、授予学位、资金分配等方面的自由；具有独特推理与论证方式的方法论自治（methodological autonomy），即决定为了实现自身的发展目标而采用的手段的自由；以及自律性的职业自治（occupational autonomy），即类似于行业组织内部的自我管理。③

---

① 伯顿·R. 克拉克. 高等教育系统——学术组织的跨国研究[M]. 王承绪，徐辉，殷企平，等译. 杭州：杭州大学出版社，1994：161.
② 转引自：唐卫民. 试析大学自治与政府控制[J]. 沈阳师范学院学报（社会科学版），1999（1）：77-80.
③ 昂格尔. 现代社会中的法律[M]. 吴玉章，周汉华译. 北京：中国政法大学出版社，1994：47.

　　笔者认为，从大学治理的角度而言，大学的自治体现在法律、经济和学术三个维度。首先，自治可以是法律层面上的规定，在有些国家的根本大法中大学是拥有独立法人资格、充分享有自治权的实体。其次，大学自治也可以体现在经济层面，即大学是否可以不受资金提供者的左右，拥有充分的资金使用权和支配权。最后，大学的自治还可以体现在学术层面。正如阿什比（E. Ashby）等提出的大学"学术自治"（academic autonomy）的定义一样："单个的学者在其教学和研究生涯中（是否）可以自由穷尽地追求真理，而不必担心因为冒犯了一些政治、宗教或社会上所谓的'正统'思想而使职业受到任何影响。"①只要是寻求自治的地方就存在控制，因此，政府的控制也同样体现在法律、经济和学术三个方面。

　　绝对意义上的大学自治，指大学作为独立法人机构不受政府、教会或其他任何机构的控制或干预，能够独立地决定自身的发展目标和计划并付诸实施。美国著名高等教育学家布鲁贝克（J. Brubacher）认为，"自治是高深学问的最悠久的传统之一。无论它的经费来自私人捐赠还是国家补助，也不管它的正式批准是靠教皇训令、皇家特许状，还是国家或省的立法条文，学者行会自己管理自己的事情"②。自产生起现代大学就以自治为精神追求。大学自治是几百年来一直被西方大学奉为圭臬的学术传统和基本理论。然而，政府要控制大学，大学想维护自治，在政府与大学之间这种因性质、职能不同而形成的权力之争在大学发展史中占了很大比例。在现代社会中，这种斗争或矛盾仍然有其存在的合理性和必然性。追根溯源，这场自治与控制的矛盾和冲突体现了对高等教育哲学基础的不同认识。在高等教育哲学的基础上，自治与控制的问题从根本上体现为高等教育的认识论哲学与政治论哲学的矛盾与冲突。

1. 高等教育的认识论哲学与政治论哲学传统

（1）高等教育的认识论哲学

　　高等教育的认识论哲学强调知识本身即为目的，即趋向于把以"闲逸的好奇"精神追求知识作为目的。认识论哲学是大学自治的思想基础。布鲁贝克在《高等教育哲学》一书中，从认识论的角度论证了大学自治和学术自由的合理性。"高深学问"是高等教育区别于其他事业包括低层次教育的关键，它需要"超出一般的、复杂的甚至神秘的知识"，"高深学问"会导致高等教育领域中的许多问题具有特殊性，因而主张在知识问题上就应该让学术权威自行解决这一领域

① Ashby E. Universities，British，Indian，African[M]. London：Weidenfeld and Nicolson，1966：124.
② 约翰·S. 布鲁贝克. 高等教育哲学[M]. 王承绪，郑继伟，张维平，等译. 杭州：浙江教育出版社，2001：31.

中的问题，如课程设置、招生、考试、教师聘任等。同时，自治合理存在的根据必须是忠实于真理，也就是说，"高深学问"不应该成为世俗主义的工具，而应该有自己发生发展的规律。①在秉承认识论哲学传统的学者眼中，大学自治和学术自由是大学发展的内在逻辑使然，是大学发展的永恒原则。然而，即使秉承认识论哲学的学者也无法无视大学外部环境的影响和制约，但他们希望这种影响和制约可以降到最小。哈佛大学前校长博克（D. Bok）就认为，大学的运行未必都是理性的，为了维护公众的利益，政府有时可以对大学做出适当的约束。但是，这种限制应以不妨碍学术自由为限度。否则，它就违背了社会发展的根本利益。②帕金教授认为，大学追求、传播知识需要自由。当控制大学的种种力量软弱且分散时，大学之花就开得绚丽多彩；当种种控制力量强大时，它可以各种有害于教学和研究自由的方式实行控制，从而给大学造成损害。③

（2）高等教育的政治论哲学

高等教育的政治论哲学则强调人们探讨深奥的知识不仅出于闲逸的好奇，还因为它对国家有着深远的影响。政治论哲学为政府的控制和干预提供了思想基础。"复杂社会的复杂问题需要极深奥的知识才能解决，而获得解决这些问题所需的知识和人才的最好场所就是高等学府。当高等学府卷入日常生活的时候，必然会遇到如何确定目标和如何行使权力来实现这些目标的争论。而这些争论自然具有政治性。"④很多伟大的教育哲学家在其论著中都把教育作为政治的分支来看待，如柏拉图的《理想国》、亚里士多德的《政治学》、杜威（J. Dewey）的《民主主义与教育》等都是如此。

政治学的基本逻辑是：封闭的政治与无限的政府；开放的政治与有限的政府。在孟德斯鸠看来，一个自由的、健全的国家，必然是一个权力受到合理合法限制的国家。⑤"如同战争的意义重大，不能完全由将军们决定一样，高等教育也相当重要，不能完全留给教授们决定。"⑥此外，政府还负有某种对于其公民的"家长主义的关怀"。政府对高等教育既有管理职能，又有服务职能。特别是在当今社会，政府更是扮演着宏观管理者和服务者的角色，对教育问题负有直接的政策导向和调控的作用。教育只是社会的子系统之一，政府作为公共利

---

① 约翰·S. 布鲁贝克. 高等教育哲学[M]. 王承绪，郑继伟，张维平，等译. 杭州：浙江教育出版社，2001：13.
② 徐小洲. 博克的学术自由与大学自治观[J]. 浙江大学学报（人文社会科学版），2002（6）：123-125.
③ 徐辉，毛雪非. 论现阶段我国政府、社会与高校的关系[J]. 高等教育研究，1994（2）：30-34.
④ 约翰·S. 布鲁贝克. 高等教育哲学[M]. 王承绪，郑继伟，张维平，等译. 杭州：浙江教育出版社，2001：15.
⑤ 转引自：董云川. 现代大学制度中的政府、社会、学校[J]. 高等教育研究，2002（5）：28-32.
⑥ 约翰·S. 布鲁贝克. 高等教育哲学[M]. 王承绪，郑继伟，张维平，等译. 杭州：浙江教育出版社，2001：29.

益代表能通过政策的调控和干预维护大学的发展，提高全社会公民的整体素质。政府对于保证大学在办学方向、规模、结构、功能、效益、质量等方面的和谐发展负有很大的责任。这些都是政府进行干预和控制的理由。

当今政治经济学领域的学者更倾向于从高等教育本身的属性出发，为政府在高等教育领域中有所作为赋予必要性和合法性。学者依据不同类型教育产品的性质，将教育分为义务教育和非义务教育两种。义务教育因其纯公共产品的性质，应由政府提供完全的支持。高等教育属于非义务教育阶段，它是一种准公共产品，兼有公共产品和私人产品的双重性质，因此政府合理合法地拥有部分调控高等教育的权力。此外，高等教育还存在一定的外部性，个体在做关于高等教育投资的决定时，不会考虑自己接受教育是否会对他人的机能和存在产生积极的影响。没有一种价格机制可以鼓励个体考虑这些因素。这一事实导致私人对高等教育的投资要低于作为整体的社会的利益。高等教育的受益者既包括个人又包括整个社会，因此，政府理应为高等教育买单。

虽然高等教育哲学的认识论和政治论都有其存在的合理性和必然性，但二者之间在很长一段时间里都处于相对紧张的关系中。究其根本，二者的矛盾之处就在于探讨高深学问的认识论方法想方设法摆脱价值的影响；而政治论方法则必须考虑价值问题。所以，许多学者认为，追求真理和追求权力是水火不相容的。伯顿·克拉克在《高等教育新论——多学科的研究》一书中就指出："……一种奇怪现象，当大学最自由时它最缺乏资源，当它拥有最多资源时它则最不自由……大学的规模发展到最大时，正是社会越来越依靠政府全面控制之日。"[①]这些都可以从一个侧面揭示真理与权力相对应的两个主体，即大学与政府二者一贯的紧张关系。可见，这种由认识论和政治论引发的关于自治与控制的争论，在过去、现在和将来都是高等教育领域中的一对永恒矛盾。

2. 自治与控制的演进

（1）中世纪至近代早期的大学与政府

中世纪大学是行会性质的组织。大学学者是"以思想和传授思想为职业"的人，他们的工作主要是"把个人的思想天地同在教学中传播这种思想结合起来"[②]，所以，这种职业完全是一种精神活动，而不是物质生产性的活动；它的

---

① 伯顿·克拉克. 高等教育新论——多学科的研究[M]. 王承绪，徐辉，郑继伟，等译. 杭州：浙江教育出版社，1988：26.
② 雅克·勒戈夫. 中世纪的知识分子[M]. 张弘译. 北京：商务印书馆，1996：1.

动力不是实际利益，而是一种对知识和世界的好奇精神，与自由意识相连，渴望摆脱控制和束缚。"这决定了他们不是现存社会秩序的代表者，不倾向于维护传统思想和现存社会结构。"①学者的这种批判态度与社团自治制度相结合，大学利用这种形式与教会和世俗社会进行斗争，并以这种形式为基础形成了大学的管理模式——大学自治。②到了 14 世纪中期，大学已经拥有广泛的特权，主要包括"免税免役权和司法审判权、颁布任教特许状和授予学位的权力、罢课和迁校权等"③。因此，总体来看，这个时期的大学在很大程度上局限于"象牙塔"之内，与社会和政府的联系非常有限，而政府由于受到宗教力量的干扰，各方面的能力还相对比较弱。

14—15 世纪，民族国家开始形成。到 15 世纪末，原始的、封建的、地方性的自由权力已经消亡，"新的、更为集中的、更正规的权力在兴起"④。世俗政府变得更加有力，它逐渐集立法、行政、司法权力于一身，对社会生活实行全面的强制干预。从 14 世纪末开始，政府与大学的关系发生了改变。政府不再一味地迁就大学，因为它已经具备了全面干预社会的能力，它的专制已经能够为其控制大学提供保证。政府已经把干预力量扩展到大学领域，一方面有意识地剥夺中世纪建立起来的国际性大学的特权；另一方面开始尝试建立地方化和民族化的大学。政府（国家）的目的是明确的，它希望大学能够成为具有民族性和公共性的机构。这种变化造成的结果就是：一方面，在权力领域，由于政府更加有力，大学早期拥有的特权开始丧失；另一方面，在精神领域，教会仍坚守着它的最后一块领地，对大学实施严格的控制，最终导致了大学的僵化和衰落。⑤

（2）近代社会中的大学与政府

18 世纪末，西方发达国家已经先后完成了资产阶级革命，政府权力从封建统治者手中转移到资产阶级手中。这种权力转移引发了政府职能的转变，表现在以下几个方面：首先，"政府的阶级统治职能极为突出"⑥，新兴的资产阶级不得不强化它的统治职能，从而维护自身的合法地位；其次，政府的政治职能与经济职能分立，西方各国政府采取了政治、经济分立的方法，即政府在完善法律、建立决策机制和加强国家机器的同时，在经济领域扮演"守夜人"的角

---

① 赵婷婷，邬大光. 大学批判精神探析[J]. 高等教育研究，2000（2）：15-20.

② 赵婷婷. 自治、控制与合作——政府与大学关系的演进历程[J]. 现代大学教育，2001（2）：54-61.

③ 陈列，俞天红. 西方学术自由评析[J]. 高等教育研究，1994（2）：98-102.

④ 基佐. 欧洲文明史[M]. 程洪逵译. 北京：商务印书馆，1998：181.

⑤ 赵婷婷. 自治、控制与合作——政府与大学关系的演进历程[J]. 现代大学教育，2001（2）：54-61.

⑥ 施雪华. 政府权能理论[M]. 杭州：浙江人民出版社，1998：230.

色；最后，由于受到政府管理专业化水平的限制，"政府的社会管理职能呈缓慢扩张趋势"[①]。从总的趋势来看，政府已经强大起来，并且也希望在社会中扮演越来越重要的角色。[②]

19世纪，教育行政开始向世俗化转变，资产阶级为教育国家化打下了基础。资产阶级开始代表国家管理高等教育，大学与政府的关系成为高等教育管理的重要方面。与此同时，产业革命使科学与技术对社会发展的作用日益加强。大学作为探究学问的场所，其影响力随着科技的进步而不断增强，这引起了政府的普遍重视。虽然此时的大学仍保持着自治的传统，但从宏观指导方向上说，18—19世纪的教育是国家主义的，这一时期的教育被看作巩固政治统治的手段。国家大多把教育大权控制在自己手中，但这一时期的政府管理能力还相对较弱，所以，在许多时候，政府的控制会受到阻碍而不能完全实现。

与教育世俗化同步的是科学的发展和科学体系的形成。在社会挑战面前，大学不得不做出相应的改变。科学为人类生活所带来的巨大改变，使得它不可避免地被赋予了各种实用目的，所以当它进入大学中的时候，人们也对大学产生了许多新的期待，即希望大学能够为现实社会的发展带来越来越多的实际利益。因此，科学是对传统大学生活方式的冲击，它打破了大学以往封闭、寂寞的"象牙塔"式生活，使得大学走进社会现实中。

19世纪中期以后，科学研究开始成为一种职业，需要更多的人进行合作，而这就需要更雄厚的物质条件作为后盾。以往个人资助科研的情况越来越跟不上科学的发展，于是政府开始了越来越多的介入。这个时期，资本主义的发展步入了"黄金时代"。政府已经相当成熟，其社会管理职能迅速扩张，公共管理事务本身变得日益繁重和复杂，所有这些都为政府社会管理职能的扩张提供了基础。在这种情况下，政府与大学的关系也发生了变化。由于政府在社会管理职能的扩张中提高了管理的水平，其对大学的管理也不再只是简单、粗暴的专制式的，它开始注重选择管理手段和方法，通过法律明确两者的责任和义务。总的说来，在这一时期，政府倾向于同大学保持一种更为平等的合作关系。[③]

（3）现代社会中的大学与政府

第二次世界大战后，政府与大学的关系已悄然发生改变。大学成了社会的轴心机构，越来越多地卷入社会的政治生活、经济生活和公众的个人生活，越

① 施雪华. 政府权能理论[M]. 杭州：浙江人民出版社，1998：233.
② 赵婷婷. 自治、控制与合作——政府与大学关系的演进历程[J]. 现代大学教育，2001（2）：54-61.
③ 赵婷婷. 自治、控制与合作——政府与大学关系的演进历程[J]. 现代大学教育，2001（2）：54-61.

来越多地受到政府的直接或间接的控制。大学所需经费越来越多，从而也越来越离不开政府的支持。政府"以微妙的、缓慢积累的和彬彬有礼的方式使得自己显得越加有力"，"大学控制自己命运的能力已大大减弱"①。总的来说，这个时期，大学受到政府更多的控制。

20 世纪初到 20 世纪 60 年代，主流经济学转向以干预为主的"凯恩斯主义"。政府对社会经济活动进行积极调节和全面控制，以缓和经济萧条和经济危机。与之相伴相生，西欧和北欧提出"福利国家"的政府管理模式。这种模式的政府"通过一系列经济手段，扩大国民收入的份额，增加政府投资和国有企业的数量，加强国家对社会经济生活的调节控制，实行国民经济计划化，对社会财富进行二次分配，在一定程度上照顾社会公平问题"②。从政府角色的角度讲，"凯恩斯主义"倡导政府对于全面社会事务和经济事务的积极干预，虽然在一定阶段和一定程度上缓解了社会矛盾和经济危机，但在很大程度上损害了社会自治。在政府与大学的关系中，大学的地位是被动的，它的自治和自由随时可能会受到威胁，这在第二次世界大战期间表现得尤其明显。③

20 世纪 70 年代后，西方国家已经基本完成了以工业化和城市化为主要标志的现代化进程，逐渐进入了后工业化社会或称后现代化时期。这种变化导致了政府职能结构的转变。20 世纪 70 年代末到 80 年代初，西方的许多国家先后进行了私有化、地方化的权力下放改革。政府直接经营和管理的部门减少，而间接管理和宏观调控的领域增多。与此同时，随着中央政府管理事务的减少，地方政府管理的事务和管理权限却在增加。这表明政府管理职能的划分更加精细，社会服务和社会平衡职能逐渐占据主导，它对大学的干预和控制方式也发生了很大的转变，开始由直接转向间接。④

由于社会的变化和政府职能的转变，后工业化社会的政府与大学的关系与以往也有了很大不同。随着高等教育大众化进程的加速，维护并力争大学自治自主与法人地位的呼声日益高涨。20 世纪 70 年代以来，大学在知识和技术方面拥有较高的权威性，所以越来越多地参与到政府政策的制定中。从政府的角度讲，充分利用大学的资源以维持社会的稳定、促进社会的发展，已经成为政府义不容辞的责任。因此，社会的发展要求政府与大学必须建立起平等、合作的

① 谷贤林. 政府与大学关系纵论[J]. 理工高教研究，2002（10）：31-33.
② 张丽曼. 论西方发达国家政府管理模式的转型——政府形态史的分析[J]. 长沙理工大学学报（社会科学版），1998，（1）：49-54.
③ 赵婷婷. 自治、控制与合作——政府与大学关系的演进历程[J]. 现代大学教育，2001（2）：54-61.
④ 赵婷婷. 自治、控制与合作——政府与大学关系的演进历程[J]. 现代大学教育，2001（2）：54-61.

关系。新的时代赋予大学自治和政府控制新的内涵，大学为何自治？如何自治？政府为何控制？又如何控制？这成为值得深入思考的重要问题。

3. 关于自治与控制的基本问题

自治与控制是大学与政府之间的经典矛盾关系。作为矛盾的两个方面，自治与控制互为存在的基础和对立面。随着社会的发展，矛盾双方的相互依赖性也在日益增强。政府认为，大学应更多地担负起社会责任，为国家的发展做出更大的贡献，因此其通过行政、立法、财政等手段增加对大学办学的影响；而大学则从学术传统、大学理念出发，强调自身在担负社会责任、为社会做贡献过程中的办学独立性，以此减少来自政府的被认为有可能损害"大学自治"的干预与影响。其实，完全的政府控制和绝对的大学自治都是不存在的。因为完全的政府控制就意味着高校彻底沦为政府控制下的一个行政机关；而绝对的大学自治则排斥和忽略了自身作为公共教育机构所具有的社会责任和职能。因此，自治与控制只是程度上的差别，而不是"是"与"非"、"对"与"错"的问题。没有完全意义上的自治，也没有完全意义上的控制。无论从哪个角度解读，大学与政府关于自治与控制的矛盾更多地表现为一种关系，其背后体现出的是各种权力的平衡。在探讨政府和大学的关系问题时，寻找一种在大学与政府之间建立合作的关系和保持必要张力的途径，是最为重要的。

本书将政府与大学之间关系的本质界定在控制与自治之间的矛盾与冲突上。实际上，控制与自治之间的关系是一种相互依存的互动关系。在具体分析二者之间的关系时，至少需要思考以下几类具体问题：政府在高等教育领域中的定位及其宏观的高等教育导向问题；政府在实现其宏观管理过程中的权、责、利的分配问题，这既包括政府和大学的权力与权利的归属和分配问题，又包括政府的教育职能及这些职能的层次和隶属关系、大学的社会功能及各种社会功能之间的关系，以及政府行为与大学社会功能的实现等问题。政府与大学之间的关系，最终必然会具体化为上述关系的协调与平衡。

（二）公平与效率：政府与市场的较量

1. 对公平与效率的追求是政府与市场关系的本质

"效率"源于经济学范畴，指资源的有效使用与有效配置。效率的公式是单位时间内完成的工作量，或劳动的效果与劳动量的比率。在生产要素的配置方面，效率指经济活动的低投入、高产出；各生产要素通过合理配置达到最佳经济效果；经济发展的速度；社会物质财富的积累程度；国民收入状况等，这些都属于经济学领域中效率的应有之义。西方普遍认为，市场是最有效率的，对于效率的诉求是市场的发展逻辑。在市场经济中，没有人命令谁应该生产什么、如何生产和为谁生产。人追求的只是自身的经济利益，每个人只是根据市场的价格信号调整自己的行为，市场机制就像一只"看不见的手"，协调着人们的生产和消费。然而，当今世界上很少有国家完全依赖自由市场经济，几乎所有国家的政府都或多或少地介入经济活动。市场的有效性是有条件的，"看不见的手"的学说在某些现实情况下是难以成立的。在市场失灵的情况下，市场经济的运行就有可能达不到资源的最优配置，这就为政府干预市场运行提供了有力的证据。在现代社会中，政府是社会公共利益的代表，其有责任在市场这只"看不见的手"调控不佳或不符合公众利益时，伸出"看得见的手"加以干预，而政府干预的根本宗旨就是保障公平。

公平属于一种关系、制度范畴，具有价值判断的含义，它既是一个历史概念，也是一个现实概念。公平问题具有多层次、多侧面、阶级性的特点，既有初级层次的经济领域的分配公平问题，又有较高层次的社会和谐发展的政治补偿公平问题；既有起点、机会公平问题，又有过程和结果公平问题。社会和经济的公平更多要依靠政府的适当干预。政府的古典角色仅仅是维护法律及和平，但是当再分配成为政府的一项事务时，政府就应责无旁贷地担负起保证社会公平的责任。更大程度地实现包括过程、结果、程序等多个层面的公平，是政府干预的合法性所在。正如经济学家萨缪尔森（P. Samuelson）等所认为的，"现代经济中政府的作用应该包括矫正市场失灵和对收入进行再分配"[①]，这些职能至关重要。针对市场可能出现的缺陷，现代政府的职能在于保障效率，纠正不公平的收入分配和促进经济的增长与稳定。因此，政府通常选择改变由市场决定的工资、租金、利息和红利所造成的收入结构，通过保障穷人经济安全的转移支付或收入支持等计划，维护社会的和谐稳定，实现社会公平。

公平需要政府主导，而效率需要市场主导，所以公平与效率的关系是政府与市场关系的本质。政府与市场是两种配置资源和协调社会经济活动的主要机制或制度安排。在市场经济条件下，市场机制不可能完全脱离政府单纯地发挥

---

① 保罗·萨缪尔森，威廉·诺德豪斯. 经济学[M]. 萧琛，等译. 北京：华夏出版社，1999：293.

作用。现代制度经济学家霍奇逊（G. Hodgson）认为，一个纯粹的市场体系是行不通的，"一个市场系统必定渗透着国家的规章条例和干预"①，"干预"本质上一定是制度性的，市场通过一张"制度网"发挥作用，这些制度不可避免地会与国家和政府纠缠在一起，所以政府与市场的作用是相互交织在一起的。但政府与市场在配置资源和协调社会经济活动方面又具有各自的特点。市场调节具有自发性，而政府调节具有自主性；市场调节更多体现的是微观效率问题，而政府调节需更多体现的是宏观效率和公平问题。因此，政府与市场的作用是：二者既具有互补性，也具有替代性。②另外，公平与效率二者之间也是相互联系、相互依赖和相互渗透的。

政府对于市场的干预的理由，即其实现公平的手段，主要有以下几个方面。

第一，信息的公平与透明。在自由市场主义经济学家的眼中，个体都是追求个人利益最大化的"经济理性人"，然而这种假设有一个前提条件，即在市场机制中，信息是公开和透明的。只有拥有公开和透明的信息，个体才可以在市场中通过价格机制和竞争机制追求利润的最大化。然而，在许多情况下，个体并不充分了解所需的各方面信息。市场只有在买方与卖方对所提供的产品拥有详细的、可信赖的信息的基础上，才能正常地运转。因此，政府干预就是试图为信息的通畅设定条件。政府要引入充分的手段去保证提供者提供服务的质量以及消费者清楚地表达自己的需要，消除信息不对称的现象，保证市场的健康运行。

第二，预防市场垄断与权力过度。存在垄断和过度权力的危险为政府的干预提供了合法化的基础。一些产品提供者的统一行动可以使他们面临很少的竞争，并可以为服务定一个过高的价格，从而拥有较多的市场权力，这种现象往往会导致某些不太好的结果。政府就可以通过干预合理合法地预防垄断和改善市场结构。

第三，收入的重新分配。政府通过合理合法的手段向一些人收税，并将税收分给其他人，可以实现大规模收入的重新分配。向特殊社会群体发放经济补助就是一个典型例子。政府还可以随着社会和经济水平的发展，随时调节收入重新分配的比率和范围，其实质是促进社会的公平和稳定。

2. 政府与市场的关系的变化

政府与市场的关系也总是处于不断变化的过程中，其演化大概经历了三个

---

① G. M. 霍奇逊. 现代制度主义经济学宣言[M]. 向以斌，等译校. 北京：北京大学出版社，1993：298-302.
② 宋圭武，王渊. 公平、效率及二者关系新探[J]. 江汉论坛，2005（9）：23-26.

阶段。

（1）古典经济学家的观点：大市场与小政府

古典经济学派的代表人物主要有李嘉图（D. Ricardo）、萨伊（J. Say）、西尼尔（N. Senior），以及新古典经济学者马歇尔（A. Marshall）等。在他们的一系列研究著作和文章中，政府与市场的关系都是被讨论和分析的热点问题。

在资本主义的初级阶段，即"竞争性资本主义"或"自由资本主义"时期，欧美等地开始建立"自由企业制度"①，正是在这种社会、经济背景下，古典经济学派的理论家提出了由市场这只"看不见的手"来调节经济的理想模式。

古典经济学者认为，市场是由无数个小到像原子一般的企业和个人所组成的。要想增加国家的财富，最好、最实际的经济政策就是给人们的经济活动完全的、充分的自由。只要社会政治开明、政府不妄加干预经济，就会大大地促进生产、加速经济增长，并实现社会最底层人民的普遍富裕。个人所支配的资本，只要政府不加干涉，就可以有产出最大、最合理、最有利的用途，从而就整个社会而言，资本也就会得到最合理的配置。因此，在这种机制下，竞争是充分的，只要通过价格机制的运作，劳动市场和商品市场都会自动趋于相等，使生产资源获得合理的配置和充分利用。②人为的干预对市场运转效率只有坏处而没有好处，除了为了国防和治安之外，放任"看不见的手"自由运作是使经济获得发展的最佳选择。李嘉图认为，政府对社会经济的干预无论是积极的还是消极的，都会违反最大多数人最大幸福的原则，仅就资本配置而言，只有给资本的流动最大的自由，不做任何干涉，资本才可以按照最有利可图而且有利于社会的方式做出配置。③

尽管古典经济学者极力反对政府干预经济，但他们也认为应当在经济发展过程中赋予政府重要职责。政府有责任为经济的发展创造一个安全、安定、公平、有利的环境。政府可以通过保护公民的所有权、修建公共工程、创办各类研究和教学机构的场所、制定政策等手段，为市场和经济发展服务。除此之外，政府不应该涉足市场，不必干预经济生活。政府在经济发展中只应扮演一个"守夜人"的角色，本身既不能是财产的占有者，也不能是财产的所有者，它只能是社会仲裁人。④

① 杨祖功等. 国家与市场[M]. 北京：社会科学文献出版社，1999：3.
② 戴晓霞，莫家豪，谢安邦. 高等教育市场化[M]. 北京：北京大学出版社，2004：14.
③ 大卫·李嘉图. 政治经济学及赋税原理[M]. 郭大力，王亚南译. 北京：商务印书馆，1982：88-131.
④ 西尼尔. 政治经济学大纲[M]. 蔡受百译. 北京：商务印书馆，1997：262-264.

（2）凯恩斯学派的观点：小市场与大政府

古典经济学者的观点在 20 世纪初期遭到了垄断势力的严重挑战。随着第二次工业革命而蓬勃发展的重工业大都属于大规模生产的资本密集型产业，这使得垄断组织成为整个经济生活的基础。由于垄断势力既支配了生产，又支配了交换和分配，古典经济学派所主张的"完全竞争"已经无法充分反映经济活动的实际发展。因此，皮古（A. Pigou）在 1920 年出版的《福利经济学》（The Economics of Welfare）一书中，就认为古典经济学的完全竞争市场会面临市场失灵（market failure）的危机，政府应该担任匡正、修补市场失灵的责任。[①]此外，20 世纪 30 年代的经济大恐慌导致了西方进入史无前例的经济大萧条时期，严重的失业等社会问题使古典经济学理论难以解释，不仅直接导致了凯恩斯学派的崛起，更使政府和市场的力量关系发生了逆转性的变化和发展。

20 世纪 20—30 年代的大危机无情地摧毁了古典经济学与新古典主义的理论根基。英国学者凯恩斯（J. Keynes）与瑞典经济学者缪尔达尔（K. Myrdal）、波兰经济学家卡莱茨基（M. Kaleeky）在 20 世纪 20 年代的研究中都指出，完全靠市场力量的运作资本主义经济将萎靡不振。因此，政府必须放弃自由放任政策，主动担负起调整经济发展的责任。凯恩斯在亚当·斯密、李嘉图、马克思（K. Marx）等思想的启发下，在"大萧条"不久就提出了救治市场经济危机的良方——政府干预主义思想。凯恩斯在 1936 年出版的《就业、利息和货币通论》（The General Theory of Employment，Interest，and Money）一书中将 1929 年的经济大恐慌归咎于有效需求的不足。为了改善失业状况，政府必须进行强力的干预，通过有效的扩张政策和重新分配所得的方式，来增加总体经济的需求。[①]因此，凯恩斯依据独创的收入决定理论，认为现代资本主义的经济结构和社会心理决定了有效需求的不足，资本主义经济是需求约束型的而非资源约束型的，货币不是模式以外的附加因素，而是统一体系中不可或缺的因素。由此凯恩斯提出了需求管理的政策主张：通过积极的财政政策和货币政策，政府能够增加有效需求、扩大产出、增加就业，从而促进经济的繁荣。因此，他被称为"宏观经济学之父"，促进了当代西方经济理论和政策的转变。自此，欧美许多国家纷纷以"复兴"为由，扩大公共投资、增加社会福利的支出，福利型国家的发展战略进入极盛时期。

---

① 戴晓霞，莫家豪，谢安邦. 高等教育市场化[M]. 北京：北京大学出版社，2004：15.

（3）新自由主义的观点：大市场与小而能的政府

凯恩斯的政府干预主张被许多国家付诸实践并取得了良好的效果。但 20 世纪 70—80 年代发生在西方世界的经济滞胀，使得传统的凯恩斯主义既无法提供理论上的合理解释，也不能提供有效的政策建议。在此背景之下，新自由主义思潮卷土重来。其理论流派主要有 20 世纪 50 年代中期出现的以弗里德曼（M. Friedman）为代表人物的现代货币学派、20 世纪 70 年代出现的以拉弗（A. Laffer）等为代表的供给学派、形成于 20 世纪 50—60 年代以卢卡斯（R. Lucas）等为代表的理性预期学派、形成于 20 世纪 30—40 年代以哈耶克等为代表的伦敦学派。

哈耶克在 1994 年出版的《通向奴役之路》（The Road to Serfdom）一书中指出，市场是传递和整理无数信息及合理配置资源的有效机制，比任何由人精心设计的机制都有效，这主要是因为任何人都不可能获得关于所有人需求的完整信息。为了对无数分散的市场信息及时做出响应，经济活动者的自由选择和自由竞争必须不受干预。资本主义市场经济有自我调节的功能，如果国家不进行干预，由银行自行调节信用，生产过剩的现象就会消失，经济就会复苏；相反，如果国家进行干预，损害了市场的作用，萧条就会继续下去。因此，哈耶克极力倡导自由主义，但同时他也强调这种经济自由主义不是古典经济学的放任自由主义，政府必须采取积极的行动，以维护有利于竞争的环境，并提供各种私人企业不愿经营却能使经济顺利运行的设施和服务。[①]

以弗里德曼为代表的货币学派坚持自由市场，让市场机制发挥作用。与完全自由放任的古典经济学家不同，弗里德曼在坚持自由市场的观点的同时并不主张排除政府，他认为"政府的必要性在于：它是'竞赛规则'的制定者。市场所做的是大大减少必须通过政治手段来决定的问题范围，从而缩小政府直接参与竞赛的程度"[②]，政府的经济政策主要是控制货币的发行量，而不是像凯恩斯主义那样要求政府进行更多的干预。弗里德曼还认为，经济自由与政治自由密切相关，"政治和经济的安排只可能有某些可限的配合方式"，"经济自由是达到政治自由的一个不可缺少的手段"[③]。

---

① 转引自：戴晓霞，莫家豪，谢安邦. 高等教育市场化[M]. 北京：北京大学出版社，2004：16-17.

② 米尔顿·弗里德曼. 资本主义与自由[M]. 张瑞玉译. 北京：商务印书馆，1986：16.

③ 米尔顿·弗里德曼. 资本主义与自由[M]. 张瑞玉译. 北京：商务印书馆，1986：9.

20 世纪 70 年代末至 80 年代初开始，新自由主义理论相继成为英国、美国等西方资本主义国家的官方经济学。1979 年，撒切尔夫人当选英国首相，随即采取新自由主义的理念，着手进行一系列社会改革。里根于 1981 年就任美国总统后，也采取了源于新自由主义理念的三项政策：①减税以促进投资和提高工作意愿；②简化行政，推动地方分权；③减少社会福利支出，建立"小而有效率的政府"①。在新自由主义的引导之下，市场的势力再度成为主导。同时，政府的力量也受到重视，虽然其发挥作用的领域越来越小，但在市场无法解决问题的情况下，政府扮演着"小而能的政府"的角色。

总体来看，新自由主义经济学派在论及政府和市场的关系时，主张政府在国家经济发展的过程中是从属于市场或者是为市场服务的。政府的功能在于创造条件使市场和价格制度发挥最大的作用。政府的职能主要限于保护法律和秩序、扶植竞争、维护公平、控制垄断等。这充分体现了以市场为核心、以政府为辅助的思想。

（三）理念与效益：大学与市场的矛盾

如果说政府与大学的关系像是一种类似于"父子"的休戚相关的关系的话，那么大学与市场的关系更像是一种类似于"邻居"的合作关系。随着职能的演变及其在社会经济生活中角色的转变，大学与市场的关系一直处在变化中，并且越来越紧密。

1. 大学与市场间的理念与效益之争

美国学者费尔德（G. Field）和科尔顿（T. Colton）曾用图 1-2 简明地表述了美国大学与工业界的关系的发展过程。②大学和工业界本来是完全各自为政的两个独立系统，随着社会的发展和大学的世俗化，大学与工业界开始出现了一些合作计划或项目，伴随着更多、更成熟的合作的开展，大学与工业界之间有了更多的重合之处。其实，这种模式并不只是适用于解释美国的大学与市场的关系，世界上许多国家的大学与市场关系的演化和发展都体现出了一定的规律性。

---

① 戴晓霞，莫家豪，谢安邦. 高等教育市场化[M]. 北京：北京大学出版社，2004：17.
② 转引自：徐辉. 高等教育发展的新阶段——论大学与工业的关系[M]. 杭州：杭州大学出版社，1990：29.

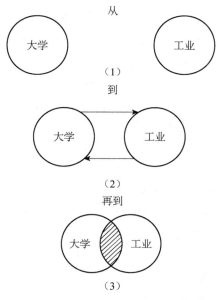

图 1-2 大学与工业的关系

资料来源：徐辉. 高等教育发展的新阶段——论大学与工业的关系[M]. 杭州：杭州大学出版社，1990：29.

20 世纪 80 年代，德国学者图尔罗（G. Thurow）从工商界的角度出发，认为工业与大学的关系存在三个发展阶段。[①]

第一阶段：偶然、零星的联系时期。这一阶段主要是指 19 世纪 50 年代之前。在此阶段，工业发展比较缓慢。大学崇尚自由与纯科学探索，功利教育和职业培训的地位较低，大学中的科学未得到足够的发展，因此不能为市场活动提供系统的指导，但二者之间某些形式的相互联系还是存在的。总体上看，学术界对市场持冷漠态度，大学与工业之间缺少联系。

第二阶段：转变时期。自 19 世纪六七十年代开始，某些科学领域与工业之间的相关性已经大大增强。科学研究在大学中的地位逐渐确立和巩固起来，工业界与大学建立了直接的联系。这种联系既产生了利益，也带来了烦恼。这一时期的公司大规模开展了许多科学研究工作。这一阶段到 19 世纪 90 年代初就结束了。

第三阶段：成熟时期。这一时期的企业界出现科学内化的现象，这是企业在研究和开发方面具有一定独立能力的一种表现，更是在更高层次上形成了一种与大学的联系与合作。大学本身在推动技术革新和与工业的合作方面越来越

---

① 徐辉. 高等教育发展的新阶段——论大学与工业的关系[M]. 杭州：杭州大学出版社，1990：30-48.

具有一种积极主动的作用。从此，出现了企业插手教育与培训工作的现象，填补了大学教育与公司需求之间的某些空白领域。甚至在美国，在这一时期已经出现了"企业化大学"，就是工业界插手教育的一个典型例子。

事实上，大学与企业属于完全不同的两类社会组织系统。大学是研究高深学问、培养高级专门人才的机构。教育性和学术性是大学区别于其他社会组织的根本性质。大学所追求的是一种精神价值。千百年来，大学以学术自由和学术自治为理想，以探求真理、教化社会、培育英才、发展文化为目标，这种不为外界功利所左右的文化传承、文化批判和文化创造的精神，正是大学所追求的精神价值。同时，大学服务社会的职能以及科学研究成果的产业化应用，促使大学更为关注市场的需求。这使得大学从自身出发迈出了向市场接近的脚步。然而，市场的主体是企业，企业是从事商品生产和经营的经济单位。企业（市场）是以赤裸裸的经济价值为最终追求的，利润最大化是其发展的现实基础。因此，大学与市场的关系，既有互惠互利的一面，也有互相冲突和矛盾的一面，冲突和矛盾更多地表现为理念和效益之争。理念属于精神层面，而效益属于现实层面，这两个层面之间的冲突与矛盾，体现了大学与市场之间的关系的本质。

2. 大学理念与市场逻辑之间的矛盾

以利益最大化为准则的市场原则与以"象牙塔精神"为核心的教育理念之间存在尖锐的冲突和矛盾，表现在以下几个方面。

（1）精神价值与经济价值的矛盾

精神价值与经济价值是很难调和的。追求学问，追求真理，追求不为外界功利所左右的文化传承、文化批判和文化创造精神，是大学的精神价值所在。精神价值的非功利性要求大学远离社会经济的尘嚣，摒弃物质利益的诱惑。但是随着社会经济的发展以及市场的冲击，市场的经济价值理念对大学的影响日益深入。经济价值的功利性不仅要求大学本身的教育与研究活动注重效率和效益，而且要求大学参与社会经济活动，把追求经济利益纳入大学的目标中。精神价值与经济价值之间的矛盾决定了现代大学将时刻面对来自自身和市场的冲击。

（2）教育理念与市场原则的矛盾

教育活动有其自身的规律，大学是教育机构，在履行其教育职能时，必须遵循教育规律。教育理念的出发点是人，教育应当谋求人的自由和谐发展；市场原则的出发点是效益，基点在市场交换法则，市场原则是围绕市场进行的等价交换，所以它与教育理念之间的根本矛盾是不可调和的。但是，随着市场经济体制的建立和发展，工商业界的需求不需要更多地依靠政府就能直接对大学产生作用。大学无法摆脱市场的影响，其办学行为同时受到教育理念和市场原则的影响。

（3）人文导向与职业导向的矛盾

大学教育的根本目的在于培养人，人性的张扬、个性的塑造以及社会化的实现，无不是通过教育完成的。因此，从根本上而言，大学教育是人文导向的。同时，大学也要满足市场的实际需要，为社会输送合格的从业者。市场通过供求机制间接对大学所提供的教育产生影响。市场所需要的是明确的以职业为导向的大学教育，学生在大学期间所受到的类职业化教育是其参与社会生活的"资本"。因此，大学中既有人文导向，也有职业导向，大学教育就是在人文导向和职业导向的矛盾运动中寻求恰当的平衡点。

（4）公益目标与经营目标的矛盾

市场所追求的是纯粹的经营目标。当高等教育完全由政府和国家提供的时候，大学坚持的完全是一种公益性的目标，与营利性机构有着本质的不同。随着社会的进步和市场经济的发展，高等教育日益成为"准公共产品"，在政府的角色由提供者转变成为监督者之后，大学也遭遇了公益目标与经营目标冲突与矛盾的尴尬。在过去的几十年里，许多强劲的营利性大学的诞生和发展成为高等教育领域中惊人的变化之一，不能不说这是市场力量对于大学的影响和作用。

总之，大学与市场的矛盾和冲突是客观存在的，随着市场的不断成熟和发展，理念与效益之争有愈演愈烈的趋势。大学的根本仍在于大学传统的理念、价值、目标与精神，但同时现代大学还必须面对社会潮流、融入市场经济。大学只有确立多元价值体系，在"象牙之塔"与"无形之手"之间建立起一种平衡互动关系，才能实现其多元化使命，对这个度与边界的把握是非常关键的。

因此，从宏观的角度讲，大学、政府与市场的关系本质，即在高等教育领域，大学、政府与市场等主体关于自治、控制、效率、公平、理念与效益的诸多领域与层面的冲突与博弈，每一部分都是矛盾的一个方面。协调大学、政府和市场的关系，实际上就是处理高等教育领域中的自治、控制、效率、公平、理念、效益的冲突和矛盾的过程。本书研究的出发点在于探讨矛盾双方和权力主体之间的"双赢"，而不是"零和"的问题。

（四）高等教育外部治理场域中的理想类型

1. 理想类型

"理想类型"又称作"理想型""理念型"，是马克斯·韦伯（M. Weber）试图为社会学研究奠定坚实的逻辑基础而建立的一套精确严谨的观察、分析和解释经验现实的概念工具，处于马克斯·韦伯社会科学方法论思想的核心位置，是马克斯·韦伯的认识论在社会科学方面的集中体现。

在马克斯·韦伯的理论体系中，"理想类型"与"现实类型"相对应，是理论假定的一种"纯粹"形态。马克斯·韦伯说："为了透视实在的因果关系，我们构造非实在的因果关系。"[1]理想类型是通过单方面地提高一个或者一些观点，通过把散乱和不明显的、此处多一点彼处少一些、有些地方不存在的那种符合上述单方面地强调的观点的个别现象都综合成为一个自身统一的理想画卷而获得的。所谓"理想"，并非指人们所希望的最好的，它只表示某种形象是接近典型的，如同"理想真实"、"经济人"的概念一样，在任何时刻都不会以纯粹形态存在于现实之中。

同时，"理想类型"又不是纯粹主观的产物，它是对现实的一种提炼和"夸张"，它需要选择现实的某些特征作为典型，为比较不同背景下的经验现实提供统一的尺度。"理想类型"不是对事实的经验概括，也不是对社会生活的理想化，它只表明某种现象接近于典型，目的是从纷繁复杂的经验材料中精确地显示出事实的关键层面和内在联系。因此，从这个角度来说，现实世界中无法发现纯粹的理想类型。理想类型所表示的是一种可能性，而不是现实性，但通过这种可能性，人们可以更好地理解现实性。正如马克斯·韦伯在《社会科学方法论》一书中所说："这种理想的、客观的概念将有助于我们在研究中增长推断的技巧：它不是假设，但它提供了构造假设的方向；它不是对现实的描述，它的目的却为这种描述提供了一个明晰的表达手段。"[2]

总体来看，理想类型具有如下特性。

第一，理想类型具有某种虚拟性质，是研究者的一种主观思维，因此它是一种理念，存在于人的观念中而不是现实中。另外，它既源于现实社会，又不等同于现实社会。这种类型之所以能够称为"理想的"，是因为它代表的某种或

---

① 马克斯·韦伯. 社会科学方法论[M]. 李秋零，田薇译. 北京：中国人民大学出版社，1999：181.

② 马克斯·韦伯. 社会科学方法论[M]. 李秋零，田薇译. 北京：中国人民大学出版社，1999：167.

某类现象是接近于典型的，是一种理想化的典型，现实中的社会现象只能与之近似，不会同其完全一致。所以，马克斯·韦伯强调，"就其概念的纯洁性来说，这种理念不可能通过经验在现实世界的任何地方发现。它是一种'乌托邦'（utopia）"[①]。

第二，理想类型不是凭空虚构的，它是以理论结构的形式表示的一种"时代兴趣"[②]，因此它也就体现出某个时代社会文化现象的内在逻辑和规则。"这种理想的类型化的概念将有助于发展我们在研究中的推论技巧：'理想类型'之所以能起到认识现实的作用，是因为它与现实具有相似性，这种相似性使比较成为可能。"[③]

第三，理想类型在一定程度上是抽象的，具有片面性质，它并没有概括也不试图概括现实事物的所有特征，它只是为了研究的目的单向侧重概括了事物的一组或某种特征。用马克斯·韦伯的话来说，一种理想类型是通过单向（one-sided）突出事物的一点或几点，是通过对大量弥散的、孤立的、时隐时现的具体的个别现象的综合形成的。[①]正因为如此，理想类型为比较在某一方面或某几方面具有共性的现象提供了可能。

2. 大学、政府、市场关系中的理想类型

对于大学、政府、市场三者关系的把握，同样需要某种特殊形式的标准，以便对纷繁复杂的各种现象和资料做出分析、比较、分类和判断。因此，本书在分析大学、政府和市场三者之间的关系时，借鉴了马克斯·韦伯的理想类型法，把大学、政府、市场三者的关系分为大学主导型、政府主导型和市场主导型，分别阐述如下。

（1）大学主导型

大学生存的活力，既非单纯地来自大学的自主和自治，也非单纯地来自政府的控制和引导，更非单纯地来自市场的影响和渗透，而是来自大学内部力量和外部力量的相互作用。在大学、政府、市场三者的矛盾关系中，大学的自治是矛盾的主要方面。因为如果大学失去自治的权力，则外力的作用也就无的放矢了。因此，大学的自主自治是内因，政府和市场的引导和影响是外因，起决定作用的是内因。

①　Weber M. The Methodology of the Social Science[M]. New York：The Free Press，1949：90.

②　科恩. 十九世纪至二十世纪初资产阶级社会学史[M]. 梁逸译. 上海：上海译文出版社，1982：272.

③　文军. 西方社会学理论：经典传统与当代转向[M]. 上海：上海人民出版社，2006：89.

所谓的大学主导，并不是指大学凌驾于政府和市场之上，而是指大学超然于政府和市场之外，对自己的内部事务具有完全的自主和自治权。在这种理想类型中，大学的定位和角色取向是完全超然的，即大学是高深学问的研究场所，较少关心社会的需求，远离社会、远离政府和市场，以维护自身的自主地位。与此同时，政府较少干涉高等教育，对高等学校采取放任的态度。由于政府公权力的退出，大学更加"超然"于社会之外，从而进一步抵制了市场力量的进入和影响，因此，大学完全成为"象牙塔"，在一种安静平和、不受打扰的状态下从事高深学问的研究和知识的传承。与之最为接近的例子，就是欧洲中世纪的大学，当时的大学规模还较小，内部事务很少受到外在力量的干预。然而，当今的大学往往集庞大的教学、科研、产业化等任务于一身，外部力量的退出意味着对大学各方面支持的减少，这会直接威胁到大学的生存和正常运行。因此，这种理想类型在现代社会很难存在。即使大学有足够的资源保证完全不受干扰，这种方式也会使大学处于两难的困境中。如果大学为了学术而学术，放弃了自己的社会职能，就会越来越脱离现实生活，变得日渐边缘化，这样也会使其学术事业受损。

（2）政府主导型

所谓政府主导的理想类型，是指政府对于高等教育的干预和控制居于所有其他高等教育影响因素之首，其程度远远高于大学的自治程度和市场的影响程度。政府主导强调的是政府的干预和控制，即政府高调、积极地介入高校的事务、参与高校的决策，保证大学对社会的"介入"，保证大学的发展要迎合国家和社会发展的需要。在现实中，也可以找到一些具有某种与政府主导的理想类型的相似的原形。例如，法国拿破仑时代的高等教育，就以严密的等级官僚体制为根本特色，以为国家服务并提供受过训练的忠诚的官员为根本宗旨。20世纪六七十年代，德国也曾为了纠正高校主导型机制的偏差而推行政府主导的调节机制。在非洲及拉丁美洲的一些发展中国家，为了实现消除贫困和促进发展的目标，国家往往积极地干预和控制高等教育的发展，以使高等教育为实现这一目标做出贡献，因此它们也比较推崇以政府为主导的高等教育体制。但从长远来看，政府主导的理想类型具有比较明显的缺陷，就是政府的积极、高调的干预和控制，往往会导致大学自身的自治自主力量的衰微，大学只是实现国家目标的一种工具，甚至沦为政府的附属机构，这往往不利于高校自身的发展，也不利于社会的发展。此外，完全依靠政府的发展也潜藏着"政府失灵"的危险，高等教育本身就具有一定程度的滞后性，一旦政府的方向出现偏差，损失是很大的。

（3）市场主导型

所谓市场主导的理想类型，是指市场强势地介入高等学校的运行，由市场而非大学自身或政府来引导高校的发展。在市场的引导下，大学积极地介入社会，通过其服务职能为社会服务，并以服务换取继续办学所需的部分资源。因为市场的介入可以给大学带来更多办学资源，所以大学对于市场的介入还是采取欢迎的态度。同时，由于高校能够促进社会经济效益的提高，经济力量也倾向于把大学纳入市场体系中。正是在这一点上，高等学校介入社会与市场的内在逻辑有了共同的基点。[1]对于以市场为主导的理想类型，也可以在现实社会中找到类似的例子，美国的高等教育就是一个典型。在美国，高等教育受市场力量的主导性调节，充当市场体系中的一个相关构件。美国部分高等学校就是直接依靠出卖学术服务得以继续办学和发展的。甚至，自 20 世纪 90 年代以来，美国新型大学——企业化大学的崛起，更是体现了美国高等教育中的市场逻辑和市场因素的影响。在高等教育领域中处于强势的市场力量，可以不断刺激大学，使其适应不断变化的经济和社会状况，提高大学的办学效率。然而，走向极端的市场化也将使大学丧失学术精神，导致出现只关注眼前的短视的功利主义行为，更会导致"市场失灵"现象的发生。

马克斯·韦伯认为，知识的"推理本性"要求我们只有通过一个观念变换的链条才能把握现实的具体状况。就此而言，理想类型是一种"概念速记法"，它的功用就在于提供理解现实世界的中介手段，而理想类型在发挥这种作用时是用来比较和衡量现实世界的手段，使人们借此进行对历史事件本身的因果解释。[2]"理想类型"不是对"客观"现实的观念反映，不是通过归纳或者抽象地综合众多具体的现象共有的东西形成的，从发生学的意义上而言，它是一种思维的主观假设。因此，不存在现实意义上纯粹的"大学主导""政府主导""市场主导"，这只是研究中的一种思维工具。但是这种思维工具也不是纯粹的凭空虚构，因为它包含现实文化生活中"本质性"成分。因此，从这个角度来讲，对于高等教育宏观治理关系的理想类型是一种现实的典型状态或典型形式，相对于现实而言，它既是抽象的——因为它不存在，又是可以在经验上与现实加以对照和比较的——因为它代表了现实的一种典型形式。

总而言之，高等教育政策演进的过程就是一个高等教育内外主体关系不断

---

[1]　杨明. 政府与市场——高等教育财政政策研究[M]. 杭州：浙江教育出版社，2007：26.

[2]　王惠民."理想类型"及其变革意义[J]. 玉溪师范学院学报，2006（1）：43-46.

变化的过程。从静态的角度看，市场、政府与大学是高等教育外部治理的三个主体，共同构成了既相互作用又相互斗争的"竞技场"中的力量。三个主体围绕着高等教育的效率、公平、自治、控制、理念、效益等问题彼此作用、相互影响，使高等教育宏观治理场域产生变化，进而引发高等教育内部治理制度与文化的转型。

第二章　澳大利亚高等教育系统创建时期政策

从总体上讲，澳大利亚社会的变化不是在带有突变性的革命中完成的，而是在渐变式的演进中进行的。因此，澳大利亚的高等教育政策变迁也表现为一种嬗变过程。这种变化与澳大利亚的政治、经济改革和社会意识的发展保持着一致。从澳大利亚创办第一所大学开始算起，在1850年至20世纪80年代高等教育系统较为成熟的130年间，澳大利亚的高等教育呈现出较为典型的后发外生型发展特点，面对着国家新建、社会秩序形成与外部国际环境的挑战，澳大利亚在高等教育制度初创时期借鉴了英国、美国的经验，按照高等教育初创时期形成的路径依赖模式建立了高等教育分权管理模式。然而，由于此时的澳大利亚经济无法提供促使高等教育迅速发展的物质基础，由地方民间力量推动高等教育的大发展是不可能的，澳大利亚联邦政府迫不得已运用国家机器的强大力量自上而下地进行了以高等教育管理模式改革为核心的政策调整。可以说，以国家建立与应对外部挑战为主体的政策环境，形成民族认同与促进国家发展的政策价值，以管理模式变迁为核心的政策内容，共同引导了澳大利亚特殊的高等教育政策变迁历程，并最终在20世纪80年代形成了澳大利亚高等教育系统。

第一节

州教育法案的出台与大学的创立（19世纪下半叶）

著名比较教育学家萨德勒提醒比较教育学者，当研究国外的教育问题时，要注意从教育以外的其他领域中寻找教育问题产生的原因和答案。高等教育的政策变迁与其所处的社会结构、经济体制、政治体制、科技文化的变迁有着密切的关联。

一、澳大利亚高等教育与公共政策的萌芽

真正的澳大利亚高等教育史，理论上应该追溯至在广袤的澳大利亚土地上最早出现的土著群体的教育萌芽。但至少在1770年英国海军上尉库克（J. Cook）航行至澳大利亚东海岸并将其命名为新南威尔士之前，关于土著文化的记载中并没有表明高等教育形式已经出现的证据。在欧洲人看来，澳大利亚的文明时代是从此时开始的。在库克船长回国呈交了新南威尔士报告15年后，因为北美殖民地独立运动的影响，英国开始将澳大利亚作为新的重罪犯人流放地，同时争取英帝国未来在贸易与军事上的优势，将新南威尔士作为殖民开发澳大利亚的重要战略之地。

澳大利亚高等教育的历史同近代欧洲国家建立的其他移民型殖民地的高等教育的历史极其相似，既是一种原有文化母国高等教育传统的延伸，又是一种新型的、实用的高等教育的开端。第一批殖民者带来了先进的生产方式与劳动工具，带来了启蒙运动席卷欧洲后出现的理性主义。一面是怀着坚定的信念与宗教使命对一片新大陆的开拓的强烈渴望，另一面是对母国文化教育割裂与隔绝的担忧。当最初的殖民者中的一部分人终于定居下来后，改造这个新奇的蛮荒之地、彻底扭转贫困罪恶的现实成为教育大发展的客观实践背景。巴肯（A. Barcan）在《澳大利亚教育史》一书中提到，18世纪末至19世纪初的大英帝国所建立的正规教育机构的全部目的，即建立一个全新且不同的澳大利

亚社会。大量流放至此的罪犯，加之性别结构①等不稳定因素催生的诸多社会问题与道德问题，都成为当时的教育管理当局最迫切需要解决的重要问题。②

19 世纪，澳大利亚最突出的变化在于社会公共政策的建立。当时的殖民统治者将 18 世纪理性与情感的价值观与统治方式相结合，实行了一种家长制和庇护制的社会秩序。普法战争的胜利使英国处于相对和平的欧洲局势，军事活动的停歇减轻了财政负担，商业与工业获得了快速的发展，政治与行政改革成为社会改革的重心，澳大利亚开始建立更具有广泛代表性的公共政府，以往以配给制为典型代表的限制性管制措施和垄断性贸易积聚财富的方式让位于渐进性的市场开放，流放犯与自由人都获得了参与市场经营的机会。自由贸易和自由放任精神不仅是 19 世纪英国社会的指导原则，更是澳大利亚殖民地社会改革的基本主线。市场的力量开始显现，以往的以等级和地位关系为内涵的旧秩序逐渐被自治群体的社会理想所取代，这是对当时英国的边沁（J. Bentham）的功利主义思想的呼应："社会改革的根基是建立适当的激励性制度，个体被给予了追求快乐和规避痛苦的动力，整个社会就能够促进普遍的福祉。"③这种精神直接重构了当时澳大利亚的公共政策。彼时的殖民地慢慢地演进成为一个较为成熟的由移民构成的新社会。

澳大利亚公共政策的产生与自治制度的建立同时发生。1842 年，伴随着"淘金"潮的到来，英国政府以落实区域自治权，进而促进社会经济发展为理由，批准了新南威尔士建立通过部分选举产生的立法机构。到 1851 年，南澳大利亚、塔斯马尼亚和维多利亚殖民地均从新南威尔士殖民地中分离出去，成立了地方立法机构。随后，责任制政府被批准建立，并形成公共制度，由议会对地方行政系统实施控制。1855 年，英国议会通过了新南威尔士、塔斯马尼亚、维多利亚的宪法，随后其他地区的宪法也陆续生效，澳大利亚殖民地按照英国宪政制度赋予了各个地区充分的自治权，而殖民地中枢则保留外交权、任命和支配地方总督的全部权力。分治造成了公共政策上的巨大不同，最典型的例子就是澳大利亚的铁路系统最初就是以各州为基础自行发展的，缺乏统一的规划和协调，导致了各州铁路轨距的多样化。这种公共管理制度一经建立，就深刻地影响到了后期澳大利亚联邦政府与各州政府之间的权责关系。

---

① 18 世纪被选中流放到澳大利亚的第一批罪犯中男女比例为 3∶1，而到了 1820 年，澳大利亚定居人口的男女比例大致为 4∶1。斯图亚特·麦金泰尔. 澳大利亚史[M]. 潘兴明译. 上海：东方出版中心，2009：36.
② Barcan A. A History of Australian Education[M]. Oxford：Oxford University Press，1980：7.
③ 斯图亚特·麦金泰尔. 澳大利亚史[M]. 潘兴明译. 上海：东方出版中心，2009：49.

二、澳大利亚大学的创立及其特点

1850 年以后的半个多世纪，政府正式接替教会承担教育责任，面向世俗的基础教育体系开始建立，高等教育系统尚未形成。此时的澳大利亚人口相对较少、教育基础薄弱，基础教育的普及工作尚需加强，所以高等教育的发展十分缓慢。1850 年 10 月 1 日，根据新南威尔士州立法机关颁布的教育法案，澳大利亚的第一所大学——悉尼大学得以创办。后来，被称为"澳大利亚民主之父"的温特沃斯（W. Wentworth）在新南威尔士立法会上递交了一份书面调查报告，即《温特沃斯报告》①，提议将原悉尼学院扩建为一所真正的大学，以使新南威尔士殖民地拥有一所真正属于自己的大学，方便为所有阶层子弟提供接受世俗化的高等教育的机会。1953 年 2 月，维多利亚州通过了一项大学法案，建议成立墨尔本大学。当时，这两所大学的规模并不大，而且到处都有英国的影子。1874 年，阿德莱德也成立了自己的大学。到 1901 年 1 月 1 日，澳大利亚联邦（the Commonwealth of Australia）成立时为止，澳大利亚已经拥有四所大学，分别分布于现在的新南威尔士、维多利亚、南澳大利亚以及塔斯马尼亚各州。随后，澳大利亚开始陆续创办更多的高等教育机构。在随后的几十年间，澳大利亚的高等教育缓慢地发展壮大，学科门类日益齐全，办学规模不断扩大。这些大学在创办之初就与宗教划清了界限，根据议会法案建立，由政府拨款解决办学经费，并由政府任命理事会进行管理。在这些大学中，神学课程不被允许开设，其将办学宗旨清晰地定位于提升这个新殖民地的公共生活质量，培育高素质的律师、医生与工程师。这些大学对于澳大利亚民族认同与国家创建都起到了重要的作用。到 1885 年为止，除西澳大利亚之外的所有领地和州都建立了州一级的教育管理部门，当时被称为公共教育部（Departments of Public Instruction），开始履行大学的所有教育事务的管理、资助等诸项责任。此时的大学主要依靠州政府拨款。以悉尼大学为例，1851 年，仅州政府拨款一项就占该大学所有收入的 85%。②

从大学的角度来看，这一阶段是最为自由的时期，也是自治得到最大程度体现的时期。在成立之初，澳大利亚大学完全继承了英国的学术自由和学者自治的传统。澳大利亚各州都赋予大学很大的自治权。各州议会通过了大学法案，将大学视为独立的法人实体，享有完全的管理自身内部事务的权力，包括制定预算、决定课程、开展研究、人事安排、校长遴选、招收学生、授予学位等。

---

① 杜海燕. 澳大利亚大学发展史研究[D]. 保定：河北大学，2011：35.

② Barcan A. A History of Australian Education[M]. New York：Oxford University Press，1980：125.

此外，大学还可以拥有资产，并且享有通过大学理事会进行管理和投资资产的权力。大学拥有自行授予终身学者荣誉与称号的权力，当时的教授委员会主席往往兼任学术委员会主席和教师大会主席，在大学中掌握着无上的权力。这种纯粹学院式的治理体制决定了大学是超然于社会之外的，大学的研究和教学兴趣很少为了迎合学生、政府等利益主体的需求而发生改变，这一阶段的澳大利亚大学还保持着与传统大学一样的骄傲和清高。但是由于早期殖民地时期的大学是由殖民政府投资兴办的，有些观念在创办之初就固定下来，并影响到了澳大利亚大学以后的发展。比如，在广义上的盎格鲁—萨克逊文化传统内，澳大利亚大学对于政府的依赖从其创立之日起就已经扎下了根。例如，1872 年，即悉尼大学开始招生的第 20 年仅有 74 名学生，而墨尔本大学则有 250 名学生[①]，两所大学在发展速度上有显著差异，最主要的原因就是维多利亚政府为墨尔本大学提供了较为充分的公共资助，而悉尼大学在开始的 20 年里则没有那么幸运。

　　这一时期的全部高等教育相关政策均服务于一种崭新且广袤的殖民地社会新秩序的建立，服务于包括凝聚澳大利亚民族认同与意识在内的为新的政权建立打基础的政治功能。在高等教育管理模式上，澳大利亚建立了以州政府主导管理地方高等教育的基本模式，在办学方向、培养目标、专业设置与课程开设等方面设立了一批世俗化、具有实用性的高等教育机构。

第二节
联邦-州两级政府高等教育管理模式形成（20世纪上半叶）

一、澳大利亚联邦政府的建立及其对高等教育的影响

（一）澳大利亚联邦政府的建立

20 世纪上半叶的高等教育政策环境，主要是新的澳大利亚联邦政府的建立，

---

① 杜海燕. 澳大利亚大学发展史研究[D]. 保定：河北大学，2011：38.

以及两次世界大战对于这个新成立的政府及其内在高等教育系统的影响。

1. 联邦政府的成立

1901 年 1 月 1 日，经历了两轮联邦大会公民投票，澳大利亚联邦政府在悉尼的百年纪念公园宣布成立。为了形成统一的联邦国家，澳大利亚将英国的责任制政府与美国式的联邦制政府融合在一起，各州将部分权力让渡给两院制的联邦议会，众议院代表人民，参议院代表各州，政府对通过选举产生的众议院负责。各州有各自的宪法和州议会，有负责本州的一系列管理形式，具体的高等教育事务是由各州负责的。

澳大利亚联邦政府的成立标志着澳大利亚新时期的开始。同年，《澳大利亚联邦宪法》（The Commonwealth Constitution）颁布，界定了联邦政府对于国家的管理权限。宪法赋予澳大利亚联邦政府外贸、外交、防御等方面的权力，但对于教育问题却只字未提。因此，联邦政府完全没有权力涉入教育事务。《澳大利亚联邦宪法》并没有提及州政府的权限，但从逻辑上讲，凡联邦政府不管辖的范围即由州政府掌管，如教育、公有地、道路、采矿、水资源、司法等。因此，包括高等教育在内的所有教育问题都被认为是各州自己的事情。相对于联邦政府，各州政府在处理具体事务时的权限更大。但是，该宪法还是为联邦政府在教育问题上施加影响留下了一个口径，即该宪法第 96 条授予了联邦政府向各州的教育事项拨款的权力。实际上，在第二次世界大战前，澳大利亚的大学主要的办学资金来源仍是各州政府的拨款、学费、私人的捐赠和投资所得利润。

2. 联邦政府外交战略的调整

联邦政府的成立标志着澳大利亚进入了一个全新的发展时期。虽然已成为一个自治的领地，但澳大利亚的政治、经济、军事、外交等根本方针政策仍然受到英国的全面影响。1914 年爆发的第一次世界大战将新成立的澳大利亚推到了战争前线。时任工党政府总理费舍尔（A. Fisher）表明了不惜一切代价支持英国的政治立场，大量的士兵被派往国外，战争的惨烈让澳大利亚付出了巨大的代价。然而，第二次世界大战的战火燃起之时，澳大利亚显然还没有做好充分的准备。战争暴露了这个新成立的国家在外交、国防以及内政上的混乱。国际联盟成立之后，澳大利亚在国际舞台上的立场取向严重依赖英国。直到 1935 年，澳大利亚才成立自己独立的外交部。同时，由于对国防建设的忽视，当直面独立以来的最大规模的外族侵略时，澳大利亚再次寄希望于英国海军的庇护已经不再现实。因此，在与美国和其他国家形成战略联盟之后，澳大利亚在军事上取得了关键性的胜利。1941 年底，工党政府总理柯廷（J. Curtin）在发表的新年咨文中说道："我毫无保留地明确指出，澳大利亚指望着美国，但这对我们与联合王国的传统血肉关系丝毫没有损害。我们知道联合王国所面临的问题。我们知道不断存在的侵略威胁。我们知道力量分散的危险。但我们也知道澳大利亚可能垮掉而英国可以依然存在下去。因此我们要下决心不让澳大利亚垮掉，我们要尽一切努力来拟定一个以美国为基石的计划，它将使我们有信心坚持下去，直至战争的形势转变到对敌人不利的时刻。"①此后，澳大利亚政府主动要求美国将西南太平洋战区司令部设在澳大利亚本土，将澳大利亚的军队交给美国的将领指挥，同意向中国运送战略物资并派遣志愿人员来华参战，随后还与苏联建交。因此，第二次世界大战对于澳大利亚的影响，最主要的是促使其在外交与国防策略上不断调整，以更自主的地位在国际社会中重视自身与他国的关系，对外关系的重心开始转向亚太地区。

3. 快速的工业化进程

同时，在国内事务上，两次战争的影响推动了澳大利亚的工业化进程。工业部门的迅速建立与发展成为战后相关民用工业与经济发展的基石。工厂数量和规模不断扩大，生产技术与生产条件不断提升，迫切需要大量熟悉生产过程的产业工人，这就为相关高等职业教育与工程教育的大发展提供了社会现实需要。此外，第二次世界大战后，澳大利亚联邦政府的权力得到大大加强。战时形成的高度集中的国有化管理体制使联邦政府牢牢控制了全国的财政大权，并以宪法为保障保留了征收所得税的权力，各州仅能从联邦得到定额的津贴。这种政府间制度的形成，使联邦政府在各项国内事务的影响力得到显著的提升。最典型的例子就是为了解决战后人口稀少的问题，澳大利亚推出了强力的移民引入政策，当时提出的移民计划目标是每年吸收移民的数量为当年全国人口的1%。②大量移民的涌入客观上促进了澳大利亚高等教育的发展。

（二）高等教育政策调整

这一时期，澳大利亚的高等教育政策变化不大，全部改革的基本价值从属

---

① 转引自：潘兴明. 澳大利亚与第二次世界大战[J]. 南京大学学报（哲学·人文科学·社会科学），1995（3）：24-31.

② 潘兴明. 澳大利亚与第二次世界大战[J]. 南京大学学报（哲学·人文科学·社会科学），1995（3）：24-31.

于促进澳大利亚战后经济社会秩序的恢复与快速发展，高等教育整体发展相对缓慢。战时，各州的经济受到直接的影响，社会高等教育投资也几乎降到了历史的最低点。战后，澳大利亚联邦政府几乎将全部精力用于社会经济的发展以及新的政治体制的创建上，几乎很少对高等教育投资。高等教育仍然是由各州政府来负责的，大学日常的运行经费主要靠各州的高等教育拨款、学生缴纳的学杂费、私人捐献以及大学自身的投资赢利，因此，大学数量增长较为缓慢。除此之外，高等教育学院与高级技术与继续教育机构获得了一定程度上的发展。1920 年，澳大利亚大学副校长委员会（Australian Vice Chancellors' Committee，AVCC）由当时的 38 所会员院校共同出资创建，并将秘书处设在堪培拉，标志着澳大利亚高等教育机构的行业组织开始出现。

这一时期高等教育政策最主要的变化，应是高等教育管理在政策上由州政府主导模式开始向联邦与州两级政府管理模式转变，联邦政府确立了大力发展公共高等教育的战略目标。在这一阶段，联邦政府与州政府在高等教育的立法权和管理权等方面都没有做出制度上的调整和改革。20 世纪 40 年代末，澳大利亚的经济出现持续低迷，然而高等教育入学率却保持着迅猛上升的趋势。大学面临着更多的学生和更少的州政府拨款的困境，纷纷寄希望于联邦政府提供资金援助。新成立的联邦政府也迫切需要通过联邦拨款的方式实现各州与地方的稳定，增强国家的凝聚力。同时，两次世界大战也使得联邦政府开始关注科学研究对于国家军事与综合国力的重要影响。战后重建时期，澳大利亚国内日益暴露出人才结构的不合理以及高层次人才的匮乏问题。然而，联邦政府出于战后经济重建的目的，对高等教育寄予厚望，倾向于从整个国家的角度来思考高等教育的改革与发展方向。各方面的力量越来越集中于联邦政府权力中心。可以说，联邦政府借着战后重建之名开始对社会事务和经济事务加强干预和控制。自此，联邦政府充分利用了宪法第 96 条的赋权，对大学事务越来越多地施加影响。

1935 年，迫于社会各界和形势的压力，联邦政府根据科研项目对于联邦政府的利弊得失，通过联邦政府科学工业研究组织向大学拨了 3 万澳元[①]的科研经费。尽管这些拨款杯水车薪，但这是联邦政府正式向大学拨款的历史中破天荒的第一次，具有深远的影响，有人称之为"联邦政府资助大学的突破口"。[②]随着这一突破口的打开，联邦政府对高等教育的影响日益加深。

---

① 按照当时澳大利亚元的汇率，100 澳元约合 474.542 元人民币。
② 王斌华. 澳大利亚教育[M]. 上海：华东师范大学出版社，1996：182.

二、《沃克报告》及其影响

（一）政策环境

1942 年，柯廷领导的工党政府进一步扩大了联邦的财权，在立法上统一了全国的税收。战前，州政府征收的所得税多于联邦政府，而战时由于财政压力增大，联邦政府决定将所得税权力收回到自己手中。当时的联邦财政部长奇夫利（J. Benedict）代表政府宣布由联邦政府统一征收所得税，并连续通过四项法案。法案规定，由联邦政府对澳大利亚境内的所得税实行统一调控，按照相同的税率，对所有个人和公司进行征收，同时废除自殖民地后期以来由各州政府自行征收的所得税，然后根据各州在前两年的平均收入给予补偿。这种政策调整大大增强了联邦政府的财政优势，使联邦政府能够根据自己的想法来制订国家发展计划，并利用财政优势强化联邦政府在社会政策上的发言权。[①]联邦政府对于经济事务和行政事务的权力的集中，也表现在其进一步加大在高等教育领域中的经济资助规模与力度。

第二次世界大战期间澳大利亚联邦政府即出台"联邦经济援助计划"（Commonwealth Financial Assistance Scheme，CFAS），为某些战时军事所需特殊专业（如工程、医学、科学等）的学生提供奖学金，同时给家境困难学生提供助学补贴。第二次世界大战结束后，澳大利亚联邦政府意识到，战争重建计划将急需许多诸如工程师、医生、科学与农业等专业领域的高级人才，所以联邦政府通过立法途径保证在高等教育相关专业学习的学生可以享受免服兵役的优待。随后，联邦政府跳过州政府与澳大利亚大学校长委员会就大学规模和办学条件进行了协商。1943 年初，为了使所有优秀学生都可以进入大学中国家重点发展的专业学习，联邦政府为医学、工程、科学等专业的学生提供学费和生活费。随后，这一计划被扩展到大学中的所有专业与所有学生。

另外，战争结束后，大量战时服役士兵回到澳大利亚，这就需要政府提供大量经费并成立相应的组织对这些人进行培训。1944 年，澳大利亚联邦政府开始实行"联邦重建训练计划"（Commonwealth Reconstruction Training Scheme，CRTS）。在这项计划实施的过程中，澳大利亚联邦政府为全日制学生提供学费

---

① 秦德占. 塑造与变革：澳大利亚工党社会政策研究[M]. 郑州：河南人民出版社，2009：40.

和生活费，为大学提供投资基金和经常性拨款。两项计划加起来，联邦政府总共为超过 50%的高等教育学生提供了学费和生活费，在当时这一力度是非常大的。

虽然联邦政府在战后承担了更多的高等教育责任，而且对于高等教育领域的影响也越来越大，但这种资助或财政拨款行为都是为了应对突发事件或各方呼吁之下所推出的临时性措施，并不是一个长效的机制，而且在实践中总是面临联邦政府资助高等教育的权力与宪法所赋予的各州高等教育管理权限之间的矛盾关系。如果这种关系没有理顺，联邦政府继续对大学所进行的各种经费资助都是不合法的。因此，1943 年，战争工业组织部部长戴德曼（J. Dedman）倡议成立教育调查委员会，以解决"澳大利亚有关教育方面的十分混乱的状况"①。时任总理的柯廷接受了他的提议，成立了由战争工业组织部的沃克（E. Walker）任主席的教育调查委员会，历经两年的调查，在九次委员会会议研讨的基础上，1945 年 1 月，《沃克报告》（Walker Report）正式颁布。

（二）政策内容

《沃克报告》的主要内容包括三个方面。

首先，回顾了澳大利亚联邦政府对教育资助所做的工作。报告指出，虽然宪法规定各州是教育的投资者和管理者，联邦政府对大学没有直接的法定权力或控制权，但联邦政府合理运用了宪法第 96 条关于"如果为了具体的目的，联邦政府可以向州拨款"的规定，对某些特殊项目开展资助活动，如为退役军人及其子女制订高等职业教育计划，又在战后重建的背景下为大量的军人和妇女提供职业培训，为国家急需的人才提供联邦奖学金和助学金等。联邦政府出于具体的教育目的，资助了州政府和高等教育机构，从而弥补了州政府教育资金与高校办学资金的不足。

其次，《沃克报告》提出在未来的发展时期，联邦政府还应该继续在一些关键领域对高等教育进行资助，如对战后军人职前培养与职后培训提供各种费用，资助相关高等教育机构改善教育条件等，还包括通过大学委员会进一步加强成人教育的力度，以及为了实现教育公平的社会目标，为了使更多的学生上大学接受高等教育，联邦政府将继续提供资助学金支持等。

最后，为了更好地实现联邦政府的如上工作，应理顺联邦政府与州政府两级的在高等教育方面的权限，建立稳定、长效、适用的高等教育投资机制，提

---

① Tannock P D. The Government of Education in Austrilia: The Origins of Federal Policy [M]. Nedlands: University of Western Australia Press，1975：4.

升国家教育水平。《沃克报告》提出修改宪法的意见："长期以来，由于国家的宪法明确规定各州拥有对教育的管理权力，联邦政府不能直接参与具体的教育管理，在战争期间，由于特殊需要，联邦政府对教育与培训进行了各种形式的资助，今后虽然联邦政府仍然可以各种方式参与教育的资助与培训，但在法律上会受到限制，如果现行宪法不被修改的话，联邦政府的资助行为和方式可能会被视为非法，也会随时引起争议。"[①]

同时，《沃克报告》还提议联邦政府应建立永久性的教育咨询机构，负责教育政策的咨询、教育计划的实施、与各州之间的协调，以及为联邦政府提供教育研究方面的数据等。[②]

（三）政策影响

《沃克报告》对后期澳大利亚高等教育政策调整起到了关键作用。1945 年，奇夫利继任工党领袖和政府总理，由于一系列卓著的政绩，被誉为澳大利亚最有影响力的总理之一。他延续了之前的工党福利政策，采纳了《沃克报告》中的许多建议。同一年，澳大利亚联邦议会通过并成立了第一个全国性的集教育政策咨询、指导、拨款功能于一身的政府机构——联邦教育办公室（Commonwealth Office of Education），设立了专门的大学委员会、高等教育专项资助的联邦大学基金会，负责监督复员军人的教育课程，将联邦大学基金分配给各州和大学，并监督联邦新奖学金方案的实施。根据战后奖学金方案，奖励范围扩大，尤其规定要对因家庭贫困而未能读完大学的肄业生给予资助。如果他们想要获得学位或继续进行深造，还可享受免费教育和得到合理的生活补贴。

联邦教育办公室的创建标志着澳大利亚联邦政府依据宪法第 96 条的规定，以拨款政策为途径，在更大程度上密切了与大学的关系。联邦教育办公室成立仅一年时间，即经手分配了联邦政府向大学拨付的 130 万澳镑[③]的资助，此外还提供学生生活补助 56 万澳镑，受资助的大学生人数达 5333 人。[④]同时，借助澳大利亚高等教育副校长委员会的中介作用，联邦政府与大学就办学与科研等诸多问题进行密切

---

① Tannock P D.The Government of Education in Austrilia: The Origins of Federal Policy [M]. Nedlands: University of Western Australia Press，1975：55.

② 崔爱林. 二战后澳大利亚高等教育政策研究[M]. 保定：河北大学出版社，2011：20-25.

③ 澳镑是在 1910—1966 年流通的澳大利亚法定货币。1966 年 2 月 14 日，澳大利亚决定把国家货币改为十进制货币澳大利亚元（澳元），由此澳镑退出历史舞台。

④ 艾伟. 出席澳洲新教育国际会议记[M]. 上海：商务印书馆，1948：122-124.

的协商，这样联邦政府自然地延续了自两次战争时期形成的强化权力模式。

1946 年，澳大利亚联邦议会采纳了《沃克报告》中关于宪法修改的建议，并通过了宪法修正案，在宪法的"社会服务条款"中增加了"为学生提供福利"①，从法律上赋予了联邦政府对学生的资助权利，联邦政府正式获得了向学生提供补助的立法权，为以后联邦政府全面资助大学奠定了合法基础。从法律层面上讲，除了澳大利亚国立大学之外，其他公立大学隶属于各州或领地管理，遵从各州或领地的立法，而联邦政府则拥有制定政策与同时为高等教育机构和学生进行财政拨款资助的权力。

大学的创建正是在这样的背景下实现的。1946 年 8 月 1 日，澳大利亚联邦议会通过专项法案批准成立了澳大利亚国立大学。《澳大利亚国立大学法案》是由澳大利亚总理奇夫利以及第二次世界大战战后重建委员会主任戴德曼共同提出的，并得到了反对党领袖孟席斯（R. Menzies）的全力支持。创校宗旨是建立一所顶尖的研究型大学，以提升澳大利亚的整体学术研究实力。由此，澳大利亚国立大学也成了澳大利亚全国唯一一所由联邦议会单独专门立法而设立的大学，不同于由州议会立法设立的公立大学。这所大学在初创之初即建立了物理、医学、社会科学等 4 个研究生院，定位于开展与国家利益有重大关联的高水平科学研究与人才培养。

三、《密尔报告》与《默里报告》及其影响

伴随退伍军人与新移民涌入高等教育系统，大学的入学率不断提高，对大学的师资造成了很大的压力，联邦政府开始为大学长期和短期的建设拨付更多的款项，而大学则越来越依赖于联邦政府的资金支持。经费政策往往是与绩效考核相挂钩的。为了调查联邦政府的经费使用状况，联邦政府陆续组建几个委员会对大学的经济状况进行调查。1951 年，联邦政府任命联邦教育办公室主任密尔（J. Mill）为主席组建委员会，以调查州立大学的教师、建筑、设备等财政状况，以及对大学的职责履行情况开展调查，并探索更优的联邦政府资助大学的方式与机制。《密尔报告》并未公开发布，但关于定期拨款资助大学的建议被联邦政府所采纳。针对该委员会提出的建议，联邦政府调整了拨给各州用以发展大学的经常性拨款。不久，澳大利亚大学副校长委员会与联邦政府就大学规模和办学条件进行了协商。

---

① Boyd W L，Smart D. Educational Policy in Australia and America：Comparative Perspectives[M]. London：The Falmer Press，1987：7.

1951 年 11 月,联邦政府议会通过了国家拨款法(States Grants Act),于 1950 年 7 月—1953 年 12 月向大学拨付各种特殊款项,联邦政府和州政府对大学资助的比例达到 1∶3。1956 年,由英国大学拨款委员会前主席默里(K. Murray)任主席的澳大利亚大学委员会(Australian Universities Commission)成立,其职责包括为大学提供经费资助,以及为联邦政府提供资助大学的信息与建议,从此大学委员会成为联邦政府就大学政策进行咨询和建议的实体。

1957 年,联邦政府成立默里委员会(The Murray Committee),对澳大利亚大学的需求进行预测,对联邦政府进一步资助大学的方式进行分析,以及对当时澳大利亚大学的办学状况进行调查。经过一系列全国调查之后,《默里报告》(Murray Report)公开发布。该报告认为,如果澳大利亚要赶上世界强国的发展水平,必须大力发展教育。而当前的大学在招生标准、基础训练与毕业率等方面均存在一系列问题,联邦政府仍需要加大经费拨付力度。

因此,当时的联邦政府大幅提高了对高等教育的资金援助幅度,同时,联邦政府还制订了基础性资金计划,并随后拟定了 1958 年、1959 年和 1960 年的拨款计划。在这一阶段,联邦政府对于高等教育的经费拨付额度逐步提高。截止到 20 世纪 60 年代,仅从拨款这一项来看,来自联邦政府和州政府的拨款已经占到了大学总收入的 80%,其中联邦政府拨款占到了 44%。[1]从此以后,联邦政府与大学之间的关系开始了新的纪元,在大学委员会的督促下,联邦政府在战后加快了对大学资助的步伐。由此,澳大利亚高等教育的管理呈现出联邦政府和州政府协商治理的局面。

第三节

联邦政府主导高等教育管理模式(20世纪60—80年代)

20 世纪 60 年代到 80 年代末,澳大利亚高等教育系统不断成熟,经历了

---

[1]　Barcan A. A History of Australian Education[M]. New York:Oxford University Press,1980:288.

从高等教育精英化培养到大众化发展的历程。在这一过程中，大学和各级政府在自治与控制的维度内，围绕着立法、经济、学术等多个层面展开了权力的角逐。根据各级政府在高等教育管理领域中的定位和高等教育权力在不同主体之间的分配情况，可以发现澳大利亚的高等教育管理属于联邦政府主导模式。

一、政策环境

在这一阶段中，澳大利亚高等教育的改革与发展受到如下因素的影响。

（一）联邦政府的宏观调控力度不断加大

20 世纪初到 20 世纪七八十年代，凯恩斯的国家干预学说成为澳大利亚联邦政府的官方经济学理论。凯恩斯经济学是 20 世纪 30 年代西方经济大危机的直接产物，其核心是对经济衰退的根本原因进行分析并给出解决办法。18 世纪晚期以来的政治经济学或者经济学的逻辑根植于用不断发展生产进而增加经济产出的基本观点。凯恩斯则认为，发展生产不是最关键的，对商品总需求的减少才是经济衰退的主要原因。由此出发，他指出维持整体经济活动数据平衡的措施可以在宏观上平衡供给和需求。20 世纪 30 年代，凯恩斯发表了一系列关于国家权力和整体经济趋势的效果的文章，认为经济系统不会自动地沿着所谓的最优生产水平曲线前进，由此政府的角色就显得非常重要。凯恩斯在《就业、利息和货币通论》一书中指出，政府应对国家经济进行干预，借以解决资本主义社会存在的大量失业和经济危机问题。因此，应该扩大政府机能，让国家的权威与私人的策动力互相合作。[①]凯恩斯经济学对战后包括英国和美国在内的许多资本主义国家的经济政策都有重要影响，而澳大利亚也致力于把这些政策建议具体化，特别强调政府调控与财政政策的作用。这一宏观经济思想在很大程度上影响到了后期一些委员会所提交的高等教育分析报告，并直接与联邦政府高等教育管理相关政策的出台有关，直接表现就是联邦政府对于宏观经济事务和公共行政事务的干预力度在不断加大。

---

① 转引自：殷汝祥，衣维明. 澳大利亚市场经济体制[M]. 兰州：兰州大学出版社，1994：4.

（二）人力资本理论的影响

20 世纪上半叶，美国经济学家最早主张发展一种用金钱价值来衡量人的教育科学，即人力资本理论，一时间成为教育领域中最具影响力的经济理论。当时的人力资本理论强调的是公共投资问题，其主调是教育和经济增长之间有密切联系。舒尔茨（T. Schultz）、贝克尔（G. Becker）等早期的人力资本理论家普遍认为，教育是经济投资的一种形式，政府在人力资本上的投资水平决定了经济增长率。人力资本理论对 20 世纪 60 年代以后西方的一些发达国家以及众多发展中国家的教育大发展起到了促进作用。这一时期，人力资本理论也成为澳大利亚政府高等教育改革政策框架的基础理论之一。澳大利亚学者威尔莱特（E. Wheelwright）在澳大利亚和新西兰经济学会维多利亚分会上做了题为"教育的费用、回报与投资"的发言，他认为政府应该"通过在人力资本中的大力投资实现我国人民技术和能力的最大化"。他引用了舒尔茨和贝克尔的观点，同时呼吁创建符合当地实际的人力资本理论。①阿德莱德大学的经济学教授、国家教育政策制定的关键人物卡梅尔（P. Carmel）于 1962 年 5 月发表了著名的演说"教育中的几个经济问题"。在该演说中，他表明了澳大利亚决策者对于人力资本理论这些新观念的态度。随后，联邦政府发布了针对澳大利亚高等教育发展战略调整的《马丁报告》（Martin Report），报告中明确肯定了人力资本思想在澳大利亚教育政策中的地位。在为创办先进的教育部门和高等教育大扩招寻求理由时，马丁委员会引用了经济合作与发展组织的观点："委员会相信澳大利亚的经济增长有赖于先进的高水准的教育……把教育作为人力资本投资的一种形式，既现实又有用。"个人所获得的经济收益"只占社会收益的小部分"，因此，加大公共投资是必要的。②舒尔茨的人力资本理论深深地鼓舞了澳大利亚，一时间，教育成为社会中最受关注的问题，高等教育也迎来了其快速蓬勃的发展时期。

（三）福利型社会发展目标

第二次世界大战期间，澳大利亚联邦政府职权的扩大，尤其是财政权力的

---

① Wheelwright E L. Radical Political Economy: Collected Essay [M]. Melbourne: Australian & New Zealand Book Company，1974：161-171.

② 转引自：西蒙·马金森. 澳大利亚教育与公共政策 [M]. 严慧仙，洪森译. 杭州：浙江大学出版社，2007：29.

扩大，为战后联邦政府干预国家经济提供了客观先决条件。20 世纪 70 年代，澳大利亚经济发展出现起伏，导致出现失业增多、物价上涨等种种社会问题。于是，为了缓和经济动荡造成的冲击，澳大利亚政府越加重视福利制度。1972 年，澳大利亚工党终于结束了 23 年的反对党身份，一举击败自由党成为执政党，惠特拉姆（G. Whitlam）出任联邦政府总理。其大刀阔斧地提出一系列全国性的社会福利计划，决心通过对经济的广泛干预，提供更好的健康、教育与社会服务，为所有澳大利亚人提供平等的机会和保障。惠特拉姆在当年的政治演说中明确提出，工党政府将致力于促进社会公平、发展人的潜能，以及切实提高澳大利亚人的生活水平。1975 年联邦政府提交的年度报告中，对福利型社会政策的实现路径描绘得非常清晰："由社会提供统一的服务、教育、健康、交通、通讯和有选择的服务、福利、住房、抚恤、咨询服务及诸如此类的项目，以此对所有社会成员的幸福负责。"[①]在教育方面，联邦政府拨出巨额资金，大幅度增加教育投入，规定对凡是正在接受高等教育者均实行免费政策，并提高在校学生的生活补贴。

继任的联邦总理弗雷泽（M. Fraser）在稳定中求发展，扩大了社会保障和福利的范围。1983 年，在澳大利亚经济处于严重衰退之际，霍克（B. Hawke）积极推行和扩大社会保障和福利制度，联邦政府的该类开支逐年递增。因此，20 世纪 60—80 年代是澳大利亚福利制度发展和福利国家定型的重要时期，基本完成了澳大利亚全国性的保障框架的建设，使得许多社会群体的生活质量得到改善。这一时期，"福利国家"更多地具有政治、经济和社会的内涵。第二次世界大战后，政府大力推进国民社会福利政策，带来了政治制度、生产方式、社会组织方式等一系列深刻变化。具体到社会福利领域，政府对传统社会组织进行了较大程度的替代。[②]

（四）高等教育需求的不断增长

1957 年，澳大利亚大学委员会向联邦政府提交了著名的《默里报告》。该报告明确提出，1957 年，在新南威尔士仅有 4.4%的适龄青年能够接受高等教育，而这一数字明显远远低于澳大利亚经济社会发展的现实需求，要求大学必须扩大规模，接收更多的适龄青年进入高等教育机构。20 世纪 60—70 年代，澳大利亚迎来了人口的快速增长，尤其是第二次世界大战后生育高峰时期成长起来的

① 秦德占. 澳大利亚惠特拉姆工党政府福利建设论析[J]. 北京行政学院学报，2011（4）：55-59.

② 田凯. 机会与约束：中国福利制度转型中非营利部门发展的条件分析[J]. 社会学研究，2003（2）：92-100.

人都已经进入了接受高等教育的适龄阶段。1964—1976 年，澳大利亚 17～22 岁人口的比例已经提高了 33%[1]，再加上联邦政府的福利型社会政治目标，激发了众多家庭对于高等教育的需求。20 世纪 60 年代，澳大利亚的中等教育获得了普及，高中教育实现了大众化[2]，加上其他政治和社会因素的影响，相对于高等教育机构来讲，庞大的入学大军迫切需要更多的求学机会，而此时的高等教育系统也做好了进入大众化的准备。

二、《马丁报告》与高等教育的大众化进程

（一）政策内容

当高等教育问题受到广泛关注，进而上升为政策问题时，往往会促使相关高等教育政策的制定与出台。20 世纪 50 年代以后，在战后经济重建的背景下，澳大利亚的高等教育获得了快速发展。大量的复员军人、新移民、社会底层民众都对接受高等教育有更多的需求，导致大量学生试图涌入大学，而工党的福利政策更要求政府从保证公民基本权利的角度大规模发展教育事业。这样就产生了一个问题，即现有大学一方面无法容纳如此之多的学生，另一方面无法降低必要的入学标准与门槛。其直接结果就是大学不能单独承担高等教育大扩充、大发展的社会重任，迫切需要其他高等教育机构来为其分担和缓解压力。因此，其他高等教育机构应运而生，并获得了较快的发展，这一时期非大学的高等教育机构的比例有了很大的提高。但是与大学相比，它们往往获得很少的联邦政府财政拨款，因此众多技术学院和高等教育学院希望争取到更多来自联邦政府的财政资助。来自各方面的压力促使联邦政府开始从第三级教育（tertiary sector）的视角，来整体思考高等教育政策问题。

1961 年，澳大利亚联邦政府任命马丁（L. Martin）为主席，组建澳大利亚第三级教育未来委员会（The Committee on the Future of Tertiary Education in Australia），根据澳大利亚的社会经济发展需求和综合国力，从整体上思考未来高等教育的发展模式，调查澳大利亚的第三级教育存在的问题。1964 年 8 月和

①　Bruce W. Systems of Higher Education：Australia[M]. New York：ICED，1978：9.
②　西蒙·马金森. 现代澳大利亚教育史——1960 年以来的政府、经济与公民[M]. 沈雅雯，周心红，蒋欣译. 杭州：浙江大学出版社，2007：15.

1965 年 8 月，委员会递交了篇幅很长的研究报告，联邦政府采纳了报告中的一部分内容，形成了《马丁报告》。

《马丁报告》的核心思想是促进高等教育的扩张，并认为这不仅有利于满足社会高涨的高等教育需求，还将在更大程度上促进社会整体的发展与进步。该报告称："公众对高等教育的兴趣及政府对高等教育的支持在最近的十年中大有提升。舆论气候则有利于进一步的教育扩张。"[1]所有的公民都应该可以根据自己的需要和能力接受相应的高等教育。这不仅使个人的抱负能够得以实现，"在现代世界上决定民族存亡的那些因素也需要澳大利亚社会为那些有才华的年轻人提供能使他们的内在能力发挥到极致的机会"。"教育应被看作一种投资，通过教育来提高国民技能和加速技术进步，从而产生直接、显著的经济效益。委员会认为，澳大利亚的经济发展依赖于高水平的、先进的教育……将教育作为国家在人力资本上的一种投资是现实和有利的。"[2] 这些内容深受人力资本主义理论的影响，使经济与教育领域的政策建立了非常密切的关系，清楚地表达了要将教育目标与国家经济利益挂钩。

该报告提出，高等教育的大发展对于澳大利亚现代国家建设而言意义重大。澳大利亚在第二次世界大战期间就已经在制造业、食品、纺织、服装等领域获得了快速发展。在战后经济发展的黄金期，国内制造业的多样化发展迫切需要大量受过良好高等教育的人。现代国家建设必须通过高等教育提高整个民族的平均素质。该报告援引了很多欧美的研究结果，指出教育的年限与收入之间存在一定的关联，接受过教育的个体，其身体素质、动手能力、创造力都有较大的提升，更可能继续他们的教育直至达到更高的水平。该报告把高等教育看成通过学术手段推行公共政策目标的一种工具，深受当时的凯恩斯经济学的影响，政府对于其高等教育组织者的作用有着极大的信心。同时，该报告认为学生所取得的个人成绩，比起随着越来越多的人受到了教育而使社会所获得的成就，"只不过是一小部分"[3]。

在这样的理念指导之下，《马丁报告》认为多样化的高等教育系统将对社会发展起到重要的作用。然而，澳大利亚当时的高等教育体系发展很不平衡，高

① Martin L. Tertiary Education in Australia: Report of the Committee on the Future of Tertiary Education in Australia[R]. Melbourne: Australian Universities Commission，1965.

② Martin L. Tertiary Education in Australia: Report of the Committee on the Future of Tertiary Education in Australia[R]. Melbourne: Australian Universities Commission，1965.

③ 西蒙·马金森，马克·康西丹. 澳大利亚企业型大学的权力结构、管理模式与再创造方式[M]. 周心红译. 杭州：浙江大学出版社，2007：20.

等教育系统过于强调大学教育，而对于非大学的第三级教育机构的重视程度不够。"尽管这个报告主要关注第三级教育，同样也必须注意到各种专门的教育，要从整体的角度看待第三级教育的发展，第三级教育对社会的重要性只有被放在很宽泛的背景下才能被理解。"①该报告建议，应增加高等教育类型，建立包括大学、高级技术学院、高级教育学院和教师教育学院在内的多种类型的高等教育机构，与大学教育进行区分，形成双轨制的高等教育体系。另外，该报告还建议应为社会提供广泛多样的高等教育，联邦政府和州政府应该共同承担对非大学的高等教育机构的资助。②各州政府负责监督和支持高级技术学院和教师学院的发展，同时联邦政府从全国统一的高度对大学、高级技术学院、高级教育学院和教师教育学院三类部门的发展提出指导建议。这一报告激励和指导了澳大利亚大学的扩张活动。③

（二）政策影响

1. 双轨制高等教育系统的建立

1965 年 3 月 24 日，澳大利亚总理门齐斯（R. Menzies）代表联邦议会宣布建立新的"文凭学院"（Diploma College），即"高级教育学院"（College of Advanced Education，CAE）系列。高级教育学院属于高等教育领域，由以前的技术学院、农业与科技学院等机构合并而成，与大学的学位层次（degree level）和研究层次（research level）不同，高级教育学院主要以文凭（diploma level）和教学（teaching level）为主。高级学院为那些不愿意或不具备足够能力的学生提供了另外的接受高等教育的机会。至此，澳大利亚形成了包括大学和高级学院在内的高等教育双轨体制。大学与高级教育学院的区分不是市场选择的自然结果，而是政府对高等教育系统的顶层设计。1965 年 8 月，澳大利亚联邦高等教育咨询委员会（Commonwealth Advisory Committee on Advanced Education）成立，提交报告建议联邦政府以三年为一周期对其他除大学以外的高等教育机构进行联邦拨款。从 1967 年开始，澳大利亚联邦政府和州政府开始比照向大学拨款的比例，共同分担向高级教育学院拨款的任务。1970 年，各州的教师教育

---

① Barcan A. A History of Australian Education[M]. London：Oxford University Press，1980：339.

② 王斌华. 澳大利亚教育[M]. 上海：华东师范大学出版社，1996：196.

③ Davies S. The Martin Committee and the binary policy of higher education in Australia[J]. Higher Education，1991，21（3）：445-448.

学院也被吸收进入高级教育学院,"大高等教育"系统或"第三级教育"系统形成。

2. 免费高等教育政策的实施

在建立上述教育系统的基础上,高等教育的经济、管理责任继续上移至联邦政府。1972年,工党根据其强调"公平"与"福利社会"的施政方针,开启了澳大利亚高等教育改革的新篇章。工党对于教育的关注引出了保障教育公平的政治决策,具体化就是保障所有具有资质的学生都可以上学。工党上台后高调推进的首要任务就是进行教育改革,而教育改革的首要目的就是"提高联邦政府在教育领域的地位和作用",以保证教育公平。[1]惠特拉姆曾发表演讲,称"在工党政府的领导下,澳大利亚发展最快的公共消费领域就是教育,教育应该是鼓励平等的最好的手段,工党要保证所有的孩子都可以入学"[2]。从1974年1月1日开始,惠特拉姆政府取消了大学和高级教育学院学生的学费,让所有符合要求的学生都能接受高等教育,保证机会的公平。同时,工党政府宣布州政府可以不用再负担大学和高级教育学院的开支,联邦政府将开始单独负担起向高等教育拨款的任务。即使是在20世纪70年代澳大利亚遭遇了经济危机和通货膨胀,联邦政府还是在应拨付的资金的基础上,为大学和高级教育学院增加了额外的通货膨胀补贴,这使得高等教育并没有因为经济危机而受到削弱。

3. 高级教育学院的快速发展

取消大学的学费使高等教育入学率出现显著提升[3],高级教育学院获得了长足的发展。20世纪60—70年代,澳大利亚高级教育学院迎来了快速发展的黄金时代。到了1976年,大学和高级教育学院的入学率已经达到了19.1%(表2-1),高等教育机构数从20世纪60年代的7个增加至17个,高校学生数与20世纪50年代相比增加了将近9倍,超过35%的19岁人口在接受高等教育。这说明澳大利亚的高等教育已经从精英教育阶段迈向大众化阶段。

表2-1 1968—1976年澳大利亚高等教育入学率

年度	大学(%)	高级教育学院(%)	总计(%)
1968	7.2	3.5	10.7
1969	7.5	4.0	11.5

[1] Barcan A. A History of Australian Education[M]. New York: Oxford University Press, 1980: 288.

[2] 转引自: Matthews J K, Fitzgerald R T. Educational policy and political platform: The Australian labor government[J]. Australian Education Review, 7(4): 8-9.

[3] Universities Commission. Report for 1977-1979 Triennium[R]. Canberra: Universities Commission, 1976: 48.

续表

年度	大学（%）	高级教育学院（%）	总计（%）
1970	7.9	4.6	12.5
1971	8.5	5.4	13.9
1972	8.6	6.1	14.7
1973	8.8	7.1	15.9
1974	9.2	8.0	17.2
1975	9.4	9.0	18.4
1976	9.6	9.5	19.1

资料来源：Williams B. Systems of Higher Education：Australia[M].New York：ICED, 1978：3

　　1975 年，惠特拉姆因为参议院危机和经济管理不善、预算赤字和失业率居高不下等原因，被时任的总督解职，可谓壮志未酬。但令他欣慰的是，后来继任总理的自由党人弗雷泽的施政方针仍然是延续传统，倾向于宽容、维护平等、注重社会福利。因此，惠特拉姆的高等教育改革的诸多做法得以保留并得到了发展。

4. 联邦政府第三级教育委员会的成立

　　1977 年，联邦政府将各自为政的澳大利亚大学委员会、澳大利亚高级学院委员会和澳大利亚技术与继续教育学院委员会合并，建立联邦政府第三级教育委员会（Commonwealth Tertiary Education Commission，CTEC），用以协调大学、高级教育学院等部门之间的拨款和发展事宜。该委员会下设三个咨询委员会，即大学咨询委员会、高级教育学院咨询委员会和技术与继续教育学院咨询委员会。作为"中介组织"，联邦政府第三级教育委员会一方面听取三个咨询委员会关于高等教育的意见和建议，另一方面直接接受教育部长的领导，按照教育部长的旨意拟订计划，确定政府资助幅度和颁布政策条例。为了便于管理，在设立大学较多的州，联邦政府还增设主管大学事务的委员会或相应的机构，它们直接向联邦政府第三级教育委员会负责。澳大利亚联邦政府第三级教育委员会每隔三年将为大学制定一个为期三年的财政计划。大学不得不提前就兴建校舍、专业设置和调整等提交申请报告，由委员会审核批准。联邦政府第三级教育委员会有权决定政府对每所大学的资助额度，因此，它常常要求大学遵从委员会给出的改革与发展建议。为了得到资助，大学只能接受其建议。自此，包括大学在内的高等教育系统在很大程度上受到联邦政府的强力干预和控制。

在这一轮高等教育政策调整之后,澳大利亚高等教育系统初步创建形成。至此,同时存在三种分别在内涵和外延上比较接近的概念,即高等教育(higher education)、第三级教育(tertiary education)和中学后教育(post-school education)。第三级教育是指完成中学教育后接着进行的各方面的教育和培训,包括大学教育、学院教育、技术与继续教育。澳大利亚的技术与继续教育是经澳大利亚认可并在全国互通的职业培训教育,主要提供专业技能的训练课程,较前两种教育,其大部分课程都更具实用性。中学后教育与第三级教育并没有本质上的区别,基本内涵是一致的。但在很多研究文献中,当使用"中学后教育"一词时,更多侧重于成人继续教育,往往指非全日制的技术与继续教育。澳大利亚的高等教育系统在不同时期有不同的内涵,随着高等教育管理体制的改革,1988 年之前,澳大利亚的高等教育系统主要包括第三级教育的前两项,即大学教育和学院教育。在 1988 年的道金森改革之后,通过机构合并,高级学院全部升格为大学,所以以后的高等教育主要指的就是大学教育。

总的来看,19 世纪 50 年代到 20 世纪 80 年代,澳大利亚的高等教育已经实现了从精英化发展到大众化发展的转变。高等教育与国家重建和发展的各项目标紧密地结合在一起,高等教育系统被视为国家公共部门的重要组成部分,联邦政府对于高等教育的态度也变得越来越积极和主动。在这一过程中,有三方面的转变不可忽视。

第一,工党政府政策改革的直接结果就是大学在经济上不再依赖于两个政府(即联邦政府和州政府),而是只依靠联邦政府。

第二,从管理的角度看,高等教育的管理权力逐渐上移至联邦政府手中。这表明澳大利亚已经从国家发展的高度来思考高等教育的改革与发展问题。虽然联邦政府拥有财政优先权,但各州仍然享有宪法所赋予的制定政策方面的重大权力,在对高等教育的管理上,各州也同样拥有绝对的权力。因此,联邦政府与州政府之间的关系始终是澳大利亚高等教育政策变迁中无法回避的关键问题。

第三,澳大利亚的大学在初创时期即服务于民族认同与社会建设,后期受到联邦政府的强力调整,与欧洲自然衍生型的古典大学相比,其自治程度是有限的,政府与大学之间的关系影响了大学的外部发展环境。根据 1901 年生效的联邦宪法，包括高等教育在内的所有教育事宜都是由各州负责的，大学则享有自治权。然而，工党政府取消了大学的学费，就等于大幅压低了大学的独立收入，联邦政府通过第三级教育委员会，凭借着拨款与政策调控，深切地影响到了高等教育系统的创建以及高等教育机构的办学。

第三章　澳大利亚高等教育系统重建时期政策

在《马丁报告》之后，澳大利亚的高级教育学院获得了快速的发展，技术与继续教育也在此背景下受到极大关注，有效推动了澳大利亚高等教育大众化的进程。在工党福利社会政策目标的指导下，高等教育机会公平成为重要改革理念，大学与高级教育学院的学生学费被取消，同时各州政府也可以不用再负担高等教育的开支。这样的政策到了 20 世纪 80 年代遭遇了现实的挑战：当时整个西欧社会均陷入经济滑坡的困局，社会失业问题严重，政府财政负担吃紧。于是，凯恩斯经济学面临新的转向，哈耶克与弗里德曼等新自由主义经济学家的思想成为主流，包括高等教育在内的公共部门经费压缩成为常态。从 1979 年开始，撒切尔夫人与里根总统的诸多改革均从政府公共政策自身开始，以效率优先为基本原则，政府投资模式开始向包括市场和私人投资在内的多元化经费筹措模式过渡，高等教育市场化进程正式启动。

第一节

澳大利亚社会重建中的高等教育政策环境

澳大利亚著名史学家麦金泰尔（S. Macintyre）在其所著的《澳大利亚史》

一书中，将 1975—2004 年的 30 年称为澳大利亚的重建时期。①这一时期横跨了 1975—1983 年由弗雷泽领导的自由党联盟政府，1983—1991 年由霍克担任领袖的工党政府，1991—1996 年由前财政部长基廷（P. Keating）所率领的工党政府，以及从 1996 年开始由领袖霍华德开始超长时间执政的自由联盟党。这一时期的澳大利亚所面临的主要问题，就是前面的黄金发展时代的终结。20 世纪 80 年代，澳大利亚可谓内外交困。当经济全球化席卷全球、各主要发达国家均进入后工业时代时，澳大利亚遭遇了严重的经济危机，失业率和犯罪率居高不下，通货膨胀严重，经济增长缓慢，对商品出口的依赖，使其在由先进制造业和服务业主宰的全球经济中的竞争力越来越弱。当时的历任总理均推出了各项激进的改革措施，如自由党政府推出大力发展市场，就连基廷率领的工党政府也提出刺激经济的休克疗法，不断削减公共开支，促使澳大利亚工商业更多地参与国际竞争。政府竭尽全力通过各项改革增强国家的凝聚力，重塑国家发展目标，推进经济稳步增长。因此，这一时期，澳大利亚的社会改革和经济改革频率最快、力度最强，颇有置之死地而后生的忧患意识和果断魄力。澳大利亚社会重建时期的政治经济与社会背景，对高等教育政策调整产生了重要的影响。

一、高等教育外部环境因素

（一）福利社会危机催生新自由主义理念

20 世纪 80 年代以前的澳大利亚的工党政府从维护社会公平的角度一直致力于福利型社会的创建。然而，20 世纪七八十年代，西方福利国家纷纷面临着失业危机、老龄危机、财政危机、社会危机、制度危机和文化危机等福利病。20 世纪 70 年代，席卷西方的经济衰退对凯恩斯经济学提出了巨大的挑战。然而，澳大利亚工党政府在 20 世纪 70 年代初期仍然延续了之前的政策，经济放缓的表现掩盖了经济萧条，但并没有从根本上解决这个问题。澳大利亚最终仍然无法幸免，经济上的"四高一低"（高失业率、高通货膨胀率、高利率、高所得税和低经济增长率）令工党的福利政策备受诟病。面临福利制度所导致的财政耗资的重负，澳大利亚联邦政府已着手减轻财政压力。当时占主导的解决思路就是以哈耶克和弗里德曼为代表的新自由主义理论取向。

---

① 斯图亚特·麦金泰尔. 澳大利亚史[M]. 潘兴明译. 上海：东方出版中心，2009：220.

弗里德曼遵从货币主义理论出发，认为较高的公有经济生产吸收了私有经济发展所需的物质资源，较高的公有经济借贷引起了利率的提高，阻止了私有经济的借贷、投资和生产。所以，要想解决这个问题，政府或者通过减少支出，或者通过增加税收来做到，而主流的方案是减少政府的社会公共支出。该理论试图超越传统的自由和保守的对立，在这两种传统模式之外寻找解决现实问题的方法。新自由主义认为，应该既充分发挥市场的作用，同时又要积极利用政府的力量来推动经济发展，通过私营化（或称私有化）的方式，尽可能地利用市场的力量来满足个人的福利需求，社会福利只应限定在维持生存所需的最低保障水平，强调私人部门替代政府福利的重要性，以此来实现政府福利责任特别是福利服务责任的部分"卸载"。[①]新自由主义强调，福利服务可由公共部门、营利组织、第三部门、家庭与社区四个部门共同来负担，政府角色逐渐转变为福利服务的规范者、购买者、物品管理与仲裁者[②]，同时倡导通过政府以外的其他部门特别是市场的积极参与来解决福利社会的问题。

在新自由主义经济学的主导下，传统福利政策所赖以存在的前提——封闭的民族国家经济、稳定的经济增长、社会各阶层合作与利益共享模式等都已发生了根本性动摇。虽然工党仍然将"公正""平等"视为核心价值观，但"效率优先""私有化""市场化"改革占据了主导，工党对传统的福利政策进行了调整，对国家与个人之间的责权关系进行了重构，在保证福利国家制度对整个社会机体的积极作用的同时，修改其消极的一面，进而达到减轻政府负担、激发企业活力、培养个人社会责任感、鼓励个人对自己的行为负责等目的。[③]

新自由主义的影响并不仅限于解决福利社会的危机。1983年，澳大利亚工党开始执政，在霍华德领导下的自由国家党不甘心长期处于反对党的位置，把眼光投向了国外。此时，在英国和澳大利亚长期学习的对象——美国，新右翼（新右派）开始登上政治舞台。新右翼政治家的宗旨在于"重新界定国家、市场与政治体制之间的关系"[④]。作为新右翼主流经济学家的哈耶克在1976年访问澳大利亚，在35天的行程中安排了近60次的研讨会和讲座，他与澳大利亚的电视台领导、总理、副总理、财长、高等法院大法官以及主要的工商业领导人进行了密切的交谈，宣传新右翼思想。英国撒切尔夫人和美国里根总统改革的

① 李志明，陈颖姣. 第三部门介入社会福利服务提供领域的理论解释及其路径选择[J]. 湖北社会科学，2006（5）：39-41.

② 林闽钢，王章佩. 福利多元化视野中的非营利组织研究[J]. 社会科学研究，2001（6）：103-107.

③ 秦德占. 澳大利亚惠特拉姆工党政府福利建设论析[J]. 北京行政学院学报，2011（4）：55-59.

④ Heald D. Public Expenditure：Its Defence and Reform[M]. Oxford：Martin Robertson，1983：68.

成功也显示出了右翼的实力。1980 年，里根总统的施政方针就是通过减税和解除对企业的过多管控，进一步削减政府的开支，创造市场和企业文化。澳大利亚国内也慢慢产生了新右翼的土壤。这部分人认为，市场力量应当得到充分表现，福利国家的待遇大部分都应当取消，政府应该变得小而强大。但是，对于在哪些领域里推行这些政策很难达成共识，有几个派别开始分别为右翼主张而奋斗，财政部前秘书斯通（J. Stone）就是新右翼的代言人。①当时澳大利亚国内的记者把这种现象称为"新右翼的崛起"。

总之，20 世纪 70 年代末到 80 年代初，凯恩斯政策被放弃，新自由主义思想在经济学中占据了主流，其影响是深刻的。第一，社会公共政策中的政府角色发生改变，从无限政府过渡到了有限政府，个人与国家之间的关系被重构，恩惠式的教育福利转变为积极的人力资本教育性社会投资。第二，社会公共政策的改革寄希望于实现联邦政府的公权威与市场私人的经济策动力的互相合作，充分发挥市场的力量与作用。

（二）新公共管理运动将市场机制引入公共部门

20 世纪 80 年代，被澳大利亚高等教育学者马金森称为"政府重构"或"重塑政府"的公共部门改革开始推进。联邦政府面临着"削减公共部门开支"的迫切问题和越来越大的经济压力，不得不一方面考虑压缩公共经费，另一方面提高公共部门的运转效率。

1991 年，澳大利亚新南威尔士大学的经济学教授普西（M. Pusey）出版了《堪培拉的经济理性主义》（Economic Rationalism in Canberra）一书，主张将自由市场的新古典经济学思想引入公共部门管理。他认为，澳大利亚新一代的政府官员大多都接受过新古典主义经济学的洗礼，对公共部门进行改革的观点已经获得了政界、商界和媒体的普遍认可。马金森教授进一步归纳了澳大利亚经济理性主义的三个构成部分。首先，经济理性主义对经济政策和经济目标十分关注，认为主要的政治问题都是经济上的问题，教育被视为经济政策的分支，而不是社会、经济和文化政策的混合；其次，经济理性主义者认为，公共政策的经济内容应是新古典主义的，而且基本上应该是市场自由主义的；最后，经济理性主义者倡导公共服务部门的改革，使教育由部长直接管理、控制，提升

---

① 杰弗里·博尔顿. 澳大利亚历史[M]. 李尧译. 北京：北京出版社，1993：310.

了政府管理的效率。这些改革使政府和高级公共服务管理者能够在整个政府活动领域内更快、更彻底地"把权力应用于权力"。[①]从其本质上讲，经济理性主义最大的特点就在于将倡导自由市场的新古典经济学的思想应用于公共部门的管理活动中。这是一场主要针对公共部门行为开展的企业型行政的改革运动，因此澳大利亚将这场改革运动称为"新公共管理"或"公司管理主义"（corporate managerialism），就是"用以经济利益的形式表达的公共政策目标取代以社会利益的形式表达的公共政策目标"，从而培育一种富有竞争力的经济。[②]

在这些思想的影响下，澳大利亚开始了轰轰烈烈的公共部门改革运动。20世纪80年代初，澳大利亚的公共行政仍然保持着传统的行政管理体制，行政系统具有严格的等级制度和集权化控制系统。传统公共行政以管制经济和由政府部门提供一切公共服务（福利国家）为特征。在新自由主义思潮和经济理性主义的影响之下，澳大利亚开始着手进行公共管理领域的变革。1983年，第一届新工党政府致力于"重构总理控制力和增加政府对政策决策和优先权的责任的机制"[③]，这意味着澳大利亚的公共服务改革从祈求官僚系统与政治系统的平衡转变为更多地增加政治系统的权重。

其具体改革措施如下：①减少政府开支。削减政府所提供的服务，减少诸如卫生、教育及经济服务等方面的开支。澳大利亚长期实行的膨胀性财政政策造成了赤字、债务、通货膨胀等恶性循环，严重影响了国家经济的稳定和健康发展。因此，澳大利亚实行抑制性财政政策，力求减少财政赤字，实现财政收支的基本平衡。其具体措施主要有：精简机构、裁减人员、控制工资增长、限制政府消费，力求降低政府的经常性支出。②优化政府职能。澳大利亚政府在改革的过程中进行了大规模的职能优化改革，提出把建立一个"精明政府"（smart government）作为其改革的目标，重新界定自己的职能范围，还权于市场和社会，实现政府的"规模适度化"。同时，通过引入市场机制减轻自己的负担，增强国有部门的活力，调整私营部门在促进国家经济发展中的作用。通过将私人力量引入政府实现其基本职能的活动中，来提高管理业绩和经济效益。③大部制模式改革。1987年，澳大利亚推行了一场大规模的机构改革，建立彻底的大部制，使整个中央政府的部委数量从28个减少到18个。澳大利亚政府这种大部制的

---

① 西蒙·马金森. 澳大利亚教育与公共政策[M]. 严慧仙, 洪淼译. 杭州：浙江大学出版社，2007：38-39.

② Yeatman A. Corporate Managerialism：An Overview[C]. Paper to the New South Wales Teachers' Federation Conference，Sydney，1991：8-9.

③ 潘顺恩. 澳大利亚新公共管理运动的概况及启示[J]. 宏观经济研究，2005（3）：60-63.

改革为公共部门和其他改革提供了先决条件，提升了政府部门的宏观管理能力，国家的政治、经济绩效得到了明显提高。①

总而言之，新公共管理更多地从经济学的角度来研究公共管理尤其是政府管理问题，被人们称为"以经济学为基础的新政策管理理论"或"市场导向的公共行政学"。其典型策略就是使公共部门的行为市场化，包括发展市场生产来代替现有的公共健康、教育和福利项目，倡导公共部门内部模拟市场动作，为市场活动开辟了新的天地。

（三）人力资本理论在私人教育投资领域获得新的发展

20 世纪 60 年代，人力资本理论得到了广泛认同，然而在随后的十多年里，随着失业率的攀升、经济萧条现象的出现，教育并没有明显拉动经济，也没有实现对收入的再分配，人力资本理论的幻想开始破灭。到了 20 世纪 80 年代，人力资本理论重新出现在人们的视野。1986 年，经济合作与发展组织的一份内部资料显示，官方政策中对人力资本理论的看法已经有了修正，20 世纪 60 年代的人力资本理论"太笼统、过于僵化，过于简单化"②。尽管如此，将教育看成一种投资还是有用的。就教育对经济的作用这一点来看，"其关键似乎体现在未来人们处理变化的能力以及将其转化为优势的能力"③。在 1987 年发布的报告《结构调整与经济状况》（Structural Adjustment and Economic Performance）中，经济合作与发展组织又一次制定了一系列人力资本政策，教育又一次成为经济话题的中心。

这个时期，人力资本理论的内涵已经发生了新的变化。传统教育投资进而带动就业增长的理论更为复杂化，从学校毕业并不意味着学生就业能力的提高，也并不意味着能促进经济的发展。在迅速发展的信息社会和技术社会中，接受终身教育或培训是必要的。因此，只有持续不断地进行人力资本投资才可以为人们提供使之适应社会发展的生存技能。为了适应知识经济时代和全球化时代对公民的职业技能的需求，工党重新审视私人教育投资和社会教育投资的关系。

---

① 潘顺恩. 澳大利亚新公共管理运动的概况及启示[J]. 宏观经济研究，2005（3）：60-63.

② OECD. Education and Effective Economic Performance：A Preliminary Analysis of the Issues[C]. noted by the OECD Scretariat，Paris，1986：12-13.

③ OECD. Education and Effective Economic Performance：A Preliminary Analysis of the Issues[C]. noted by the OECD Scretariat，Paris，1986：32.

早期，主要是宏观的公共投资占支配地位，个人投资受到了压制。到了 20 世纪 80 年代，经济合作与发展组织开始支持用于计算私人教育投资回报率的人力资本计量经济学。

在此影响下，澳大利亚同许多经济合作与发展组织成员国一起开始将人力资本理论与市场改革和更多的私人开支的政策相结合，强调政府不应该也不能够包办一切，而应该转变观念与机制，变被动的恩惠式福利为主动的进取式福利，变事后补救性福利为事前预防性福利，强调政府责任不仅仅意味着"教育支出"，还包括积极地进行"培训和教育性的社会投资"。政府通过为公民个人提供良好的教育条件来提高其素质，使个人具备适应新经济发展的知识、技术、能力。尤其是对于大批失业者，政府帮助的重点不再仅仅是通过发放救济金来提供保护，而是对其进行职业技术培训，帮助其掌握新技术，提高其就业能力，正所谓"授之以鱼不如授之以渔"[①]。在这样的理念之下，财政投入、个人负担、税收保障与银行保险各方并举，使包括教育投资在内的诸多公共投资模式发生了显著变化。

当时的澳大利亚联邦政府就业、教育和培训部部长道金森（J. Dawkins）就曾在教育绿皮书中提出要去"探索扩大资源基础的可能性"[②]，其中扩大个人对高等教育的投资是其中一种解决办法。1988 年，澳大利亚的兰恩委员会（Wran Committee）就澳大利亚高等教育私人投资问题发布报告，该委员会引用了人力资本的论点：大学毕业生接受高等教育的结果是他们获得了相当多的个人利益。该委员会顾问查普曼（B. Chapman）使用"一种相当直截了当的私人投资方式"来模拟不同的使用者付费产生的影响。[③]此后不久，针对向学生收费的澳大利亚的高等教育贡献计划（Higher Education Contribution Scheme，HECS）得以出台。

（四）全球化进程引发了高等教育全球市场竞争

20 世纪末，随着通信技术与网络的不断发展，全球各民族和国家之间的政治、经济、文化的普遍联系和交往日甚一日地加强，全球化现象成为全世界任

① 秦德占. 澳大利亚惠特拉姆工党政府福利建设论析[J]. 北京行政学院学报，2011（4）：55-59.
② Dawkins J. Commonwealth Minister for Employment，Education and Training. Higher Education：A Policy Discussion Paper[R]. Canberrra：AGPS，1987：3.
③ 西蒙·马金森. 澳大利亚教育与公共政策[M]. 严慧仙，洪焱译. 杭州：浙江大学出版社，2007：35.

何一个国家都无法回避的问题。著名社会学家吉登斯（A. Giddens）认为，就其源头来看，全球化的本质就是流动的现代性。在这里，流动指的是物质产品、人力、标志、符号及信息的跨空间和跨时间的运动。全球化就是对时空的压缩，全球化使得人类社会成为一个即时互动的社会。①许多学者也从不同角度提出自己对于全球化进程的理解。无论对其本质如何界定，我们实质上看到的却是两种相伴相生的全球化结果，即全球一体化与全球多元化的凸显。重视全球一体化结果的学者认为，全球化将使国家的权威和合法性遭到挑战，导致"主权衰微"现象的出现。这些学者认为，国家"主权衰微"之后，经济的全球化才是主导全球社会组织的新力量，市场将超越民族和国家成为真正的主宰者。然而，全球化在导致一体趋向的同时，还会使民族主义的力量得到很大程度的发展，民族和国家内部的向心力和凝聚力也得到空前的加强，这也是全球化的另一个结果。民族性的凸显、民族主权的巩固与加强都使得民族和国家不得不想尽办法跻身于世界前列，最直接的手段就是发展经济，市场又一次扮演了重要的角色。因此，全球一体化与多元化在市场这一点上可谓殊途同归，全球化使市场成为最重要的领域。

全球化的主要驱动力是经济。1987 年，澳大利亚的外交部与贸易部合并，体现了外交与国内政策调整之间的关系。1984 年，跨太平洋的贸易总额超过了跨大西洋的贸易总额，这说明世界经济的重心开始向太平洋地区转移，而澳大利亚的全球化经济战略也开始发生变化。欧洲经济在 20 世纪 80 年代陷于停滞，而亚洲经济则活力无限，日本以及当时的"亚洲四小龙"的经济正处于迅速发展的阶段，印度尼西亚和马来西亚沿着相同的工业发展道路前进，而当时中国也打破计划经济的束缚，开始了轰轰烈烈的市场经济改革。因此，澳大利亚很自然地将视线转移至亚洲。20 世纪 80 年代末，澳大利亚与亚洲的贸易就占到了澳大利亚进出口的一半，但是这仍然远远落后于欧洲和北美进入亚洲市场的力度②，在全球化的经济市场中争夺份额，已经成为 20 世纪 80 年代以后澳大利亚的重要经济战略目标。

全球化对于澳大利亚高等教育的影响还在于它使高等教育市场具有了更为实在的意义。一方面，高等教育处于知识经济、信息化社会的前沿，全球网络是高等教育新的教学场所，所以从某种程度上来讲，高等教育不仅受到全球化

---

① 王治河. 全球化与后现代性[M]. 桂林：广西师范大学出版社，2003：1.
② 斯图亚特·麦金泰尔. 澳大利亚史[M]. 潘兴明译. 上海：东方出版中心，2009：232.

的影响，而且本身也是全球化的起因之一；另一方面，高等教育成为日益扩张的国际市场的一部分，国际学生、国际教育、全球分校等都是其最明显的特征。在世界贸易组织的有关协议中，教育已经被视为服务贸易的一部分。为了迎接全球化的挑战，在全球化进程中争取有利的位置，澳大利亚一方面明确了本国高等教育在全球教育市场中的定位，力争在教育市场中获得更多的份额，另一方面更多地利用全球化进程推行针对全球市场的高等教育国际化战略。

二、澳大利亚高等教育系统的内部特殊问题

外因是变化的条件，内因是变化的根据，外因通过内因起作用。影响 20 世纪 80 年代以来澳大利亚高等教育市场化发展和变革的最重要的因素，是澳大利亚高等教育系统自身所面临的越来越多的挑战和矛盾。

首先，高等教育要回应更大的为经济服务的呼声。20 世纪 80 年代末，澳大利亚经济不景气，失业率很高，通货膨胀严重。联邦政府提出重建经济结构的设想，传统手工业被"知识产业"所替代，因为要提高国际贸易竞争力，迫切需要一支良好的生产力队伍。1987 年 12 月，绿皮书《高等教育：一份政府讨论书》建议，高等教育要更好地适应和满足社会的需要，并将更有助于带来经济腾飞，从而使澳大利亚在世界市场中保持竞争地位。1988 年，白皮书《高等教育：一份政策声明》的颁布更是巩固了澳大利亚联邦政府对于高等教育的重新定位，即为经济服务，为在世界市场上提升竞争力服务的方针。随着资助的增加，联邦政府也加大了对高等教育系统的宏观管理力度。因此，应该如何协调更加集权化的管理体制与高等教育机构自身的自主与自治力量，成为这一时期澳大利亚高等教育政策调整必须解决的一个问题。

其次，高等教育面临效率与效益低下的指责。20 世纪 80 年代初，澳大利亚高等教育领域一直倍受指责，其原因之一就是效率与效益低下，高校之间缺乏科学有效的竞争机制等。对此，《高等教育：政策陈述》中更多地运用诸如"行政效率""教育利益"等经济领域的政策话语。这表明了一种态度，即政府致力于在高等教育领域中引入越来越多的市场机制，借此使高等教育摆脱"低效"的指责。

最后，高等教育大众化带来的阵痛。工党的施政方针之一，就是促进社会公平。社会公平中包括使所有公民都能得到公正平等的对待，在法律制度、就

业、合理的工资待遇、教育等方面享有同样的权利。因此，人民群众普遍要求接受高等教育的呼声越来越强烈。澳大利亚联邦政府为了回应民众的高等教育需求，促使高等教育系统实现了大规模扩招。20 世纪 50 年代初期，澳大利亚共有 3 万余名大学生，到了 1977 年，这个数字增加到了 30 万。①然而，20 世纪 80 年代又掀起了新的一轮高等教育规模扩张。1986 年的一项澳大利亚全国社科调查报告记载："68% 的澳大利亚人认为应该增加适龄青年接受高等教育的机会。"②历经 20 世纪 70 年代与 80 年代的两轮扩充，到 80 年代末，澳大利亚高等教育已经从精英化阶段迈进了大众化阶段。高等教育的快速发展固然可喜，然而联邦政府无力负担这样大的高等教育支出也是一个事实。因此，高等教育与政府之间的关系需要重构。

　　此外，高等教育自身的"漂移"，也是导致改革的重要因素之一。早在 20 世纪 70 年代，教育学家阿什比就曾提出大学内在的"学术逻辑"（inner logic）的概念。他认为大学发展的主要力量，就是大学自身的内在逻辑。同一时期，博盖斯（T. Burgess）、普莱特（J. Pratt）等一些漂移理论家认为，高等教育机构的职能并非一定要忠实于创办初期制定的目标。根据这一理论，各种类型的高等教育机构可以追求其创建或升级后的初始目标。一段时间以后，高校常常把自己放在其他类型高等教育机构的竞争者的位置来思考发展方向与办学定位问题。③1983 年，克拉克提出了"科研漂移"和"教学漂移"两种漂移形式，即科研从教育的环境漂离，而教学活动则从科研场所剥离。④这种"漂移"说恰恰符合澳大利亚 20 世纪 80 年代高等教育的具体情况。从 20 世纪 60 年代高级教育学院成立开始，澳大利亚的高等教育系统就一直以双轨制著称。在设计之初，高级教育学院和大学之间可谓泾渭分明，前者负责文凭层次的高等教育，以教学为主；后者颁发学士及以上的学位，以科研为主。当然，随着高级教育学院的不断发展，其对科研领域也有涉入，但主要是集中于应用性研究，大量的基础性研究仍然集中于大学。随着高级教育学院入学率的不断提高，以及学院教师素质和学校实力的稳步提升等诸多因素的影响，高级教育学院开始向更多的科研领域渗入，这就是克拉克所说的"科研漂移"，而大学也越来

① 西蒙·马金森. 教育市场论[M]. 金楠，等译. 杭州：浙江大学出版社，2008：163.

② Tucker A. Down but not under：Australian higher education[N]. International Educator，2006.

③ 张建新. 高等教育体制变迁研究——英国高等教育从二元制向一元制转变探析[M]. 北京：教育科学出版社，2006：134.

④ 转引自：张建新. 高等教育体制变迁研究——英国高等教育从二元制向一元制转变探析[M]. 北京：教育科学出版社，2006：134.

越重视自身的教学水平和质量，向"教学漂移"。在这种双向的力的作用之下，高级教育学院和大学之间的差异也越来越趋向于不明显。这种高等教育内在发展逻辑的演变，使得高等教育体制的改革成为必然。

如前所述，进入 20 世纪 80 年代，澳大利亚的高等教育面临着来自国内外的政治、经济以及大学自身的多方面的挑战和问题，这些影响因素之间的关系如图 3-1 所示。

图 3-1　高等教育政策改革的影响因素相互关系

全球化是澳大利亚高等教育发展的国际背景，所有主体及其之间的相互关系都处于全球化的影响之下。新自由主义是所有因素中影响最为持久和深刻的，它通过使国家的权威与市场中私人的策动力相结合的方式，试图通过解决资金与效率的问题协调政府与市场之间的关系。同时，新自由主义在某种程度上催生了澳大利亚的新公共管理运动，通过在以往纯粹的"公共部门"的运行中引入市场要素，彻底改革包括高等教育在内的公共部门的管理。新人力资本主义同样实现了从"公"向"私"的跨越，其关注点从公共收益向私人收益的转变，已经使大学的管理与运营越发呈现出市场化的迹象。无论是新自由主义还是新公共管理或新人力资本主义和全球化都有一个共同点，即对于宏观政府与微观市场相结合的调控手段的认同。相对于政治、经济等外部影响因素，导致高等教育政策变迁的关键因素是澳大利亚高等教育自身出现的问题。这些因素共同构成了一个庞大的作用域，正是在这些内、外部影响因素的共同作用之下，以 1988 年的道金森改革为契机，澳大利亚开始了轰轰烈烈的高等教育市场化改革进程。

第二节

道金森高等教育改革及其政策影响（1988－1996年）

澳大利亚社会、政府和经济的发展表现为一种平稳的嬗变过程，但其中也不乏力度较大、影响较深、具有标志性意义的改革之举。发生于 20 世纪 80 年代末至 90 年代初的由霍克工党政府发起，以时任教育部长道金森的名字命名的澳大利亚高等教育体制改革就是其中的一个典型例子，也是澳大利亚高等教育发展史上的一个转折点。正是这场高等教育体制改革正式拉开了澳大利亚高等教育市场化进程的序幕。这一时期高等教育发展的最大特点就是对市场手段的引入。

一、改革源起与理念

20 世纪 80 年代，经济全球化进程不断推进，澳大利亚迫切需要确立自己在全球市场中的优势位置，一系列针对经济体制改革的举措纷纷出台。联邦政府主张调整市场结构，提高传统产品的附加值，其经济职能超越了其他职能得到凸显。在这一过程中，高等教育成为实现政府经济目标的重要手段。

在高等教育领域内部，结构调整势在必行。1988 年以前，澳大利亚的高等教育机构由 19 所大学和 40 余所高级教育学院组成。大学与高级教育学院的区别是：大学可以提供本科和研究生水平的学历学位教育，并可以进行研究活动，而高级教育学院大多在技术学院或职业学院的基础上建立，只负责本科水平的教学工作。然而，随着高级教育学院的快速发展，以及前文中提到的两个部门之间的"漂移"，原本泾渭分明的两个部门之间的界限已经变得日益模糊。随着许多高级教育学院热衷于超越自己文凭领域的教学责任，而转向学位和研究生教育和科研活动，其对于联邦政府的拨款标准也产生了质疑。1988 年以前，澳大利亚联邦政府在进行高等教育拨款时，对于大学与高级教育学院区别对待。对于科研成果的侧重使联邦政府往往按照高等教育机构的名头来决定拨款的比例，大学获得绝大多数研究性资金，这使日益涉入研究领域的高级教育学院产生不满。高等教育系统内的分工与合作成为联邦政府迫切需要解决和协调的工作，高等教育系统合理化的呼声越来越强。

于是，1978年，联邦政府第三级教育委员会组建威廉姆委员会（The Williams Committee），对高等教育进行回顾。该委员会曾提出建议在原有的双轨体制内对高等教育系统进行合理化改革。此时，经济理性主义的思想已经开始影响到联邦政府的教育决策。1981年，弗雷泽（Fraser）的保守党政府出于降低高等教育成本的考虑，建议当时的30余所高级教育学院合并，否则其将无法获得更多的联邦政府拨款。在这项政策的要求之下，确有一些学院进行合并。虽然这一"铁腕"政策招致了许多学术团体的抨击，但确实起到了降低高等教育成本的作用。1985年，当时的联邦政府第三级教育委员会又组建另一个委员会，由胡森（H. Hudson）担任主席。该委员会的主要任务就是对高等教育的效率和效益进行回顾。该委员会于1986年9月提交报告，建议在原有的体制框架内进行高等教育改革。①1987年早期，联邦政府第三级教育委员会建议对澳大利亚高等教育双轨体制的发展和改革进行研究。然而，当时的工党政府认为体制内部温和的改革犹如隔靴搔痒，联邦政府已经开始酝酿更为激进的、即时的改革方案。

高等教育改革往往与政治党派的更迭密切相关。1983年，结束了8年反对党历史的工党终于取得了执政党的位置。1987年，工党继续执政，由霍克担任主席。上任之初，霍克就开始着手内阁部长调换和公共服务部门的改革。工党当时的宗旨是更大的机构可以实现更多的功能并且节省更多的成本，28个部门被缩减为18个部门。

在从前的教育部、职业与劳工部以及科学部的一些机构的基础上，联邦政府成立了职业、教育与培训部（Department of Employment，Education and Training，DEET），该机构直接由联邦政府管理。从前的经济部长、当时的海外贸易部部长道金森被任命为职业、教育与培训部这个超级大部的部长。这个部的设立以及对管理经济事务出身的部长的任命给高等教育部门改革提供了一个明确的经济导向。道金森上任就十分明确地表明，他的管理方法是一种微观经

济方法,意思是说他要寻找一条提高教育和培训方面的生产效率的路子。①这一举措正式拉开了 20 世纪后半叶澳大利亚高等教育史上规模最大、影响最深的高等教育改革运动的序幕。

二、政策导向与内容

(一)政策导向

1987 年 12 月,由道金森起草的绿皮书《高等教育:一份政府讨论书》出版,被认为是各大学有史以来所遇到的最大胆、最具威胁性的文件之一。该文件建议采用市场中的某些做法,对澳大利亚高等教育进行全方位、深层次、根本性的变革。它建议把技术学院和高级教育学院提升到大学水平,使之与大学合并,以达到经济上的规模效应和提升专业化水准。此外,该报告还批评了大学的管理工作效率低下,宣扬教育与产业建立更紧密的联系。同时,道金森建议在高等教育内部更多地使用市场手段。

该提议得到了联邦政府的肯定,于是,1988 年 7 月,联邦政府通过职业、教育与培训部发表了高等教育白皮书《高等教育:一份政策声明》,明确了高等教育改革的主要方向。一方面,高等教育要更具适应性。澳大利亚当时的产业结构调整正从单一的生产和出口初级产品过渡到更多的价值附加产业,这种经济环境的改变引发了高等教育政策环境的变化,高等教育改革的目标就是使高等教育对社会的需求及时做出回应,并更好地满足这些社会需求;②另一方面,高等教育还要具有工具性,要有助于澳大利亚经济水平的整体提高,进而巩固澳大利亚在国际市场上的竞争地位。因此,联邦政府改革的根本目标就是通过采用市场手段,提高高等教育的效率和质量,加强高等教育与工商业界的关系。

此外,联邦政府认为,在鼓励性和非鼓励性结构中,机构规模有着重要作用,因此,"越大越好"(the bigger the better)成为澳大利亚高等教育改革内在

---

① 西蒙·马金森,马克·康西丹. 澳大利亚企业型大学的权力结构、管理模式与再创造方式[M]. 周心红译. 杭州:浙江大学出版社,2007:25.

② Green M F. Transforming Higher Education: Views from Leaders around the World[M]. Phoenix: The Oryx Press,1997:199.

的价值倾向。①联邦政府认为，更少、更大的高等教育机构，可以拓宽学生选择的范围，可以在高等教育机构之间实现更大范围的学分转换，可以提供更好的学术服务与教学设施，可以为教师提供更好的职业发展机会，同时能获得更高的效率和效益。在这样的政策的指导下，20 世纪 80 年代末至 90 年代初，澳大利亚开始了一场大规模的政府引导下的高等教育体制改革运动。

（二）政策内容

总体来看，道金森改革的主体内容主要集中于以下几个方面。

第一，废除对大学和高等教育学院的职能和作用进行明确区分的所谓的双轨制，代之以新的、统一的国家高等教育体系（unified national higher education system，UNS）。政策规定，联邦政府在原有的 70 余所高等教育机构中，原则上只保留了 35 个。高等教育机构至少要有 2000 名全日制学生，如达不到这一最低限度，就必须与一所规模较大的高校合并，然后由后者出面与联邦政府洽谈高等教育经费问题。那些在最后期限前仍然不足 2000 名学生又不想与其他高等教育机构合并的高校，将无法进入澳大利亚统一的高等教育体系，无法继续得到联邦政府的拨款。只有拥有 5000 名学生的高等教育机构才可以得到联邦政府的科研资金，设置广泛的专业门类和从事某一领域的科研活动。超过 8000 名学生的高校，可以开设更为广泛的专业，从事范围更广的科研活动。②联邦政府还特别成立委员会，负责督促各州和领地各自所属的学校的合并事宜，并做出指导和提出建议，就合并之后的高校的拨款、机构管理等事宜与联邦教育部长进行协商。到 20 世纪 90 年代末，改革成效显著，高等院校数量锐减，学校的规模扩大，学生人数激增，大学几乎合并了所有的高等教育学院。从此澳大利亚高等教育体系由双轨制强制性地转变为单轨制。

联邦政府致力于通过大规模的高等教育机构合并，以达到降低单位教学成本、统一高等教育拨款模式、提升高校办学质量的目的。在澳大利亚高等教育合并运动中，基于政策的要求，鼓励办学地理位置相近的高校合并，但拥有类

---

① Meek V L. The transformation of Australian higher education from binary to unitary system[J]. Higher Education，21（4）：461-494.

② Dawkins J S. Higher Education：A Policy Discussion Paper[R]. Canberra：Australian Government Publishing Service，1987.

似专业并不是合并的必要条件。恰恰相反，专业设置差异越大的高校，越被鼓励进行合并。通过合并，大学扩充了图书馆、实验室、教学场所以及教师队伍，并对各种教学和科研资源进行重新管理和分配，使整个高等教育系统的效率和效益得到提升。同时，联邦政府提出在合并后的高等教育机构之间开展范围广泛的学分互换活动，大大增强了高等教育机构办学的灵活性，在某种程度上也使高等教育机构之间形成了竞争关系。

第二，高等教育实现大规模扩招，同时联邦政府改变了高等教育学费及相关制度。在 1988 年改革的前夕，澳大利亚拥有 24 所公立大学和 47 所高级教育学院，所有学生加起来有 400 万人。但一项统计数字显示，当时全澳大利亚有将近 2 万名符合要求的学生无法接受高等教育，其中有将近一半为应届中学毕业生。[①]因此，大学扩招迫在眉睫。作为道金森改革的一部分，联邦政府提出了大学扩招的具体数字标准，从 1987 年总入学人数 47.5 万～49.5 万人，到 2001 年使总入学人数达到 53 万～55 万人，其中拥有较高学位的毕业生预计从 1986 年的 8.8 万人达到 2001 年的 10 万人。[②]然而，要达到这一目标不用等到 2001 年，1991 年大学入学人数就已经增加至将近 56 万人。[③]

20 世纪 70 年代，自澳大利亚工党上台宣布取消高等教育学费并由联邦政府负担所有高等教育费用以来，高等教育一直被视为国家的公共部门，甚至被称为实现国家目的的手段（arm of state）。然而，不断上升的大学入学率与不断增加的高等教育大众化的压力，使政府再也无法全额担负高等教育的经济责任。当然，这只是外在因素，从管理的角度而言，联邦政府也希望可以尝试通过转嫁高等教育成本的方法寻找其他资源，为越来越昂贵的高等教育买单。其他来源就是学生的学费和企业的投入。1989 年，澳大利亚联邦政府制订高等教育贡献计划，以征收毕业税而非立即交纳学费的方式向学生收取一定的教育费用，学生按学科和学习负荷交纳相当于成本 20%的学费，用以巩固高等教育的扩充。该计划引入"使用者付费"（user-pays）原则，公开承认了高等教育产生的收益（good）的公共部分与私人部分之间的区别，允许学生在未来收入达到一定水平的时候，再来偿还当年接受高等教育所产生的费用。

① Meek V L. The transformation of Australian higher education from binary to unitary system[J]. Higher Education, 1991, 21（4）: 461-494.

② Department of Education, Employment, and Training（DEET）. Selected Higher Education Statistics[R]. Canberra: Australian Government Publishing Service, 1991.

③ Marginson S. Steering from a distance: Power relations in Australian higher educaiton[J]. Higher Education, 1997, 34: 63-80.

这种成本分担方式有三种：一次性交纳 HECS 规定所应承担的教育费用，给予 25%的折扣；先交纳 500 澳元或以上的教育费用，其余的延期支付，所交纳的部分给予 25%的折扣；全部所应承担的教育费用延期支付。选择延期支付的学生，可以在毕业就业后当工资水平达到一定标准时，通过银行偿还学费。1989 年政策实施时，每年的偿还比例是债务人工资收入的 2%。这种制度是实时付费制与延迟付费制的学生贷款的结合，体现了高度的灵活性。联邦政府通过结合折扣制度、修改后的实时付费制与延迟付费制的学生贷款，成功化解了政府的高等教育财政危机。这样，联邦政府一方面不必抑制人们接受高等教育的意愿，满足了民众普遍要求接受高等教育的需求；另一方面又可以促使高等教育受益者适度地分担高等教育成本。这种折扣策略本身源自企业界，是高等教育中引入市场手段的一个侧面反映。①

第三，联邦政府改革第三方高等教育拨款体制。作为改革的一部分，澳大利亚联邦政府与高校之间的中介机构——联邦政府第三级教育委员会被解散。这一协调政府与高校关系以及提供政策提议、分配资金并监督实施的"缓冲机构"被完全隶属于联邦政府的职业、教育与培训部所取代。其将管理权完全移交给后者。其将咨询与建议权移交给隶属于国家就业、教育与培训署的高等教育理事会。自此，联邦政府对于大学的财政拨款主要通过其下属的联邦职业、教育与培训部来执行，它设有专门的高等教育拨款部门，负责对大学的教学、科研和学生援助等各项目进行拨款。

变革的根本并不是机构和职权的更迭，更重要的是在拨款体制中引入竞争机制。联邦政府在白皮书中已经指出，今后联邦政府对于高等教育的财政拨款将从教学的目的出发，根据高校各自的教育状况和绩效水平而不是其机构名称（大学或是学院）来拨款，这在很大程度上促进了高校间对于联邦政府财政拨款的公平竞争氛围的形成。联邦政府增加了选择性拨款的比例，通过引入竞争机制，将大学的研究兴趣引向政府想要优先发展的领域。既然是引入了竞争机制，联邦政府自然就在某种程度上有了引导和影响的力量。联邦政府一方面增加了研究经费总额，另一方面在财政拨款时采用更多的选择性手段，在鼓励高校竞争的同时，引导高等教育机构关注政府认为的优先发展领域。在白皮书中，联邦政府已经指出了今后大学需要更多关注的领域，包括应用性科学、应用性技术、计算机科学、商业研究等对于澳大利亚的经济发展和恢复非常重要的学科

---

① 　吕炜等. 高等教育财政：国际经验与中国道路选择[M]. 大连：东北财经大学出版社，2004，149.

门类和研究领域。①

　　第四，联邦政府要求统一化后的高等教育系统开展治理体系的改革。联邦政府要求，所有合并后的高校都需要重构治理体系，在学校内部管理体制方面满足五个基本条件：完善治理实体（one governing body）、建立首席行政执行岗位（one chief executive officer）、明确学校办学与发展规划（one educational profile）、提供详尽的经费分配与使用报告（one funding allocation）、建立体系化的学位授予体系（a single set of academic awards）。②通过治理体系的建立与完善，多样化的高等教育机构（特别是原来隶属于高级学院系列的学校）建立了较为统一的、科学化的管理体制与办学模式。这种改革类似于新自由主义与新公共管理在其他公共部门所进行的改革，直接来源于企业管理中的某些做法，例如，关于设立首席执行官的要求。与英国或美国部分大学治理结构类似，澳大利亚大学的首席执行岗位更多由副校长（vice-chancellor）担任。在这种治理体制之下，相较以往，联邦政府给予了大学校长更多的权力。澳大利亚政府希望通过这项改革改变大学管理层的构成，强化大学的内部管理机能，使大学的管理向公司企业的管理体制看齐。借助企业的管理方式，联邦政府希望一方面提升大学的管理科学化水平，另一方面提高大学的管理效率，节约办学成本，提升办学效益。

　　作为改革的一部分，联邦政府还鼓励大学涉足更多的商业化运作，大学开始招收全额收费的海外留学生，同时开始创办企业和公司，而且在大学管理层面逐步引入更多的企业管理模式，实现绩效的最优化。在课程结构和内容上，其更注重适应社会的需求，增加了学生选择的空间，办学效率不断提高，大学自我约束和发展的能力不断得到提升。事实上，这些已经成为澳大利亚联邦政府评价大学实力的关键要素。

　　经过轰轰烈烈的高等教育体制改革，澳大利亚原有的 70 余所大学或学院被整合和重组为 39 所大学。联邦政府希望建成的是"一片平坦的运动场"，各高等教育机构可以在这个更为公平的平台上开展竞争并向前发展。实际上，高等教育市场绝非一片平坦的运动场，各学校也不是在相同的条件下竞争的。道金森改革实际上创造了外表统一但内部更为多样的高等教育系统。在改革之后，

①　Harman G.The Dawkins Reconstruction of Australian Higher Education[C]. Paper presented at the 1989 Annual Meeting of the American Education Research Association，San Francisco，1989，27-31.

②　Green M F. Transforming Higher Education：Views from Leaders around the World[M]. Phoenix：The Oryx Press，1997：201.

澳大利亚的大学被划分为五大类：第一类为"砂岩大学"，指那些在各州中最早创立的大学，如悉尼大学、昆士兰大学、阿德莱德大学和西澳大利亚大学等。这些大学都有一些砂岩建筑，并因其都有较高的科研水平和学校声誉而得名。第二类为"红墙大学"，指第二次世界大战后建立的大学，包括新南威尔士大学和莫纳什大学等。它们的政治经济规模、学术作用、收入等与砂岩大学几乎不相上下，只因办学时间相较"砂岩大学"短一些，且红墙建筑比较多而得名。第三类为"胶树大学"，指在由公共经费资助的学校的主要扩张时期建立的学校，时间段主要分布在 1960—1975 年，它们包括格利菲斯大学、詹姆斯·库克大学、迪肯大学和弗林德斯大学等。它们建立的时间比较晚，又因校内普遍种植的植物而得名。第四类为"科技大学"，指五个州古老的高等教育学院中规模最大的那些学校，在很大程度上倾向于职业和工业技术教育，包括昆士兰科技大学和悉尼科技大学。第五类为"新大学"，指 1986 年建立的一类较为多元化的学校，包括中央昆士兰大学（Central Queensland University）、南十字星大学和埃迪斯·科文大学等。[①]相对来讲，"砂岩大学"和"红墙大学"建立的时间较早，一直以来拥有很好的学术声誉，所以在这一时期，这些大学仅做了少量的合并，道金森改革以及改革过程中的部分市场化举措对于其的直接影响并不是很大。但是在改革中，通过合并所形成的新型大学受到的影响则最为直接且深刻。

三、道金森改革的影响

道金森改革实现了多重目的。第一，在高等教育大众化的进程中，充分满足了国民的高等教育需求，实现了高等教育入学率的稳步提升；第二，规制了现有不同层次与类型的高等教育机构，特别是通过大规模的机构合并，实现了高校学科结构的优化，提升了办学质量；第三，平衡了原本备受诟病的高等教育拨款体制，更符合工党政府一贯的对于社会公平问题的政治承诺；第四，通过在治理体系改革中引入市场机制与手段，进一步完善了高等教育资源的配置方式，通过学费制度改革，既实现了付费教育理念与行动的转变，又大大缓解了联邦政府的高等教育财政压力，同时通过一系治理手段提升了高等教育办学效率。其可见的影响包括以下几个方面。

---

① 西蒙·马金森，马克·康西丹. 澳大利亚企业型大学的权力结构、管理模式与再创造方式[M]. 周心红译. 杭州：浙江大学出版社，2007：161.

（一）达成了高等教育的"规模经济"

"越大越好"多次在道金森改革的文件中出现，是改革背后的理念之一，其理论支撑就是经济学领域中的"规模经济"理论。在生产技术、组织不变的情况下，一定的投入固然会有一定的产出，却未必是在充分运用所投入的资源并发挥效能的条件下生产，如果投入以一定的比例增加，产出也相应地增加，资源使用效率不变，这是规模收益恒常（constant returns to scale）。如果规模增大，引起生产技术、组织的改变，使生产效能提高，生产成本降低，这时如果投入以一定的比例增加，而产出增加的比例远比投入增加的比例大，就会出现规模收益递增（increasing returns to scale）的现象，这就是规模经济。也就是说，在生产规模扩大的过程中，产出增加的比例大于成本增加的比例，便是规模经济。从某种程度上讲，澳大利亚在1988年借用了经济学中的重要概念，制定了高等教育的发展战略。这种追求高等教育规模经济的努力，可以理解为联邦政府希望通过高等教育合并扩大高等教育机构及其活动（教学与科研）规模，从而在一定程度上降低高等教育的单位运营成本。引入经济领域中的重要概念和做法，对制定高等教育总体规模扩展形式、高等院校规模扩展形式，改善高等院校办学条件以及高等教育经费拨款政策等方面产生了重大影响。

（二）在高等教育领域内部引入竞争模式

联邦政府通过改革成功地在高等教育领域内部建立了竞争机制，改革之后竞争是无处不在的。从办学规模的角度来看，只有拥有2000名学生的高校才可以进入统一的高等教育系统，接受联邦政府的拨款。只有拥有5000名学生的高校才可以得到联邦政府的科研资金，设置更广泛的专业和从事某一领域的科研活动。只有超过8000名学生的高校才可以从事范围更广的科研活动。[①]这引发了各高校之间在争取生源过程中的激烈的竞争。此外，在1988年改革以前，澳大利亚对于大学的拨款主要有经常性拨款（recurrent grant）、基建拨款（building grant）和其他一些临时性拨款。这些拨款主要是由联邦政府按照高等教育机构

---

① Dawkins J S. Higher Education: A Policy Discussion Paper[R]. Canberra: Australian Government Publishing Service，1987.

的类型（大学或是学院的级别）拨到联邦政府第三级教育委员会，由后者向具体的高等教育机构进行拨付。1988 年改革之后，联邦政府第三级教育委员会的拨款职能被直接隶属于联邦政府的澳大利亚研究理事会（The Australian Research Council）接替，而澳大利亚研究理事会在联邦政府的授意下，开始在拨款体制中引入竞争机制。联邦政府不再增加经常性拨款，而是在经常性拨款之外设立研究性拨款，后者并非均等地分配给各高校，而是由高校通过竞争获得。每所高校必须提交教学、科研、竞争性拨款的申请和管理报告，由联邦职业、教育与培训部下属的理事会对高等教育机构在教学和科研（特别是后者）领域中的表现和成果进行评估，最后决定是否拨款。这样以往高校安逸地定期接受政府供养的历史彻底结束了，高校必须不断关注自己的入学率、教学质量、科研表现等方面，只有不断取得新的进步，才有可能得到更多的竞争性拨款，这种建立在绩效基础上的竞争性拨款体制促使高等教育机构更为关注自身的办学质量和科研表现。

（三）加强了大学与工业界的合作

整个 20 世纪 80 年代，澳大利亚联邦政府发布的一系列文件中都提到，当时澳大利亚的高科技工业与大学之间缺乏有效的联系，要将工业与大学研究之间的关系作为需要特别关注的议题。1989 年，联邦政府发表了一份关于科研成果商品化的报告，提出在 10 年内，每所高校都要从企业界获得相当于联邦政府科研经费 5%的科研资金。随后，一系列鼓励大学与工业界合作的组织机构和计划应运而生，例如，联邦政府建立的"合作研究中心"（The Cooperative Research Centre，CRC），以及澳大利亚研究理事会建立的"工业合作奖学金"（Industry-Linked Award）、"工业-大学战略合作基金"（Strategic Partnership with Industry Research and Training Grant，SPIRT）等。另外，政策拨款比例的下降造成大学的经费紧张，在控制成本的同时，大学也积极地寻找更多提高收入的机会，例如，向工业企业界提供市场咨询、培训服务等，而且这些活动都得到了政府的大力支持。在这样的背景下，大学与企事业单位的合作机会和数量都开始增多，程度和范围也更加广泛和深入。到 1992 年，澳大利亚大学从工业界吸收的研究经费已经达到 7740 万澳元，而当时包括政府在内的公共部门的投资（不包括竞争性研究拨款）只有 7000 万澳元。①自此，澳大利亚大学与工业界的联系越来越紧密了。

---

① Niklasson L. Quasi-markets in higher education—A comparative analysis[J]. Journal of Higher Education Policy and Management，1996，18（1）：7-12.

第三节

霍华德政府的高等教育改革及其影响（20世纪 90 年代末）

1987 年，澳大利亚拥有 19 所大学和其他 51 所高等教育机构。1994 年，澳大利亚大学的数量是 39 所。工党政府通过道金森改革实现了公立大学的市场化改革，高等教育机构在职能定位上趋向于统一，合并后的大学均能够从事科学研究，并提供国际水准的博士教育项目；能够向行业企业进行研究成果转化并提供高水平的培训与其他服务；能够通过公平竞争获取更多的公共资金与科研经费投入，提升了高等教育系统内部的竞争力，使政府的公共教育资助最大限度地实现了绩效管理的目的，促进了高等教育系统的现代化发展。在后面几届政府的施政过程中，这种改革的理念一直被坚持下来，没有因为政局的动荡而走向终结。

一、政策背景

1996 年，秉持着"宽容的保守主义"作风的由霍华德领导的保守的自由党-国家党联合政府在大选中胜出，结束了工党历时十几年的执政历史。此后，霍华德领导的自由党-国家党联盟在 1998 年、2001 年和 2004 年三次选举中都获得胜利，直至 2007 年 11 月 24 日的联邦大选被陆克文领导的工党击败。在澳大利亚政坛中，霍华德担任总理的时间超过 140 个月，是继孟席斯之后澳大利亚历史上执政时间最长的总理。在执政任期内，他不断适应澳大利亚国内发展的挑战以及不断变化的国际环境，调整澳大利亚国内的政治、经济社会发展政策与外交政策，通过实行外交的"二元化"方针，即一方面在经济上搭乘亚洲高速发展的快车（由其曾先后八次访华的经历可见一斑），另一方面在安全上强化美国与澳大利亚的同盟关系，巧妙地使澳大利亚在地理和历史方面走出困境，为澳大利亚营造了有利的发展局面，也提升了澳大利亚在国际上的地位。霍华德领导的联合党大体上延续了上一任基廷政府的宏观经济政策，同时进一步放宽了联邦的宏观管制，在国有企业中引入竞争机制，出售国有股份，推行了更为激烈的公共部门私有化改革。联邦政府认为，公共部门活动的结果比过程更为重要，并开始将公共服务视为在竞争的环境中运营的一种"生意"（business），竞争、消费者选择、绩效管理等也更多地成为公共部门的管理词汇。①

教育是公共部门改革的重头戏。霍华德明确表示，选择、质量与多样性对于提升澳大利亚的竞争力十分重要。联邦政府将在高等教育方面使大学具有更大的灵活性，以满足劳动力市场的需求，加大对财政投资的力度，促进大学提升质量，增强高等教育的多样性和专业化，并提高高等教育的入学率。②促进高校间的竞争，有助于联邦政府对于高等教育系统的宏观控制，但实现机构内部强有力的管理则是提升质量与增强多样性的关键。合并与升格再造了澳大利亚大学，竞争与绩效则改变了大学的身份、承担的使命与做事的方式。因此，霍华德在竞选时就表示将在改革过程中给予校长更多的自治权。后期，这一口号备受当时在野的工党主席拉德（K. Rudd）的诟病，嘲讽霍华德在两个任期内仍没有实现承诺。即使如此，在联邦政府看来，改革的成效还不够，结果仍然不够理想。一项在1993年对澳大利亚大学教师开展的调查显示，63%的受访者表示道金森改革以后大学教育并没有变得"更有效率、更具效能"，而有44%的受访者认为大学教师的专业自治程度提高了（另有17%的受访者表示大学教师的专业自治程度在下降，而有39%的受访者认为没有变化）。③

二、《威斯特报告》

（一）理念与内容

1997年1月，联合党第一任教育部长瓦恩斯通（A. Vanstone）开始探索更

---

①　Gwynneth S. The Ascent to Power, 1996: The Howard Government[M]. Sydney: University of New South Wales Press Ltd, 2000: 53.

②　胡乐乐. 澳大利亚总理霍华德公布国家教育发展目标与行动计划[J]. 基础教育参考，2007（8）：23.

③　McInnis C, Powles M, Anwyl J. Australian academics' perspectives on quality and accountability[J]. Tatiary Education and Management，1995: 1（2）：131-139.

深入的高等教育市场化改革方案。她任命某私立学校前校长威斯特（R. West）组成研究委员会对澳大利亚高等教育进行回顾性研究。随后该委员会起草了一份比较有影响力的政策文件《大众定制时代的澳大利亚高等教育》，这是一份针对联邦政府高等教育拨款政策的考察文件。该文件认为，高等教育要进一步实现市场化，高等教育的学费需要进一步提升，大学内部的管理应采用与更多企业型大学和由管理驱动的改革相类似的其他办法，其根本宗旨就是提升大学在全球市场中的竞争力。①这份文件对于澳大利亚联邦政府的高等教育改革方案的最终成型有着直接的影响。特别值得一提的是，威斯特委员会的这份报告是由其总部设在东京的投资银行全球联合有限公司撰写完成的，该公司从事跨国交易、信息技术和全球教育服务业。这份文件与之前的道金森改革的逻辑是一致的，强调更大程度上的高等教育高层化改革和高校内部改革。

随后提交的《威斯特报告》标志着澳大利亚高等教育的市场化改革进一步得到了强化。《威斯特报告》提出了渐进式的改革步骤设想。第一步，在政府与大学就预算问题进行协商的前提下，由政府继续向大学提供资助。同时，允许大学自主设定学费。此外，政府加大向私立高等教育机构补助的力度，加强对消费者进行保护的相关安排。第二步，政府对大学的投资将随着大学入学人数的变化进行调整，即能招来更多学生的学校将获得更多的联邦政府的补助，招不来学生的学校将会面临教育领域中的"达尔文主义"的威胁。第三步，在高等教育领域采用教育券制度，由补助高等教育机构变为直接补助消费者，由消费者选择到哪里消费和消费什么。第四步，引入"终身教育"的观念，将高等教育作为经常性商品提供给全体民众，以促进澳大利亚学习型社会的形成。

1999 年，在《威斯特报告》的基础上，当时的教育部长坎普（D. Kemp）发布了白皮书《知识与革新》，该文件主要针对大学的研究活动，提出按大学的绩效表现分配竞争性拨款与招生名额等改革措施。

我们从一系列文件、报告和白皮书中可以看出，联邦政府的高等教育改革在理念上更关注高等教育对于经济社会发展与全球竞争的作用，经济选择居于决策中心。高等教育入学机会受到拥有选择权的消费者的经济决策的影响较大，高等教育机构在招生时，也因为追求收益而表现得更为现实。②联邦政府认为，

---

① 西蒙·马金森，马克·康西丹. 澳大利亚企业型大学的权力结构、管理模式与再创造方式[M]. 周心红译. 杭州：浙江大学出版社，2007：37.

② 西蒙·马金森，马克·康西丹. 澳大利亚企业型大学的权力结构、管理模式与再创造方式[M]. 周心红译. 杭州：浙江大学出版社，2007：31.

学生（和他们的家庭）在决定市场和资金流向方面应当发挥更大的作用，因此也应当成为影响高等教育资源配置的重要因素。高等教育学生资助政策的价值取向也发生了变化，高等教育系统的拨款与资助不再是免费的公共服务，学生与家庭的自我投资导向被积极地调动，并嵌入高等教育政策中。

　　霍华德政府的高等教育改革是其经济与社会改革的一部分，主体是经济至上导向的，对于高等教育领域自身来讲是一种激进的改革，"这一策略中的许多内容正迎合了重构公共项目的政府一心想要减少开支的心理"[①]，其手段就是进一步加强大学和市场的联系，寄希望于利用市场这只"看不见的手"推进高等教育的市场化进程向着更为激进的方向发展。这些改革是对他们的前任，即1983—1996年的霍克和基廷工党政府已经表现出来的公共部门改革意图的进一步呼应，但是在程度上已经大大加强，做法也更为激进，体现了其将高等教育部门打造为经济市场的一部分所做的努力。

（二）手段与方式

　　为了让学生的高等教育选择得以实现，威斯特委员会提出一系列改革建议。首先，威斯特委员会把收费看成高等教育完全市场化的重要手段。这种变革采取的形式是：除了医学外，鼓励大学扩展完全收费课程，并且把收费制扩大到政府提供资源的公立学校中去。同时，威斯特委员会还表示，当政府对市场手段运用得更加充分之后，高等教育系统的所有收费或许都可以按照供与求的相互作用来决定。此外，《威斯特报告》建议政府认可私立大学，并批准为其发放优惠券或津贴，特定的学生可以将这些优惠券或津贴交给他们所选择的大学。同时，委员会提议应按照学生的家庭收入水平确定合适的贷款额度，以保证学生可以自由选择高等教育公共资源。

　　另外，联邦政府对于高等教育的拨款额度出现缓慢下降的趋势。在新政府推出的第一次政府工作预算中，针对高等教育的基础预算（substantial budget）被削减，1997—1999年，联邦政府的高等教育拨款下降了 12%～15%。[②]1995年，来自联邦政府的拨款数额是 43 亿澳元，到了 2001 年，减少到 41 亿元。1995—

---

① 西蒙·马金森，马克·康西丹. 澳大利亚企业型大学的权力结构、管理模式与再创造方式[M]. 周心红译. 杭州：浙江大学出版社，2007：31.

② Duckett S J. Turning right at the crossroads: The Nelson report's proposals to transform Australia's universities[J]. Higher Education，2004，47：211-240.

2002 年，来自联邦政府的生均教育成本下降了 8%。[1]当时的教育部长认为，因为公私开支的"理想平衡"变得不易获察，"大学毕业生的私人收益"实质上要比高等教育贡献计划指定的水平要高，应该对所开课程的实际开支和个人未来可能的收入加以考虑，对于后者以增长了的终身收益为依据[2]。因此，高等教育贡献计划的学生贷款总额上涨了 70%，意味着学费收入上涨了 70%，并按照学科分类被划分为三个档次。学科在分类中的不同位置决定了该学科的消费额度。[3]学费较高的医学、牙科、兽医专业以及通常为高收入行业的法律专业的学生，每年要交纳 5600 澳元的学费（1996 年是 2442 澳元）。除了护理、计算机、数学、建筑学、商业管理以外，工程学、自然科学、农学和健康科学中的其他专业的学生需付 4700 澳元的学费。剩下的学生，包括艺术、人文学科、社会科学、教育和护理等专业的学费是 3300 澳元。延期交纳学费的制度仍然得到了保留，但交纳学费的收入门槛被降低了，从 28 495 澳元调至 20 701 澳元，然而在还贷时毕业生还需要交纳 3%的税费。[3]

高等教育贡献计划的三级系统于 1997 年正式在第一批学生中推行。基于此，通过普及用户付费，高等教育贡献计划从一项学生资助制度成功地变身为常规的经济贷款制度。此外，联邦政府还引入了"边缘化受资助名额"计划。这一计划规定，联邦政府对大学招收的超出预定人数且在一定范围内的学生免除 25%的高等教育学费。大学同时被给予更多权力和招生名额，用以招收国内的全额自费学生，使各学科收费生的比例达到甚至超过了总数的 25%。大学之间开始在生源、资金、声誉等方面展开激烈的竞争。

三、政策的影响

（一）高等教育留学生市场的开拓

霍华德政府对于高等教育政策的调整，集中于公共高等教育经费的来源与使用的重新配置。联邦政府的拨款占大学经费来源的比例逐步下降，给大

---

① Pick D. The Re-framing of Australian higher education[J]. Higher Education，2006，60（3）：229-241.

② Duckett S J. Turning right at the crossroads: The Nelson Report's proposals to transform Australia's universities[J]. Higher Education，2004，47：211-240.

③ Australian Government Department of Education and Training. Higher Education in Australia: A review of reviews from Dawkins to today[R]. http://creativecommons.org/licenses/by/3.0/au/legalcode[2019-08-11].

学运营与管理造成了更大的经济压力。为了摆脱困境，大学更强调融入市场，更加关注行业企业的需求，对于学生及其家庭对高等教育的诉求更为敏感，更倾向于采用类似于企业界的绩效管理办法与思路，在尽可能地节约成本的同时，在更大程度上扩充经费来源渠道。同时，收费课程占全部课程的比例、自费生占全部学生的比例、学费收入占大学收入的比例均越来越高。大学开始关注能够带来更多收入的领域，高等教育国际市场与高等教育出口成为大学瞄准市场的重要方面，进而客观上也促使其成为澳大利亚的国家经济战略之一。

第二次世界大战后，澳大利亚出现生育高峰，人口的增长带动了教育规模的增长。在全球化时代，人口与教育的发展助推了世界范围内的高等教育留学风潮。全球高等教育的留学生数量从 1950 年的 10 万人增长到了 1980 年的 90 万人。①其中，大多数是第三世界发展中国家的学生到经济合作与发展组织成员国家或地区接受教育。20 世纪 70 年代以前，招收海外留学生被视为教育援助的一部分。当时的澳大利亚大学校长委员会曾特别下设专门委员会负责支持教育援助计划的实施。1968 年，全球 5429 名高等教育留学生中有将近 1/4 是接受澳大利亚政府资助的，其余的学生中的绝大部分是由本国政府资助的。美国和英国的国际教育市场是在 20 世纪 80 年代开始形成的。相对来讲，澳大利亚的高等教育营销有一定的优势，联邦政府通过外交手段以及经济全球化进程中的相对优势帮助大学拓展了国际市场。1985 年之后，教育援助型的国际学生资助政策被取消，高等教育留学生均是全额付费的学生，国际高等教育的性质已经从教育援助转变成为教育贸易。到了 20 世纪 90 年代，在霍华德政府的强力推动下，国际全额付费学生的数量增长较快，学费创收一度达到了大学收入的 5%以上。对于莫纳什大学、新南威尔士大学、墨尔本皇家技术学院和科廷大学（Curtin University），这一比例超过了 6%。甚至有学者开始批评澳大利亚高等教育机构，认为其"商业化气息过于浓厚"。同时，学校还经常会面临学生对基础性服务缺失的指责。②澳大利亚校长委员会改制转型成为教育服务公司，随着招收全自费海外留学生限制的不断放松，推出了"澳大利亚高等教育国际发展项目"（International Development Program of Australian Universities and Colleges，IDP）。20 世纪 90 年代以来，该项目开始在许多亚洲国家的首都设立办事处，提供澳大利亚教育（特别是高等教育）留学服务，并负责为留学生提供"一站式"（one-stop

① 西蒙·马金森. 教育市场论[M]. 金楠，等译. 杭州：浙江大学出版社，2008：166.

② 西蒙·马金森. 教育市场论[M]. 金楠，等译. 杭州：浙江大学出版社，2008：168.

shop）服务，留学生可以通过这些办事处获得信息、选择高校、登记入学，甚至可以办理去澳大利亚的签证。这一举措不仅使澳大利亚在教育方面与许多国家建立起良好的合作战略关系，更重要的是有效地促进了澳大利亚高等教育的出口。如今这种出口贸易正式拥有了更为商业化的名称——澳大利亚教育产业。

（二）高等教育出口获利增加

到了 21 世纪初，澳大利亚教育部的统计数字表明，不同类型的高校的高等教育出口规模和所获利润各有不同。以 2001 年为例，仅海外留学生交纳的学费一项，"砂岩大学"就得到收入 251 430 000 澳元，"红墙大学"（仅有三所学校）这一项的收入是 194 597 000 澳元，"胶树大学"这一项的收入是 189 756 000 澳元，"技术大学"这一项的收入是 288 040 000 澳元，"新大学"这一项的收入是 220 363 000 澳元，如表 3-1 所示。

表 3-1　2001 年澳大利亚海外留学生学费收入在独立收入中所占比例

高校类别	海外留学生学费收入（澳元）	在各类高校独立收入中所占比例（%）
砂岩大学	251 430 000	22
红墙大学	194 597 000	26
胶树大学	189 756 000	22
技术大学	288 040 000	49
新大学	220 363 000	40

资料来源：DETYA. Higher Education Statistics Finance 2001 [EB/OL]. http://www.detya.gov.au/highered/sta [2019-08-15].

表 3-1 中各类高校的"独立收入"（independent revenue）是指除政府拨款以外的其他收入。不同类型的高校在收入来源方面各有差异，综合性、研究型大学，如砂岩大学和红墙大学，往往可以凭借其较高的学术声誉、较好的社会影响扩大收入来源和渠道，例如，科研成果的转化、优秀校友捐赠等。然而，在许多方面处于不利地位的技术大学、新大学则将其主要精力用于大幅招收海外留学生，缓解因政府回撤导致的资金不足的危机。在单个的大学中，这一现象更为明显，属于"新大学"类的中央昆士兰大学的留学生学费收入占所有独立收入的 64%，隶属于"技术大学"类的科廷大学的留学生学费也占到总独立收

入的 52%。①客观上，到目前为止，在国际本科生和研究生教育市场份额的争夺中，澳大利亚已经成为相对成功的竞争者。此时，澳大利亚高等教育出口已经占到国家出口总额的 1/10，直接关系到澳大利亚大学的经济状况，这是一种典型的市场化操作。1992—2004 年，在澳大利亚接受高等教育的国外留学生从 3.5 万人增加到 15 万人。②20 世纪末，有统计数字表明，澳大利亚大学每年仅从亚洲市场的高等教育出口中获利就已经达到 20 亿澳元。③

①　DETYA. Higher Education Statistics Finance 2001[EB/OL]. http://www.detya.gov.au/highered/sta[2019-08-15].

②　Center for Higher Education Policy Studies of University Twente.Higher Education in Australia-1HEM Country Report[EB/OL]. http:www.utwente.nl/en/bms/cheps/research/research-profilel[2019-10-20].

③　Caruana A，Ramaseshan B，Ewing M T. Do universities that are more market orientated perform better？[J]. The International Journal of Public Sector Management，1998，11（1）：55.

第四章 21 世纪的澳大利亚高等教育政策

    21 世纪以来，澳大利亚高等教育在规模扩充、质量提升以及国际输出等方面的改革取得了令人瞩目的成绩，但同时也面临着较多问题。在全球知识经济迅速发展、以大学科研实力为代表的全球科技竞争日益白热化的时代中，高等教育改革应该何去何从，摆到了澳大利亚政府面前。面对国际政治、经济与外交领域中的新的变化，结合澳大利亚国内社会发展的各种机遇与挑战，澳大利亚联邦政府加速出台了一系列高等教育政策，以不同的视角和主题回顾和分析了澳大利亚高等教育的发展历程和当前的现实，分析了澳大利亚高等教育面临的挑战与问题，并指出了高等教育未来发展的基本方向。

第一节

尼尔森高等教育改革及其影响（2002－2008 年）

    2002 年，联合党继续连任，尼尔森（B. Nelson）被任命为新一任教育部长。他刚刚上任就开展了轰轰烈烈的高等教育大讨论，重新审视了澳大利亚高等教育过去发展过程中的经验与不足，梳理了当时高等教育的发展现状与迫切需要解决的根本问题。2002 年 4—8 月，联邦政府共发布了七份讨论书，在全国范围内讨论高等教育未来的发展方向问题。

一、政策环境

2002 年 4 月，尼尔森发布了《处于十字路口的高等教育：回顾报告》(Higher Education at the Crossroads：An Overview Paper)，正式以 21 世纪澳大利亚高等教育究竟何去何从为主题拉开了新一轮改革的序幕。该报告深入反思了澳大利亚高等教育系统的整体发展历程，并提出了高等教育在现代终身学习社会中的基本职能，即促进个体的能力发展；促进个体的终身学习与专业的发展；实现知识在个体发展中的传承、在生产实践中的应用以及对社会经济发展的终极贡献；促进个体将自身的发展与区域和民族国家的发展融合起来，实现社会的民主与文明。[①]

两个月后，尼尔森又发布了第二份研究报告《追求质量：学习、教学与学术》(Striving for Quality：Learning，Teaching and Scholarship)。该报告认为，澳大利亚高等教育已经从精英教育阶段进入大众化教育阶段，为了应对知识经济与信息技术的发展需求，适应教育国际化的客观需要，高等学校的教与学的质量迫切需要大幅度提升。大众化阶段意味着传统高等教育生产生活方式的变革，必将带来课程设计、学习方式、师生关系等多个层面的改变。[②]

2002 年 7 月，尼尔森发布了第三份研究报告《夯实基础：澳大利亚高等教育经费筹措》(Setting Firm Foundations：Financing Australian Higher Education)。该报告认为，20 世纪 80 年代末的道金森改革以来，澳大利亚高等教育拨款机制进行了深层次的变革，联邦政府通过与大学间的协商合同，按照大学绩效进行拨款。这项改革的初衷是希望建立一种灵活且差异化的资助方式，但在实践中这项改革并没有完全达到目标。该报告提出，如何改革和完善澳大利亚当前的高等教育投资模式，进一步拓宽经费来源渠道，将是 21 世纪澳大利亚高等教育

---

① Nelson B. Higher Education at the Crossroads：An Overview Paper[R]. Minister for Education，Science and Training，2002：2.

② Nelson B. Striving for Quality：Learning，Teaching and Scholarship[R]. Minister for Education，Science and Training，2002：5.

改革应该重点关注的问题。[①]

就在同一月份，第四份研究报告《高等教育中的多样性、专门化及区域管理模式》（Varieties of Excellence：Diversity，Specialisation and Regional Engagement）推出。该报告回顾了道金森改革以来高等教育系统多样化建设的现状，审慎反思了道金森改革后政府一方面鼓励大学多样化发展，但另一方面又在高等教育评估上设置统一的框架，从而造成了高等教育机构间的高度趋同的结果。该报告提出，应针对澳大利亚不同区域间的差异，鼓励高校实施特色化办学，从办学目标、招生计划与课程设置等多方面建设多样化的高校。[②]

2002年8月，一份关于澳大利亚土著人的高等教育问题的报告出台，即第五份研究报告《公正与合理的结果：澳大利亚土著高等教育》（Achieving Equitable and Appropriate Outcomes：Indigenous Australians in Higher Education）。该报告回应了联邦政府一直以来所面对的高等教育公平问题，以及对土著人接受高等教育的资助计划与实施状况，虽然从总体数字上看，土著学生接受高等教育的比例日益提升，但机会仍然有限，为此联邦政府将与地方政府合作制定更加有力的支持政策，提升土著人的高等教育参与率。[③]

同月，尼尔森发布了第六份研究报告《迎接挑战：大学的统一管理与动作》（Meeting the Challenges：The Governance and Management of Universities）。该报告分析了在高等教育投资、教育公平、大学绩效管理、高等教育办学效率与效益等方面联邦政府与地方政府以及学校各自的职责问题，建议高校建立内外部质量保障机制，形成高效的管理实体。[④]

2002年9月，第七份报告《学习的多样性：高等教育与职业继续教育的关系》（Varieties of Learning：The Interface between Higher Education and Vocational Education and Training）推出。该报告提出进一步加强高等教育系统与职业继续教育系统之间的有效对接。20世纪末以来，澳大利亚职业与继续教育学院中的学生进入大学继续学习的比例不断提升，但由于两个教育系统未能完全建立学分转换的机制，而且澳大利亚全国并未从政策角度对这种转换提供法律依据，因此不同类型的第三级教育机构之间的联系并不十分顺畅，而联邦政府下一步

---

① 安钰峰. 澳大利亚开始新一轮高等教育改革[J]. 世界教育信息，2002（11）：7-9.
② 崔爱林. 二战后澳大利亚高等教育政策研究[M]. 保定：河北大学出版社，2011：120.
③ Nelson B. Achieving Equitable and Appropriate Outcomes：Indigenous Australians in Higher Education[R]. Minister for Education，Science and Training，2002：x.
④ 崔爱林. 二战后澳大利亚高等教育政策研究[M]. 保定：河北大学出版社，2011：121.

将对此进行相应的改革。①

可见，尼尔森部长在进行新一轮高等教育政策调整之前对澳大利亚 21 世纪初的高等教育系统进行了全面、深入、细致的诊断，特别是对道金森改革之后澳大利亚高等教育的改革与发展，以及当时仍然存在的问题进行了梳理，并大体指明了联邦政府下一阶段改革的方向，统一了全社会对于高等教育的认知，为改革扫清了观念障碍。

二、《我们的大学：支撑澳大利亚的未来》

（一）政策内容

在掀起全社会大讨论的基础上，联邦政府最终在 2003 年 5 月推出了白皮书《我们的大学：支撑澳大利亚的未来》(Our Universities：Backing Australia's Future)。尼尔森认为，在国际化与市场化的强烈冲击之下，所有公立高等教育机构都面对着众多来自国际和国内的挑战和压力，澳大利亚的大学已经走到了十字路口②，不改革就没有出路。该文件也为澳大利亚高等教育的改革与发展定下了总基调。

《我们的大学：支撑澳大利亚的未来》梳理和总结了自 20 世纪以来澳大利亚联邦政府对于高等教育的投入与优先发展政策及其实施效果，并高度肯定了高等教育取得的成就。然而，当面临新的历史机遇与现实挑战时，当时澳大利亚的高等教育仍然暴露出太多的问题需要改革，报告对此逐一进行了分析。例如，大学在办学定位、课程设置等方面高度趋同的现象严重；大学与联邦政府及州政府之间的关系需要理顺，大学的办学自主权缺失；大学管理队伍与管理水平不理想；高校办学渠道单一，联邦政府的高等教育财政政策缺乏弹性；大学之间以及大学与产业界的合作不够充分；等等。

基于此，《我们的大学：支撑澳大利亚的未来》提出了高等教育改革的四项基本原则：①可持续性原则。该报告要求高校要按照可持续发展的要求，提升

---

① Nelson B. Varieties of Learning：The Interface between Higher Education and Vocational Education and Training[R]. Minister for Education，Science and Training，2002：7.

② Duckett S J. Turning right at the crossroads：The Nelson Report's proposals to transform Australia's universities[J]. Higher Education，2004，47：211-240.

内部管理能力，彻底解决当前大学中存在的课程设置的高度重复、理论课与实践课相互割裂、高新技术设备更新缓慢、办学设备使用效率低下、科研合作缺乏动力等问题。②质量保障原则。该报告认为澳大利亚高等教育系统应该继续坚持质量保障的原则，为了不断增强澳大利亚高等教育在全球留学市场中的竞争力，提升高等教育科研与教学的质量是至关重要的，高校应该建立内外部质量保障体系，切实提升教育质量。③公平性原则。高等教育公平问题是澳大利亚联邦政府一直关注的社会问题，联邦政府一直致力于使全体国民均有享受高等教育的平等机会，但由于历史、地理以及其他各方面的原因，澳大利亚的弱势群体特别是土著民众在接受高等教育方面仍然面临着难以逾越的制度障碍，其他弱势群体包括低收入者、女性群体、残疾人群体等也并没实现完全享有接受高等教育的权利的目标。联邦政府将通过调整政策，加大资助力度，通过一切可能的途径与形式，切实增加弱势群体的高等教育入学机会。[①]④多样化原则。该报告指出，澳大利亚区域间的差异较大，大学一直具有典型的多样化、多元化特征。同时，为了满足社会发展与个体家庭不同的高等教育需求，建立多样化的高等教育系统至关重要。虽然道金森改革以来联邦政府一直主张高等教育系统的多元化发展导向，但由于一些原因，澳大利亚高等院校仍然具有趋同的特点。联邦政府将进一步鼓励高校确立多样化的办学定位，并确立各自的培养目标，让大学办出特色，满足社会以及学生对于高等教育的多样化的需求。

（二）政策手段

在白皮书的前言部分，尼尔森提出，"澳大利亚高等教育的改革……基于两个无可争议的事实。第一，大学需要长期稳定地吸纳更多的资源，既有来自官方的渠道，也要有来自市场和社会的渠道。第二，钱只能解决一半的问题。如果仅有资金的投入，对管理、制度以及对机构及个人行为的不恰当激励却一成不变，将只会使大学领域所面临的严峻挑战更加复杂化"[②]。因此，尼尔森改革的重点与主要内容如下：一方面是加大对高等教育的投入，同时改变拨款的模式与机制，进一步推进高等教育的市场化运作；另一方面就是强化联邦政府对于高等教育系统的宏观管控，同时给予高校更多的办学自主权，提升其绩效管理能力和水平。

①　崔爱林. 二战后澳大利亚高等教育政策研究[M]. 保定：河北大学出版社，2011：123.

②　Nelson B. Our Universities：Backing Australia's Future[R]. Canberra：Commonwealth of Australia，2003.

1. 建立新的高等教育财政拨款体系

关于高等教育拨款问题，联邦政府从两方面进行改革：①加大联邦政府对高等院校的资助力度。在新公共管理主义和新自由主义思想的影响下，联邦政府提供的大学经费总额呈下降趋势，在大学经费来源中所占比例也日益下降。对此，高等教育各机构及专业团体如澳大利亚大学校长委员会等都提出了改进意见。尼尔森为了缓和矛盾，决定加大联邦政府的拨款力度。2002 年，澳大利亚联邦政府为高等教育拨款总计达到 64 亿澳元，占到高等教育全部经费收入的64%[①]，其他经费来源包括国际留学生学费、本国学生自费课程学费以及大学产业转化与创收费用等。但必须注意的是，增加的部分并不是在各高校之间平均分配。联邦政府与大学之间以教育部为中介形成了一种新的投资关系。以往的"一揽子拨款"（block grant）被取消，转而引入更多的竞争性拨款，通过对大学的教学或产业化运作的成果进行考核和评估，择优拨付。联邦政府致力于建立一个资源配置框架，"在这个框架内，全部联邦资金或是具有竞争性的，或是以业绩为基础的"[②]。白皮书也提到，教育部将对非全额自费生招生指标连续几年超出 2% 的学校进行处罚，对连续几年未完成招生指标的院校的空余指标进行重新分配。同时，为那些处于偏远地区、办学规模有限、办学成本偏高、吸引收费生能力受限、区域工业基础薄弱的高校提供专项的扶持经费，并与地区政府拨款一起并入联邦拨款计划。[③]②联邦政府鼓励大学拓展资金来源，通过招收更多的国内外自费生以及促进研究的商业转化等方式，实现大学的创收。白皮书中首次鼓励大学进行"成本核算"，即用更少的钱办更好的教育，再用更好的教育赚更多的钱。

2. 给予大学更多的办学自主权

白皮书的第一部分提到，目前澳大利亚大学存在的主要问题，即联邦政府忽视了市场需求、课程的成本和大学的收入，在招收数量、学生支付的费用以及全额自费生的数量等方面，大学被给予的自主权很少。[②]针对这一问题，联邦政府将给予大学更多的办学自主权。一方面，将大学招收国内全额自费本科生的最大限额提高到 50%（医科除外），而有关费用支付的限制被解除，鼓励大学

① Nelson B. Setting Firm Foundations: Financing Australian Higher Education[R]. Minister for Education，Science and Training，2002：ix.

② Nelson B. Our Universities：Backing Australia's Future[R]. Canberra：Commonwealth of Australia，2003.

③ 吕达，周满生. 当代外国教育改革著名文献（日本、澳大利亚卷）[M]. 北京：人民教育出版社，2004：461.

寻找更多机会扩展学费收入。由于联邦政府放开了费用限制，澳大利亚各大学的学费出现普遍上涨的趋势，不同专业的上涨幅度有所不同，平均上涨幅度达到 25%。[①]为了缓解因学费上涨和自费生比例过高造成的问题，更是为了在激进的高等教育市场化进程中最大限度地维护教育公平，联邦政府在白皮书中引入两项新的贷款资助计划——"全额自费-高等教育贷款计划"（FEE-HELP），资助公立的和有资格的私立高等院校的全额付费学生；"海外学习-高等教育贷款计划"（OS-HELP），资助希望在国外学习并取得学位的学生。而在此之前的高等教育贡献计划也将有所改进，偿还款的限制将从 2.4 万澳元（2002 年 3 月）上调到 3 万澳元（2005 年 6 月）。白皮中提到，实行这些改革后，学生支付的平均费用占教育成本的比例，在 2005 年预期将达到 26.8%，超过了高等教育成本的 1/4。[②]同时，联邦政府还设立了一系列额外奖学金计划，用以资助社会弱势群体以及土著家庭的学生接受高等教育。

3. 完善大学治理体系

澳大利亚大学校内最高治理机构是学校董事会，尼尔森的改革首先针对的就是学校董事会治理问题。白皮书直接对当前的大学治理结构提出了批评，认为当前大学董事会的平均规模为 21 人，规模较大且效率偏低，某些大学甚至达到了 35 人，还有一些大学的董事会根本没有来自企业界和社区的代表。[③]随后，白皮书明确"大学虽然不是企业，但每年都要管理数百万澳元的预算。正因为如此，它们需要以企业的模式来经营"[②]。2002 年，在企业部门相关实践模式建议的基础上，联邦政府为公立高校开发了一套国家管理议定书。议定书通过检查大学的运行活动，来监督和加强大学董事会的职责。

白皮书进一步强化了国家公立高等院校管理议定书（以下简称"议定书"）的权威性，并承诺一旦高校与联邦政府签订了议定书，并执行良好，作为奖励，联邦政府将给予高校更多的自治权和拨款，而未签订议定书的高校则无法享受这些优惠。

公立高等院校要求大学的董事会内部参照澳大利亚的《公司法案》中的某些条款进行管理，成员不能超过 18 人，其中至少要有 1 名拥有商业专长，而且其成员大部分要来自校外。改革之后，大学均按此种模式改革董事会结构，学

① Barnett D. HECS debt soars to new record level[N]. Sydney，2005-10-26（001）.

② Nelson B. Our Universities：Backing Australia's Future[R]. Canberra：Commonwealth of Australia，2003.

③ 吕达，周满生. 当代外国教育改革著名文献（日本、澳大利亚卷）[M]. 北京：人民教育出版社，2004：456.

者教授所占比例下降，企业界代表所占比例上升。

议定书还规定，高校的董事会负责学校的管理，包括负责审批重大的商业活动和学校商业风险管理。董事会有权要求下设的实体机构理事会提交商业发展战略的书面文件，文件要报告本年度组织的长远目标，以及提交年度工作计划。大学董事会负责在每个财政年度向联邦政府提交工作计划草案和上一个年度的执行报告。

同时，白皮书提到，联邦政府将通过财政专项拨付的方式，推动高校进行内部改革，鼓励大学创建高水平的研究基地与中心，增强科研实力；鼓励高校实行高水平的专业发展计划，提升教学与人才培养的质量；同时加强对毕业生就业技能的评价与教学过程的问卷调查等。总之，联邦政府希望通过改革完善当前大学的董事会结构，建立较为高效的治理体系，实现大学内部治理能力的提升，最终切实提升高等院校的办学质量。

三、《澳大利亚高等教育责任的合理化》

2003 年开始的尼尔森改革集中于对高等教育拨款体制与收费制度进行调整。然而，正如尼尔森所言：钱只能解决一半的问题。为了更加彻底地理顺澳大利亚高等教育管理体制，自 2005 年开始，尼尔森又主导了另一场联邦政府与各州政府、各级政府与高校间的高等教育管理权力配置上的改革。

（一）联邦政府与州政府之间的权力配置

根据澳大利亚宪法的规定，从来源上而言，联邦政府的权力归于各州（地区）政府的权力让渡。在高等教育管理领域，各州和地区拥有本州（地区）的高等教育的立法权和直接管理权力，而联邦政府则仅拥有制定政策进行宏观规约和对高等教育机构进行财政拨款资助的权力。尼尔森认为，联邦政府要实现的高等教育改革，不仅仅包括资助政策上的调整，如果没有管理体制的变化，单纯的经费增加也许会带来更多的问题。

因此，尼尔森提出，为了实现高等教育的长远发展，完成促进澳大利亚国家竞争力的提升与促进社会发展的根本使命，有必要对传统的联邦政府和各州（地区）政府间在高等教育管理领域中的权力关系进行重新规约，将各州（地区）政府的高等教育立法权收回到联邦政府，以保证澳大利亚全国范围内高等教育质量的内在一致性和标准化，从而进一步提升高等教育的总体实力。基于此，2004 年 12 月，澳大利亚教育部发布了报告《澳大利亚高等教育责任的合理化》(Responsibility for Higher Education in Australia)。在前言部分，该报告提出其目的在于在澳大利亚全社会开展关于高等教育责任在联邦政府与各州(地区)政府间合理化配置的大讨论。

《澳大利亚高等教育责任的合理化》回顾了联邦政府与各州（地区）政府参与高等教育管理的传统责任演变以及目前的职责分工现状。2004 年，澳大利亚共有 39 所公立高等教育机构，其中 37 所是大学。另有 3 所私立大学和若干没有得到联邦政府认证的高等教育机构。其中，新南威尔士州有 10 所，维多利亚州有 9 所，昆士兰州有 8 所，南澳大利亚州有 3 所，西澳大利亚州有 5 所，塔斯马尼亚州有 1 所，澳大利亚首都地区有 2 所，北领地有 1 所。2003 年，这些高等教育机构的在校生共计 93 万人。[1]该报告梳理了澳大利亚联邦政府参与高等教育管理的历史，亦明确提出，随着澳大利亚从殖民地发展到现在的独立国家，联邦政府对于高等教育管理承担更多的责任将是一种大势所趋。就当前澳大利亚高等教育管理的现实来看，无论是在对高等教育的职责使命、发展愿景还是财政拨款与监督问责等众多方面的认识与采取的举措上，各州（地区）间均存在诸多差异，州（地区）间对高等教育质量的认识也存在差异。

《澳大利亚高等教育责任的合理化》认为，在当前的高等教育全球化迅猛发展的形势下，澳大利亚高等教育应该形成一个拳头，建立一个国家体系，在世界上形成高质量的办学品牌。"要使澳大利亚能够吸引最优秀的研究人员、教师和学生，并使澳大利亚大学越来越具有国际知名度，就必须尽量减少联邦政府与各州（地区）政府间在高等教育治理领域中的权力交叠和评价质量标准的模棱两可等现象。"[2]当前的两级政府管理模式是在长期的办学历史过程中形成的，各州（地区）之间的高等教育立法是不一致的。"当前的（联邦-州）立法框架是针对 20 世纪中叶的高等教育发展模式而设立的，很多方面都已经过时。"[3]同时，澳大利亚高等教育机构（除 2 所首都地区高校外）都必须同时关注和回应

① Australian Government Department of Education，Science and Training. Responsibility for Higher Education in Australia[R]. DEST，2004.

② Rationalising Responsibility for Higher Education in Australia: Issues Paper[EB/OL]. http://math.haifa.ac.il/yair/The-Funneled-Web-archive-(2001-2013)RIP/PDF_Documents/HE-Resources-041220a.pdf[2019-05-11].

③ Australian Government Department of Education，Science and Training. Rationalising Responsibility for Higher Education in Australia[R]. DEST，2004.

联邦政府与州政府的相应要求，接受两级政府的监管，向两级政府提交相关报告。通过借鉴美国、英国、加拿大与新西兰的高等教育管理体制改革的经验，该报告认为，"鉴于我们是一个人口相对较少的国家，有必要重新讨论高等教育机构的管理权限的优化问题"①。

（二）管理权力上移的预测分析

《澳大利亚高等教育责任的合理化》同时较为理性地分析了将高等教育管理权限上移到联邦政府后可能带来的好处以及存在的风险。该报告预测，可能带来的好处包括：①对于大学来讲，管理权限的上移会大大减轻大学接受两级政府问责的成本。学校向政府提交的报告数量会大大减少，这样大学的办学效率将会得到有效提升。②提高办学的透明度。澳大利亚政府目前通过提供资金对大学负责，通过立法对各州负责。将问责制集中在一级政府领域，会有效提升大学及其利益相关者在高等教育办学与治理中的透明度。③促进国际资格认证。对于澳大利亚高等教育系统的整体利益来讲，管理权限上移，进而建立统一的高等教育治理体系，将在国际社会上得到更多的认可，促进高校与其他国家和地区间的学分互认，进而显著提升澳大利亚高等教育的国际竞争力，并有助于提升澳大利亚国家高等教育的良好声誉。④高等教育管理权力的调整是当前澳大利亚高等教育面临的重要战略机遇。高等教育管理权力向联邦政府一级上移，可以显著提升高等教育改革的效果，并能保证高等教育制度充分满足社会和消费者（学生）的需要。⑤有助于建立面向21世纪的新的高等教育管理责任框架，还将进一步促进澳大利亚现代大学的公司化运营，使每所拥有数百万美元资产的大学能够更为充分地开展商业活动和合作事宜。

该报告也审慎地分析了管理权力上移可能会造成的风险，并从制度设计与机制安排上对这些可能的风险进行了防范。例如，各州（地区）政府可能会缩减对当地大学的财政拨款或其他资源支持的规模，这会给个别高等教育机构的运营造成困难；统一的联邦政府框架还有可能会对高等教育系统的多样性产生潜在影响；同时权力的上移也会使联邦政府的财政压力加大，会使联邦政府对高等教育与职业教育培训两个部门的管理工作更加复杂。对此，该报告承诺，

---

① Australian Government Department of Education，Science and Training. Rationalising Responsibility for Higher Education in Australia：Issues Paper[EB/OL]. http://math.haifa.ac.il/yair/The-Funneled-Web-archive-(2001-2013) RIP/PDF_Documents/HE-Resources-041220a.pdf[2019-05-11].

联邦政府将通过与各州（地区）进行协商，在新的管理框架下采取保护措施，综合考虑地区的需要与大学的利益，降低这些风险，并促进高等教育的多样化发展。

（三）政府与高校之间的权力配置

《澳大利亚高等教育责任的合理化》一经推出便在澳大利亚高等教育领域引起了轩然大波，联邦政府不得不成立专项调查委员会，相关意见征集工作同步展开。高等教育机构的态度较为模糊，一方面校长对于两级政府应接不暇的各项报告颇为头疼，希望减少管理归口部门，也希望脱离州（地区）政府的管辖以减少税务，但另一方面也担心州（地区）财政经费的减少会使学校处于不利境地。基于此，调查委员会提出了若干替代性的建议，强制推行了国家统一的教学质量和学术科研的标准化评价，既达到了理顺联邦政府与州政府之间关系的目的，又实现了联邦政府对高等教育管理权限的扩大。2005 年 7 月，教育部长尼尔森推出了报告《研究质量框架：评估澳大利亚研究的质量与影响》（ Research Quality Framework：Assessing the Quality and Impact of Research in Australia ）。该报告直接提出一项令学界震惊的管理改革，即增加了教育部长介入澳大利亚研究委员会评审过程的权力，试图开启以行政权力涉足甚至引导学术权力决策的先河，其遭到澳大利亚校长委员会等诸多高校组织的强烈反对。从后期的效果来看，澳大利亚研究委员会的确因受到更多行政压力而使其学术决策的独立性与客观性受到了影响。[①]

值得一提的是，2005 年 11 月，教育部长尼尔森又推出了新一轮的高等教育改革纲要，建议根据大学自身的办学定位、资源优势与科研实力，将其分为教学型大学和研究型大学两类。教学型大学致力于本科教育，而研究型大学则主要从事研究生的培养与科学研究工作。两类大学实行完全不同的管理模式，教学型大学由联邦政府负责提供绝大部分办学资金，而研究型大学则采取市场化的手段，主要依靠学费运营，同时放开研究型大学的收费标准限制，更为灵活地赋予其办学自主权与招生名额。

四、政策影响

《我们的大学：支撑澳大利亚的未来》中明确提到，澳大利亚的高等教育领

---

① 杜海燕. 澳大利亚大学发展史研究[D]. 保定：河北大学，2011：149.

域迫切需要探索更多的、更好的市场化实践手段。但实际上，这些改革举措已经远远超越了技术手段的层面。总体来看，尼尔森改革基本上承袭了20世纪80年代末道金森新自由主义和新公共管理理念下高等教育改革的基本思路，是对以霍华德为首的自由党的高等教育改革方针的具体落实。其改革重视对高等教育的研究和创新对国家经济社会持续发展的重要作用，关注高等教育的公平等社会问题，强调大学绩效管理，引导高等教育质量的提升。

（一）高等教育市场化改革的深化

为了应对新时期的挑战，澳大利亚联邦政府在两个方面强化了高等教育系统改革。一方面，通过对拨款体制进行改革，以加强竞争性拨款和其他专项经费的形式，强化了联邦政府对于高等教育系统的引导。通过对于资助谁、资助多少等政策杠杆的作用，继续维持高等教育市场化体制中联邦政府强有力的控制力度。据统计，2004—2007年，联邦政府增加了近15亿澳元的高等教育拨款，并鼓励私人、工商企业对高等教育进行投资，还进一步放宽了大学对学生收费的政策范围。①另一方面，理顺了政府与大学间的关系，给大学下放更大的办学自主权，通过引导高校建立规范化的董事会治理结构，推行高等教育的公司化运作，建立大学内部的质量、公平、公共问责、成本效益、价值增值等企业化管理模式，强化对大学的绩效管理与大学内部的有效治理；通过政策引导，鼓励高校采用扩大自费课程与学生份额、提高留学生比例、注重研究的产业转化等多样化的形式，拓展办学经费来源渠道。大学在招生、课程设置、收费等方面拥有更多的办学自主权，政府享有高度的宏观调控权力，作为个体消费者的学生拥有了更多的高等教育选择，整体上而言，高等教育系统的运行更为高效。

（二）高等教育事业属性的变化

2003年12月，在白皮书的基础上，澳大利亚联邦政府通过了《高等教育支持法案》（Higher Education Support Act，HESA），并决定从2005年开始全面取代1988年发布的《高等教育拨款法案》，从而在立法上完成了高等教育资助制度的整体改革。从政策变迁的角度来看，尼尔森高等教育改革之后，标志着澳

---

① 杜海燕. 澳大利亚大学发展史研究[D]. 保定：河北大学，2011：152.

大利亚高等教育实现了产业化的转变。20世纪80年代末以前的惠特拉姆工党政府时期，在推进社会公平、提升生活质量、扩大民众福祉、维持经济繁荣、增进民族认同的国家政治目标之下，高等教育服务于现代国家的建立、澳大利亚文化的凝聚、现代公民的培养，其对澳大利亚的社会政治、经济、文化发展具有重要作用。高等教育的发展目标与国家发展目标一致，致力于实现工党政府的社会发展目标，是不折不扣的公共事业。因此，在20世纪70年代，联邦政府就取消了大学的学费，所需经费皆由联邦政府全额拨付，大学是完全意义上的公共机构。随着20世纪80—90年代以来经济全球化、一体化与国际竞争的不断增强，澳大利亚在推进传统高等教育系统现代化的进程中，更为关注自身在全球市场中的竞争优势，高等教育改革目标从与国家政治目标趋同转向与国家经济目标一致。①在新自由主义与新公共管理改革的框架下，大学逐渐从完全意义上的公共机构体系中剥离，被鼓励采用更为产业化的管理手段，通过收费获得额外资源，通过科研赢利提高效益，通过绩效管理强化效率，按照企业的方式创办或申请破产。高等教育甚至已经成为一项引领经济发展、实现国家创收的产业。根据经济合作与发展组织于2007年公布的数据，在其成员国中，2005年，澳大利亚大学毕业生占总人口的59%，居世界第一；高等教育入学率为82%，居世界第一；在国际教育市场中所占的份额位于第五位，仅次于美国、英国、德国和法国。②2008年，澳大利亚官方统计显示，高等教育已经成为澳大利亚第三大出口产业，仅次于煤矿和铁矿。③

（三）高等教育管理的联邦集权

与高等教育市场化向纵深方向发展同步的还有联邦政府对于高等教育管理的更大程度上的涉入。应该说，尼尔森的改革是激进的，政策条款较为强势。联邦政府试图全面承担高等教育的财政经费与管理责任，并致力于在更大程度上参与高等教育治理。通过这样的变化，我们可以认为，高等教育已经成为21世纪澳大利亚经济、社会、文化与人才发展的关键和决定因素，高等教育的重

---

①　倪小敏. 政策视阈下高等教育使命的当代转型——澳大利亚《处在十字路口的高等教育》解读[J]. 江苏高教，2010（1）：144-147.

②　OECD. Education at a Glance[EB/OL]. http://www.oecd-ilibrary.org/education/education-at-a-glance-2005_eag-2005-en[2019-05-14].

③　赵明. 澳大利亚高等教育质量监督与保障举措及其启示[J]. 教育探索，2014（10）：147-149.

要性显著增强。

第二次世界大战之后，澳大利亚联邦政府就开始重视高等教育的社会功能，并通过增加联邦政府的拨款、出台政策、调整与加强集中管理等多种手段，试图建立统一的高等教育国家系统，提升高等教育的整体质量，进而使澳大利亚在全球竞争中占据优势地位。然而，这样的政策意图也一度引发了以高校学者为主的众多人的争议。澳大利亚的高等教育收费愈演愈烈、学费上涨已经成为大势所趋，高等教育在理念上面临促进市场化与维护社会公平的矛盾；高等教育系统的统一化改革、高等教育管理权限的不断上移客观上制约了澳大利亚高等教育系统的多样化发展；联邦政府对于高等教育的强化管理与经费引导，同样引发人们对澳大利亚高等教育学术自由精神的担忧。但总体上而言，尼尔森的改革基本上达到了最初的政策初衷。

第二节
吉拉德高等教育改革（2009—2013年）

2007年12月，工党领袖陆克文在大选中获胜，出任澳大利亚总理一职，结束了前总理霍华德11年的超长任期。陆克文认为撒切尔主义和以哈耶克为首的新自由主义导致在经济思想上产生了市场原教旨主义，并且认为联邦政府正是基于这种思想对经济管制的彻底放松导致了金融危机的出现。因此，陆克文提倡第三条道路，认为政府应该对竞争市场进行恰当的监管和干预。2008年，全球金融危机爆发后，陆克文呼吁美国一起建立"支持一个能正当平衡私人利益和公共责任的全球金融系统"[①]。相关对策颇为有效，使得澳大利亚在金融危机中没有出现重大的经济衰退，收获了颇多赞誉。

陆克文担任总理之后立即任命了吉拉德（J. Gillard）担任澳大利亚历史上首位女副总理，并兼任教育部长等重要职务。随后，2010年6月，吉拉德顺利当

---

① 陆克文，周朔. 全球金融危机的根源与变革[J]. 中国金融，2009（6）：30-34.

选为澳大利亚历史上首任女总理及工党的党首。2013 年 6 月，澳大利亚执政党工党举行党首改选投票，前总理陆克文又击败时任总理吉拉德，重新成为工党新领袖，并第二次任澳大利亚总理。

一、政策环境

（一）对于高等教育质量的担忧

自 20 世纪 80 年代开始，澳大利亚是西方国家中对高等教育进行市场化改革较为彻底的国家之一。经历了 20 世纪 60 年代与 80 年代高等教育在校生规模与招生数量的大发展后，高等教育参与率显著提升，也是国际上最早一批实现高等教育大众化的国家之一。永远与高等教育规模的扩充相伴随的是对于高等教育办学质量的担忧。虽然联邦政府建立了一系列质量保障手段与评估体系来监测和确保高等教育新系统的质量，但澳大利亚国内仍有很多学者甚至大学校长依然认为高等教育的质量在下降，同时对于联邦政府的高等教育质量保障制度与工作机制也提出了颇多质疑，认为高等教育质量评估机制需要重新构建。

（二）对于高等教育总体参与率的不满

通过横向与其他发达国家相比较，澳大利亚高等教育的参与率与总体绩效水平与其他发达国家相比仍然存在一些差距。经济合作与发展组织提供的数据显示，2008 年，澳大利亚 25～34 岁年龄段的人口拥有学士学位的比例是 31.9%（表 4-1），这一指标在 30 个国家中已经从 10 年前的排名第 7 位滑落到第 9 位，而其他发达国家的这一比例已经超过了 50%。澳大利亚国内学者认为，如果再不提升高等教育的参与率，以能够预见到的快速发展的全球经济的需求来讲，从 2010 年起，澳大利亚的本科人才供应将跟不上需求。同时，高校一直在呼吁联邦政府加大对科学研究和基础设施建设的资金支持力度，甚至很多大学校长认为，联邦政府提供的支持远远低于大学运行的实际成本。大学办学资金捉襟见肘，必然会影响到高等教育人才培养的质量和高校的总体办学水平。因此，很多学者和校长均认为，澳大利亚在高等教育投资与整体表现方面落后于其他发达国家。联邦政府迫切需要进行与财政拨款相关的体制改革，并对大学追加更多的投资,"必须立即采取行动,否则澳大利亚将处于极大的竞争劣势"①。

表 4-1　2008 年澳大利亚高等教育部分数据

项目		数值
高等教育机构数量（所）	公立大学	37
	私立与海外大学	2
	非大学高等教育机构	150
高等教育公平与发展指标（%）	低收入家庭国内学生占比	11.7
	国内土著学生占比	0.9
	高等教育参与率（15～64 岁）	5.4
	取得学士学位率（15～64 岁）	21.9
	取得学士学位率（25～34 岁）	31.9
	高等教育经费支出占 GDP 比例	0.9
学生数量（人）	国内本科生	567 466
	国内研究生	185 992
	非学位生	18 474
	国际学生	294 163
	联邦政府资助学生名额	439 666
经费支出数额（百万美元）	教与学支出（直接经费）	4 697.32
	学生贷款（HECS/HELP）	2 816.83
	教学经费总额	8 090.94
	研究经费	1 997.55

资料来源：转引自：Australian Government Department of Education and Training. Higher Education in Australia: A Review of Reviews from Dawkins to Today [EB/OL]. http://hdl.voced.edu.au/10707/384852 [2019-04-11]

（三）良莠不齐的留学教育所引发的问题

在高等教育国际化与产业化运营过程中，澳大利亚用了大概 20 年的时间，在道金森改革后形成的高等教育新系统的基础上，建立了第三大出口产业——教育服务业。到了 2008 年，澳大利亚将近 1/4 的学生是国际留学生，学费收入以及生活开销为澳大利亚的经济社会发展做出了巨大贡献。2009 年，据路透社报道，赴澳大利亚求学的海外留学生每年为澳大利亚政府带来约 130 亿澳元的

① Commonwealth of Australia. Review of Australian Higher Education Final Report [EB/OL]. http://apo. org.au/node/15776 [2019-02-11].

收入，仅次于石油和煤炭出口创收。然而，高等教育的过度产业化造成了一系列管理混乱。据媒体报道，因经营不善，仅在 2009 年就发生了大量高等教育机构破产的事件，直接影响到数千名留学生的学业进展。甚至有 1 天竟有 4 所院校同时宣布破产。[①]有报道称，澳大利亚一些高等教育机构通过帮助留学生办理学位证书和移民签证，从中收取报酬。对此，澳大利亚教育联盟主席加夫里拉托斯（A. Gavrielatos）说："高等教育机构破产案例正在增加，而学生为此付出代价"，"现有审查机构没能确保它们（高等教育机构）财政可靠，为国内外学生提供高质量的教育"[①]。这些机构的性质与发展模式大多较为相似，即在膨胀的留学教育产业扩张中，因大规模举债办学，突然遭遇资金链断裂进而宣告破产，但对于澳大利亚联邦政府来讲，加强对高等教育质量的监管与评估，已经成为必要的改革内容。同时，留学生的来源国比较单一，能接收留学生的学科专业也比较有限，这对澳大利亚高等教育留学产业的后续发展提出了重大挑战。

总之，从澳大利亚国内的各种声音来看，人们均认为澳大利亚高等教育的优势正在逐渐衰微，各届迫切希望联邦政府在促进高等教育参与、提升办学质量、促进办学绩效、加强教育公平、促进学习型社会创建等方面发挥重要作用。

二、《澳大利亚高等教育评估》及其影响

基于这些问题，吉拉德在担任澳大利亚教育部长期间委托已经退休的荣誉教授布莱德利（T. Bradley）组建专门委员会并担任主席，对澳大利亚高等教育的整体现状与未来发展方向，以及高等教育对澳大利亚经济社会发展的需要的满足状况与后续改革的必要性等方面的问题展开详细的调查和分析。2008 年 12 月，委员会发布了调查报告《澳大利亚高等教育评估》，对澳大利亚后续高等教育政策的出台影响颇深。

（一）政策内容

《澳大利亚高等教育评估》对澳大利亚高等教育系统在新一轮的全球化竞争

---

① 中国青年网. 澳大利亚 4 所大学倒闭　近千中国留学生遭殃[EB/OL]. http://news.youth.cn/sh/200911/t20091107_1071214.htm[2018-09-12].

中的地位与作用进行了分析，认为澳大利亚高等教育正处于一个迫切需要进行改革的历史时刻。"高等教育将继续是我们法律、经济、社会和文化机构的基石，是澳大利亚研究和创新体系的核心……然而，澳大利亚高等教育面临着重大的、新出现的诸多威胁，迫切需要果断改革。我们需要建立一个卓越的、具有国际竞争力的高等教育体系。"[1]该报告提出了到 2020 年澳大利亚高等教育的发展愿景，并直接表明将为吉拉德部长在 2010 年开展的对澳大利亚高等教育系统的改革而服务。

《澳大利亚高等教育评估》提出两条明确的高等教育改革路径。

第一，在提高高等教育学位获得率和促进来自弱势群体学生的高等教育参与方面，设立国家层面的具体目标。同时，针对高等学校设定具体目标，并对其绩效水平开展相应的监督。首先，报告建议到 2020 年，25～34 岁的人口中有 40%将至少获得学士学位，这对澳大利亚来说将是一个相当大的考验。因为当前这一数字是 29%，与 40%相比差距还是比较大的。如果实现了这个目标，那么澳大利亚 20～64 岁本国民众中没有接受高等教育的人口比例就可以实现减半。其次，提高弱势群体的高等教育参与率。该报告还提出另一个目标，即到 2020 年，来自包括土著学生、低收入家庭子弟、偏远地区学生等在内的弱势群体的本科学生将占到国内全部本科学生的 20%。[1]同时，高校应被给予更多的办学自主权，使其能够灵活地开设课程，并确定自己的招生数量。

第二，对照经济合作与发展组织其他成员国的相应标准，制定澳大利亚高等教育质量标准，并对高等教育质量及其绩效水平进行跟踪与监测。该报告认为，澳大利亚联邦政府将承担高等教育的主要经费，并负总体监管责任。联邦政府应制定新时期教育服务业的发展战略，推出全国统一的质量保障体系，建立独立的国家高等教育监管机构，重构高校问责体制，调整政府的管理和支持方式，促使每个高等教育机构都能发挥自身的优势。为了建立一个高质量的、需求导向的高等教育系统，联邦政府需要建立更为严格的质量认证与标准评估相关工作，形成基于外部验证标准和严格的绩效衡量指标的质量保证框架，每年对公立与私立高等教育（包括留学生教育）的总体质量进行监管。

同时，委员会建议联邦政府在每年拨给高校的教学补助金中抽出 2.5%，用于在质量保障体系建设过程中根据高校的绩效水平进行二次拨付。此外，委员

---

① Commonwealth of Australia. Review of Australian Higher Education Final Report[EB/OL]. http://apo.org. au/node/15776[2019-02-11].

会还建议为了更好地适应高等教育大众化发展的客观需要，应淡化高等教育系统和职业技术与培训系统之间的差异，特别是"为了大幅度提升高等教育参与率，提高澳大利亚在国际上的综合竞争力，就需要对这两个系统进行整合，确立更为全面的发展规划"①，暗示将借助职业教育与培训系统的发展实现高等教育参与目标的达成。为了实现这一目标，委员会仍然延续了尼尔森改革的基本思路，即认为高等教育系统与职业技术培训系统的全部资金和监管责任都应该集中于联邦政府，而不是借助联邦、州（地区）两级政府实现，以提升监管的效率，并使高等教育系统的发展更加符合社会经济发展的需要。

总体来看，《澳大利亚高等教育评估》共提出了 46 项政策建议，全面定位于高等教育体系的调整，建议政府在高等教育领域持续增加公共投资，同时建立国家统一的高等教育质量保障体系，对高等学校进行绩效管理，以维持和促进澳大利亚高等教育部门在与世界其他竞争对手的较量中占据优势。

（二）政策影响

陆克文政府在 2009 年 5 月发布了针对《澳大利亚高等教育评估》的回应，提出推进澳大利亚高等教育体系改革的想法。联邦政府接受了报告中提出的大部分建议，如大幅提高高等教育的入学率，联邦政府基本上采用了《澳大利亚高等教育评估》中的发展指标，提出到 2020 年使 40%25～34 岁的人口至少拥有学士学位。同时，提高弱势群体的高等教育参与程度，使该类学生数占全部本科阶段的学生数的比例达到 20%。联邦政府也基于该报告制定了政府与高校间的绩效管理契约，并建立国家统一的监管问责体系，通过政府和高校间在绩效目标与绩效管理等方面开展充分的协商，引导高校充分达到增加接受高等教育的机会、提升办学质量、改善学生体验等目的。同时，联邦政府大幅增加了大学的研究基础设施资金投入等。

其部分建议在随后的相关体制改革与政策出台中得到了体现。例如，2011年，联邦政府开始对高等教育机构的办学基础经费的使用情况进行回顾与审计。同年，建立了在国家层面制定高等教育质量标准和实施质量保障的机构——高等教育质量与标准署（ Tertiary Education Quality and Standards Agency，TEQSA ），具体承担促进澳大利亚全国的公立与私立高等教育机构的资格认证、绩效评估、

---

① Commonwealth of Australia. Review of Australian Higher Education Final Report[EB/OL]. http://apo.org. au/node/15776[2019-02-11].

质量改进等职责。2012 年，联邦政府推出了新的高等教育绩效拨款指标体系框架（Higher Education Grant Indexation，HEGI），引导高等教育机构实现经与联邦政府协商确立的办学绩效目标，进而提升办学质量。联邦政府在拨款的模式上也做出了调整，开始为公立高等教育机构的本科课程提供需求导向的投资。联邦政府同时全面放开了公立大学招收国内全额自费学生的名额，从此在自费课程与自费学生招生名额计划上赋予了高校完全的自主权。其改革的效果是较为明显的，例如，引入需求导向型资金后，联邦政府资助的全日制学生人数从 2008 年的约 44 万人增加到 2014 年的约 60 万人。同一时期，联邦政府的高等教育拨款计划年度开支由 40.6 亿澳元增至 63.5 亿澳元。[①]

三、《高等教育基础经费评估》及其影响

2011 年，为了确立高等教育公共投资的基本原则，联邦政府任命史密斯（J. Smith）博士组建委员会并担任主席，开展专项调查研究。该委员会于 2010 年开始进行相关研究，最终于 2011 年 12 月公开发布调查报告——《高等教育基础经费评估》。

《高等教育基础经费评估》在广泛听取社会各界的意见之后，提出澳大利亚联邦政府应从五个原则出发，确立高等教育公共投资的数量与结构。

第一，提升澳大利亚高等教育全球竞争力所需的资金总量，应是联邦政府确定高等教育投资数量的根本依据。因此，高等教育的办学基础资金（联邦拨款与学生学费收入）应足以支撑高等教育机构的教学支出、奖学金费用和维持基础研究的直接和间接成本。只有满足这些条件，高等教育系统的质量才能得到稳步提升，才能最大限度地提高高等教育机构对国家生产力和经济增长的贡献。基于此，该报告建议大幅提高联邦政府对生均基础经费的拨付水平。

第二，公共基础经费应能够覆盖不同类型的课程的正常建设成本以及不同类型的学科课程的差异化成本。该报告对教育成本进行了测算，认为从平均水平来看，大学在基础科研上所花的经费大致占到联邦政府全额资助的学生定额费的 6%。该委员会认为，基础经费总体上是可以满足大学的教学和奖学金的费用需要的。但经过广泛调查，该报告认为，几个学科领域仍然存在资金不足的问题，如财会、管理、经济、商业、医学、兽医、农业、牙科医学等。该报告

---

① Australian Government Department of Education and Training. Higher Education in Australia: A Review of Reviews from Dawkins to Today [EB/OL]. http://hdl.voced.edu.au/10707/384852 [2019-04-11].

建议应大幅增加对如上一些学科的基础经费支持。同时，该报告还建议联邦政府应根据教育成本核算适度调整公共经费拨款结构，如对研究生课程的投资应与本科生课程保持一致，同时非大学高等教育机构因不必从事科学研究，其基础经费比例应该至少下调10%。

第三，根据学生高等教育贷款总额占全部支出经费的比例，确定公共经费的总额与结构。该委员会调查了澳大利亚当前各项学费收入与学业贷款模式，认为"全额自费-高等教育贷款计划"、"海外学习-高等教育贷款计划"、高等教育贡献计划等模式在实践中非常有效，建议继续实施。同时，其建议将学生学费与政府公共经费拨款之间的比例关系固定下来，学生学费收入应占到40%，政府公共经费拨款应占到60%。

第四，随着高等教育系统规模的不断扩大，进行公共经费拨款时应该激励高等教育机构吸收弱势群体学生入学。该委员会考察了进一步增加学费收入的各种制度，如收取学生税和提高现有税率等办法，并最终建议联邦政府取消高等教育参与和伙伴关系计划（Higher Education Participation and Partnerships Program，HEPPP）中对不同类型学生招收比例的限制，鼓励高校更多地招收自费生，并遵循需求导向，为弱势群体学生提供更多的经费支持。同时，该报告还建议，为了保证高等教育公平，联邦政府应该对学费的上限进行管控，以降低过度市场化的风险。

第五，联邦政府财政经费拨款的总额与结构应有助于激发高等教育机构的内在改革动机，鼓励高校持续对高质量的教学和学术研究进行投资，并进行绩效管理。该报告认为，高等教育办学的成本逐渐增加，其中教师、专业发展培训以及基础设施建设的成本都在不断增加，所以澳大利亚的大学正面临着很多方面的办学经费压力。通过调查研究，该委员会建议联邦政府每年增加2%的基础经费拨款，以支持高等教育机构的基础设施与教学资源建设，并最大限度地提高教学质量。

总体来讲，《高等教育基础经费评估》的影响并不像《澳大利亚高等教育评估》那么大。2013年1月，吉拉德政府①做出相关回应，接受了《高等教育基础经费评估》中提出的五项原则，表示联邦政府的基础经费拨款将按照这五个方

---

① 2010年6月，吉拉德出任澳大利亚总理及工党党首。2013年6月，澳大利亚执政党工党举行党首改选投票，前总理陆克文击败吉拉德重新成为总理。2013年1月，时任总理仍为吉拉德，因此称这一时期的政府为吉拉德政府。因她在2007—2010年一直担任澳大利亚的教育部长，对前期高等教育改革的影响较大，故前文将这一时期的教育改革称为"吉拉德高等教育改革"。

面进行周密的制度设计。但在改革实践中,吉拉德认为当前的拨款制度较好地
体现了五个方面的原则,暂时不需要进行重大改变。在相关改革举措上,在《高
等教育基础经费评估》的影响下,联邦政府进一步增加了 HEPPP 的经费总额,
并在 2010 年的基础上提高了附加经费拨款的比例。此后,教育部还就研究生
名额的分配和资助问题与高校进行了密集的磋商,但后来并没有推出相应的
改革。

第三节
2014 年以来的高等教育改革

一、政策环境

高等教育政策与政局的更迭和变化有直接的关系。澳大利亚的政局一直多
变。2010—2019 年,澳大利亚已经经历了 6 次总理更换,经历了陆克文、吉拉
德、陆克文(再度出任)、阿博特(T. Abbott)、特恩布尔(M. Turnbull)和莫里
森(S. Morrison)六届政府。其中,吉拉德与陆克文之间的政治较量、阿博特与
特恩布尔的过渡,都属于执政党内部矛盾斗争不可调和所造成的政府更迭。①从
施政纲领上看,前三届政府均属于工党政府,后三届政府都是自由党或自由-国
家党联盟政府。工党与自由党均有较为合理的主张,在选民中都拥有势均力敌
的拥护群体。工党一直强调社会公平与福利政策,陆克文与吉拉德政府在应对
全球金融危机时的表现收获了很多社会赞誉,但在后期碳税改革时遭到批评,
同时被反对党抨击,认为其对移民问题态度软弱。自由党一直在促进市场经济
和全球贸易方面具有优势,但在对全民医疗与教育收费等问题的处理上常受到
反对党的质疑。因此,不同的施政纲领特别是移民政策经常会影响到高等教育

---

① 中国青年网. 澳大利亚大选"难分高下" 执政党反对党各自宣布胜选[EB/OL]. http://news.youth.cn/jsxw/
20160703_8223051.htm[2019-04-30].

政策以及留学生教育等的调整。

2013 年以来，澳大利亚高等教育所面临的最主要的问题就是提升其在国际社会中的综合竞争力。质量、竞争与出口成为诸多政府官员在不同场合下谈及高等教育时的惯用词汇，其中，对于高等教育质量卓越以及澳大利亚国家全球竞争力提升的追求是永恒的，巩固与发展高等教育产业与留学生教育市场则是最为现实和紧迫的。2013 年，自由-国家党联盟领袖阿博特竞选时明确表示，如果其当选总理，将首先访问印度尼西亚、中国、日本、韩国等亚洲国家，而不是澳大利亚的传统盟友英国和美国，这表明自由-国家党联盟与工党一样，把发展与亚洲的关系放在对外关系的重要位置。①

当面临澳大利亚高等教育留学市场竞争优势的日益下滑时，2013 年 10 月，新任教育部长、众议院领袖佩恩（C. Pyne）在澳大利亚国际教育大会上发表演讲时宣称：联盟的党重要任务之一，即恢复国际教育作为澳大利亚最有价值的出口产业的正确位置，政府将加快国际教育政策的改革，以应对留学生注册率下降与高等教育出口收入缩减的局面。然而，2014 年，在佩恩率队访问中国时，澳大利亚正在经历 40 年以来最重大的一次高等教育改革。这也是教育部所面临的重要命题。②因此，关于高等教育财政制度、大学学费管理、留学生高等教育市场开发等领域的改革是最为直接的。

二、《国家审计委员会报告》及其影响

2013 年 9 月，自由党领袖阿博特在大选中获胜，成为澳大利亚新任总理。在竞选阶段，阿博特就做出了政治承诺。当面对执政首年 301 亿澳元的财政赤字时，自由-国家党联盟在竞选最后阶段公布了在其后 4 年里将减少 400 亿澳元财政开支的紧缩计划，包括降低澳大利亚对海外援助的增幅和减少公务员数量等，节省下来的经费将用于基础设施建设。③2013 年底至 2014 年初，为了审查联邦政府的职能和作用的发挥情况，提升联邦政府经费的使用效率，提高政府

---

① 反对党联盟击败工党赢得澳大选 [EB/OL]. http://news.sina.com.cn/w/2013-09-08/062028160626.shtml [2019-04-05].

② 澳大利亚教育部长：仅 2%中国留学生拿到"绿卡"[EB/OL]. http://www.yicai.com/news/4018589.html [2019-04-30].

③ 反对党联盟击败工党赢得澳大选 [EB/OL]. http://news.sina.com.cn/w/2013-09-08/062028160626.shtml [2019-04-05].

效能,并进一步打造更为节约的政府形象。新任政府成立了国家审计委员会(The National Commission of Audit),任命谢泼德(T. Shepherd)为主席,并开始相关调查研究。

国家审计委员会首先审议了联邦与各州（地区）两级政府之间在职责与权限上是否存在不必要的重复，或者是否存在联邦政府不合适或不需要涉足的领域，以提高政府工作的整体效率和效益。国家审计委员会对之前联邦政府在教育方面所做的贡献给予了高度肯定，认为联邦政府对于高等教育的投资，显著增强了受教育者的职业灵活性和提升了劳动生产力，为国家提供了更高的税费收入，降低了民众的失业成本，提高了澳大利亚高等教育的国际竞争力。然而，高等教育的很大一部分收益直接兑现给了学生个体，表现为受过高等教育的学生往往拥有更好的就业前景和更高的收入。《国家审计委员会报告》估计，联邦政府支付了 59% 的国内本科生的学费，而学生则仅支付了其中的 41%[①]。考虑到实质性的私人利益，该报告认为重新平衡公共和私人对高等教育成本的负担比例是十分有必要的。

国家审计委员会认为，通过政策改革允许大学确定自己的学费价格会增强高等教育体系内部的良性竞争，进而刺激高校提高办学效率，针对学生的体验实现高校的教学创新和质量改进。然而，问题的关键在于高等教育市场是否足够成熟和完善，是否能够基于不同高等教育机构在课程和人才培养质量上的差异形成明显的价格市场，进而实现良性的市场竞争，这是对于已经实行多年的高等教育市场化改革的澳大利亚联邦政府的重要拷问。国家审计委员会认为，基于目前大学的市场行为，可以判断澳大利亚国内本科生市场对于学费价格并不敏感。国际经验表明，联邦政府一旦放松价格管制，将会导致学费大幅提高。届时，联邦政府将会随之提高学生贷款的数额，这将会导致联邦政府的负债变得更为糟糕，还会引发社会对高等教育入学机会的公平的质疑。如果大学在招生时将关注的重点从学生的能力转向市场价格，最终将会影响人才培养的质量。

国家审计委员会通过调查发现，学生贷款的制度设计确实给联邦政府增加了很多额外的和不必要的成本。据统计，每年因收入低于还款指标而不必偿还贷款，或者因移居海外或死亡而无法偿还贷款造成的不良和可疑债务，约占贷款总额的 17%。[②]随着申请贷款的学生人数以及每人贷款额度的增加，注销坏账和可

---

① Australian Government Department of Education and Training. The National Commission of Audit[R]. 2014

② Australian Government Department of Education and Training. Higher Education in Australia: A Review of Reviews from Dawkins to Today[EB/OL]. http://hdl.voced.edu.au/10707/384852[2019-12-20].

疑债务的比例可能会随着时间的推移而增加。即便如此，其仍不建议联邦政府为了减轻预算压力，将学生 HELP 贷款业务转给私营部门运营。因为这会影响政府维护社会公平的形象，同时会削弱未来政府政策改革的灵活性。

澳大利亚于 2012 年开始放开了本科招生名额，带来了入学人数的显著增加，但也引发了关于高等教育入学标准下降的争议。国家审计委员会认为，开放的招生名额与 HELP 学费贷款项目已经成为大学进一步降低入学标准，以实现入学人数增加的商业动力。

基于这些分析，为更好地反映高等教育的私人利益并且提高该部门的业绩，国家审计委员会对联邦政府的下一步改革提出了若干建议。第一，修改联邦政府拨款框架，将联邦政府以财政拨款的形式承担的高等教育成本比例从 59% 降低到 45%，同时将平均学费占比从 41% 提高到 55%。第二，建立一个以需求为导向的投资框架，制订部分放开或全部放开的学士学位费用管制方案。第三，改变现有的学生贷款制度安排，降低偿还学生贷款的收入门槛，确保贷款利率能够反映出联邦政府在发放贷款或后期出现坏账时承担的全部成本，并且一定要提高还贷率。国家审计委员会没有对研究型经费的具体拨款体制提出建议，但在总体上建议联邦政府将研究性投资集中在少部分国家优先发展的关键领域，综合性的、大规模的研究合作中心因为效率较低应该被取消，投资的主体应该集中于澳大利亚研究理事会（Australian Research Council，ARC），对于小规模的研究投资项目以及专门领域的拨款应该尽量缩减，以使政府对某些重要领域进行长期投资。

2014 年的报告所倡导的，是继 2012 年本科招生名额放开之后的又一项激进的市场导向政策，是对政府如何在最大程度上节约成本、提升绩效，实现用最少的钱办最好的高等教育的政策思考。2015 年 5 月，澳大利亚总理阿博特、教育部长佩恩以及工业和科学部长麦克法兰（I. Macfarlane）共同公布了国家科学研究重点，并对合作研究中心项目进行了审查。2015 年 10 月，工业和科学部长任命了一个合作研究中心专项咨询委员会来仔细调研并落实《国家审计委员会报告》中的相关建议。

三、《需求导向的高等教育投资体系评估》及其影响

为了考察需求导向的高等教育投资体系框架的实施效果、取得的成绩与存在的问题，并对下一步的高等教育投资制度安排做出改革，联邦政府于 2013 年

底至 2014 年初组建了由凯普（D. Kemp）博士和诺顿（A. Norton）为主席的专项调查委员会，对大学、其他高等教育机构、职业技术教育（technical and further education，TAFE）系统以及学生群体开展了相关调查，随后发布了专项调查报告——《需求导向的高等教育投资体系评估》。

专项调查委员会调查了需求导向的高等教育投资体系的实施效果及其所取得的成绩。研究发现，需求导向的高等教育投资体系总体表现良好，满足了经济社会发展对高等教育人才的总体需求。从 2009 年开始，联邦政府政策对大学招收本科生的名额限制开始放宽，随后在 2012 年该项限制被彻底取消，受到政策的影响，澳大利亚高等教育机构的本科生数量增长较为迅速。即便如此，该委员会仍认为，学生接受高等教育的需求仍然没有得到完全的满足，当然可能存在当前课程能够容纳的学生数量有限的问题。从这一方面可知，《需求导向的高等教育投资体系评估》仍然倡导在市场化改革下促进澳大利亚高等教育规模的继续扩充。

支撑如此庞大的高等教育系统运行，需要稳定的经费来源和合理的经费来源结构。有报告称，澳大利亚联邦政府的财政拨款在 2009 年达到了 41 亿美元，到了 2013 年则增加到了 61 亿美元，先前预计在 2016—2017 年会进一步增加到 72 亿美元。[①]该研究认为，取消本科生招生名额限制的政策在促进学生数量增长的同时，对联邦政府的财政预算产生了直接的影响。联邦政府根据学生基数进行的拨款，加上学生学费收入，可以支撑高校大多数学科的办学成本。但是对于工程、健康学科等需要临床训练的学科来讲，经费仍然是不足的。

基于如上的变化，《需求导向的高等教育投资体系评估》认为，设立一个更为灵活的学费体系是必需的。该委员会在学生组织中开展了关于学费问题的调查。有证据表明，一些学生愿意为更好地满足自己的教育需求支付比当前学费水平更高的费用。可以说，调整联邦政府的地方补贴以及学生的学费水平，可以在很大程度上保证联邦政府财政与大学收入的可持续性。

从尼尔森改革开始，澳大利亚联邦政府一直强调将公立高等教育机构与私立高等教育机构放在同一个运动场上进行公平竞争。为了鼓励良性竞争，联邦政府还向私立大学提供经费支持。在这次调查中，该委员会认为，私立大学以及非大学（高等教育学院等）并没有得到与公立大学同等的待遇和办学自主权。"它们在澳大利亚高等教育系统中，特别是在学士以下层次的人才培养中，发挥

---

① Australian Government Department of Education and Training. Higher Education in Australia: A review of reviews from Dawkins to today[R]. http://creativecommons.org/licenses/by/3.0/au/legalcode[2019-10-21].

了重要的作用。但是，该委员会发现，这些高等教育机构被排除在需求导向的投资体系之外，限制了它们的创新范围，并使其在高等教育行业竞争中处于不利地位。目前的拨款体系没有对这些大学最为擅长的某些强势课程（专业）、定制课程（专业）进行招生权限的放开和额外的经费支持，而这些专业课程对于那些处于不利境地的弱势学生来讲尤其有用。"①

对于研究生教育，该委员会认为，当政府资助的学生名额固定时，高等教育机构提供全自费教育的能力越强，越能够灵活地满足学生的教育需求。然而，研究生自费名额的放开可能会影响各区域和高等学校研究生教育的公平性和市场竞争力，在实践中有可能会出现学生学习同一课程但所应缴纳的学费却差异很大的情况。因此，该委员会认为研究生教育市场的开放不能扩大化。该报告提出，将需求导向的高等教育收费体系扩大到本科以下学历和一些目前已经试行全额收费的研究生学位课程，会带来高等教育课程定价的相应调整，将会形成一种更具竞争力的环境。

《需求导向的高等教育投资体系评估》建议高等教育经费体系应在政府补贴水平的降低与学生学费比例的提升之间取得平衡，需要进一步保证资金的可持续性，尽量保障高等教育公平，尽量避免管理效率的降低。基于这些考虑，需要对澳大利亚当前的 HELP 学生贷款计划进行相应的改革，通过利息补贴和征收税费的方式增强经费体系的可持续性。

报告基于分析最终对联邦政府提出的政策建设包括：第一，尽管该报告认为需要采取更灵活的制度来确定学生的学费比例，但他们在仔细斟酌之后更倾向于先保证财政的可持续性，以确保需求导向的经费体系的良好运行，可以通过一些额外的结构调整，以改善其运行状况。第二，针对澳大利亚政府内部关于是否重新对本科层次的招生名额进行限定的争议，该委员会建议当前不应对本科层次的招生名额设置上限。第三，针对工程与健康等学科的办学成本压力进行核算与分析，再确定其联邦政府拨款比例。第四，对于所有经由高等教育质量评估机构认证的高等教育机构和课程（专业），在确定联邦政府公共经费与学费比例时，都享有公平的资格。第五，所有的高等教育学院都应该建立与公立大学相同的经费结构体系，弥补其无法向国内本科生提供全自费课程的制度缺陷。第六，本科以下水平的高等教育课程也应被包括在需求导向的经费体系中。第七，对研究生课程应该进行相应的区分，对于那些社会收益明显比个人

① Department of Education and Training. Review of the Demand Driven Funding System[EB/OL]. http://hdl. voced.edu.au/10707/335293[2009-05-12].

收益高的学科，应该由联邦政府提供合乎比例的、稳定的经费支持。对其他学科来讲，也应该实行完全的市场化，取消对收费课程的限制。

在相应改革的推动下，澳大利亚高等教育入学人数实现了大规模的增加，学生学费所占的比例与之前相比有了显著的变化，充分实现了澳大利亚联邦政府进行高等教育市场化改革的基本目的，也是强化"使用者付费"原则的切实体现。这些变化在高等教育的相应指标上表现得较为明显，如表 4-2 所示。

表 4-2 2014 年澳大利亚部分高等教育部分数据

项目		数值
高等教育机构数量（所）	公立大学	37
	私立与海外大学	5
	非大学高等教育机构	133
高等教育公平与发展（%）	国内低收入家庭学生占比	12.9
	国内土著学生占比	1.1
	高等教育参与率（15～64 岁）	6.6
	取得学士学位率（15～64 岁）	25.3
	取得学士学位率（25～34 岁）	37.3
	高等教育经费支出占 GDP 比例	1.0
学生数量（人）	国内本科生	751 446
	国内研究生	244 517
	非学位生	29 707
	国际学生	347 560
	联邦政府资助学生名额	601 600
经费支出数额（百万美元）	教与学支出（直接经费）	7 044.36
	学生贷款（HECS/HELP）	5 465.52
	教学经费总额	12 714.45
	研究经费	2 682.40

资料来源：转引自：Australian Government Department of Education and Training. Higher Education in Australia：A Review of Reviews from Dawkins to Today[EB/OL]. http://hdl.voced.edu.au/10707/384852[2019-04-11]

四、"新科伦坡计划"及其影响

"新科伦坡计划"（New Colombo Plan，NCP）有着特殊的历史背景，与起源于 20 世纪 50 年代的第一个国际性、政府间的相互援助计划"科伦坡计划"

（Colombo Plan）有高度的相关性。1950 年 1 月，在锡兰召开的英联邦会议上，澳大利亚外交与贸易部长斯彭德（P. Spender）提出"制定促进南亚和东南亚人民经济社会发展水平的国际合作框架"，即后来的"科伦坡计划"。随后，澳大利亚通过该项计划，采取资金援助、教育援助、技术合作等多种方式对亚洲地区部分国家的经济与政治发展施加影响。这是自第二次世界大战后澳大利亚基于其特殊的文化传统、政治倾向、地理位置和现实发展需要，所形成的"背靠英美""面向亚洲"的外交政策的重要组成部分。

在高等教育国际化迅猛发展的 21 世纪，学生流动一直被视为民族和国家与世界其他国家和地区在经济、社会、文化等多个领域加强沟通与联系的重要手段。尽管澳大利亚长期以来一直作为国际留学教育的目的地国之一，但从加速理解国际教育、推进高等教育深度国际化的角度出发，澳大利亚联邦政府也开始重视澳大利亚大学生的出国学习。据统计，2005—2015 年，澳大利亚留学生的数量增长了 5 倍多，从 6000 人增至 38 144 人。[1]从地缘经济的角度看，澳大利亚的市场战略与亚洲联系得非常紧密。在澳大利亚，大约 80%的贸易额以及国际教育出品额 290 亿美元中的绝大部分是亚洲贡献的。[2]从增进亚洲地区经济与文化联系、促进亚洲高等教育市场开拓等角度而言，澳大利亚政府已将学生在亚洲的高等教育参与和学习列为优先发展事项。

2010 年，吉拉德出任澳大利亚联邦政府总理，对澳大利亚学生的境外流动问题高度关注。2013 年，澳大利亚联邦政府启动了备受瞩目的"前进亚洲"奖学金计划，旨在鼓励澳大利亚学生到亚洲地区学习，然而该项资金总额较少。在 2013 年召开的澳大利亚-印度尼西亚双边会议上，澳大利亚联邦政府正式提出"新科伦坡计划"。2013 年 8 月，当时正在参与竞选的自由党联盟领袖阿博特承诺，将在其后 5 年多的时间里投入 1 亿澳元实施"新科伦坡计划"，每年为 300 名澳大利亚本科生提供 1～2 个学期赴亚洲学习的机会。在顺利当选的阿博特总理的倡导并支持下，该计划于 2014 年开始正式实施，并开始在印度尼西亚、新加坡、日本和中国等国家进行试点。经过为期半年多的试点，2014 年 9 月 4 日，澳大利亚联邦政府发布了"新科伦坡计划"试点阶段评估报告，宣布 2015 年全面启动"新科伦坡计划"，实施的国家包括孟加拉国、不丹、文莱、柬埔寨、中

①　Olsen A. Australian Universities International Directors Forum（AUIDF）[M]. Newcastle：AUIDF，2015:116.

②　Thi L T，Vu Phuong T T. Beyond the "normal" to the "new possibles"：Australian students' experiences in Asia and their roles in making connections with the region via the New Colombo Plan[J]. Higher Education Quarterly，2018（72）：194-207.

国等。①在资金支持力度方面，澳大利亚联邦政府承诺在 5 年内提供 1 亿美元的资金支持。2015 年之后，政局的更迭并没有影响到该项计划的实施，成为澳大利亚近年来一直延续且稳定运行的一项政策，是澳大利亚政府在学生流动和公共外交领域的标志性举措。

"新科伦坡计划"的主要项目包括：①为澳大利亚本科生提供到亚太国家和地区进行长期或短期的学习、研究、实习和语言培训的资金支持；②为参与该项计划的校友间保持与发展联系，以促进相互合作与帮助提供相关经费支持；③为促进企业界对于该项目的参与和支持，提供相关的宣传、平台建设与经费支持。

"新科伦坡计划"本质上是一项澳大利亚联邦政府对高等教育学生海外求学进行资助的政策，通过整合现有奖学金项目和其他激励机制，支持澳大利亚本科生赴印度-太平洋地区进行学习和交流，促进澳大利亚与世界其他国家和地区学生的双向交流②，通过人际关系扩大和深化澳大利亚在该国家和地区的参与，是澳大利亚政府"面向亚洲"战略的重要构成部分，标志着澳大利亚高等教育国际化摆脱了单纯作为留学教育输出国的定位，促使留学生教育与学生流动进入了双向合作的新阶段。

2018 年，享受联邦政府"新科伦坡计划"资助的澳大利亚学生在印度-太平洋 35 个国家和地区进行学习和实习的人数超过了 31 000 人。③在澳大利亚诸多高等教育政策出台与实施的过程中，"新科伦坡计划"是较少地受到批评与质疑的政策，后续各届联邦政府均积极和持续地努力促进该计划的实施，而澳大利亚各州与地区的高等教育机构也积极地响应和压倒性地参与了这一方案。同时，这一计划也在亚洲多个国家和地区产生了较好的反响，切实增进了亚洲国家和地区间的高等教育与文化交流。

---

① 滕曼曼. 澳大利亚区域国际教育资助体系探析——以"新科伦坡计划"为例[J]. 比较教育研究，2018（5）：61-69.

② 仲彦鹏. 澳大利亚"新科伦坡计划"及其启示[J]. 现代教育论坛，2018（2）：63-71.

③ Bishop J. Media release—2018 New Colombo Plan Mobility Grants[N]. Canberra：DFAT，2017.

第五章　澳大利亚高等教育政策变迁模式与宏观治理路径转向

澳大利亚的高等教育政策演进的主线是高等教育的市场化改革。显而易见的是，澳大利亚已经成为重要的高等教育输出国，并在全世界高等教育市场中占据一席之地。市场的理念与手段深刻地影响了高等教育，甚至已经改变了高等教育治理的文化与模式。借用布迪厄的"场域思想"，可以将高等教育治理理解为一个交互发生作用的权力场域。大学、政府与市场构成了治理的宏观场域，三个治理主体间的关系是这种场域文化的最直接体现。1988 年的道金森改革可以作为划分澳大利亚高等教育宏观治理理念演进与发展阶段历程的分水岭。大学、政府与市场之间关系的转变体现了高等教育宏观治理路径的发展，具体遵循着学术主导型—政府主导型—市场主导型演变的轨迹。

第一节

澳大利亚高等教育市场化政策的经典演进路径

20 世纪 80 年代至今的近 40 年，是世界各国政府引导并发动高等教育改革最密集、强度最大的一个时期。在此之前，澳大利亚的高等教育系统平缓而稳步地发展了较长一段时间。经济发展的全球化和高等教育的大众化从根本上打破了这种平静，促进世界范围内的高等教育改革驶入了一个快车道。20世纪80年代，很多国家的高等教育在外在发展环境上遭遇全球化竞争的同时，陆陆续续、或早或晚地进入了高等教育大众化发展阶段，高等教育系统内部呈现出的问题是多样的，面临的挑战是类似的。在解决这些问题的时候，基于特殊的社会文化与传统，澳大利亚选择了与英国、美国极为相似的高等教育发展观，但在具体的改革过程中，又表现得比这两个国家更为激进与急迫。其高等教育政策的演进过程呈现出了一条较为经典的高等教育市场化发展的道路，形成了一种澳大利亚高等市场化改革的模式。

一、市场的形成：大众化时代高等教育改革的普遍趋势

（一）市场与高等教育市场

1. 市场

实质上，市场"就是买者与卖者进行交易的场所"①。因此，围绕着买卖行为所组成的供给方与需求方构成了市场中的第一对关系。很显然，市场由产品或服务的显性的或隐性的供给者和需求者所组成，只有需求者或只有供给者都无法形成一个市场。同时，市场的形成是多样化的。从市场交易的产品使用来看，市场可分为两大类，即产品市场和要素市场；按照交易场所的不同，可分为有形市场和无形市场，前者有一个固定的交易场所，如一般意义的商品市场，而后者没有交易场所，如股票市场；按照交易方式的不同，可分为现货市场和期货市场；按照竞争的程度，可以分为完全竞争市场、不完全竞争市场、垄断市场等。但不管对市场如何分类，在市场中，供需双方都是通过交易行为发生关系的，供方与需方在契约关系中是完全平等的②，这是市场的根本性质。

市场的形成依赖于两个要素：价格机制和竞争。对于每一种产品而言，都可能有大量的生产者和消费者，而供给和需求又在不断地变动，那么在宏观上如何来组织和协调如此庞杂的经济活动，并使其能够有效而又有机地循环运行

---

① 黄亚钧. 微观经济学[M]. 北京：高等教育出版社，2000：92.
② 陈上仁. 高等教育市场、高等教育市场化概念的若干理论辨析[J]. 现代大学教育，2005（3）：14-17.

呢？行政命令和价格机制是两种解决问题的办法。西方古典自由主义经济学家更推崇后者，即市场更多依靠一只"看不见的手"的指挥，这就是自由竞争市场中的价格机制。供给和需求相互作用，从而决定价格。供不应求和供过于求问题均可通过价格机制在市场中自动进行调节。作为反作用，价格又可以自动地调节供给与需求，在市场中追加资本或撤离资本，进而使市场供需关系达到相对均衡状态。①价格与供需关系的相互作用被称为市场的价格机制或市场机制。价格机制背后是市场的竞争机制，市场的核心目的是利润的最大化。西方经济学的基本理论假设就是"经济理性人"，即假定任何经济决策的个体都是理性的，其所追求的核心目的就是保证个人利益的最大化，对于消费者来讲，就是效用的最大化。生产者和消费者基于自己的理性，在合法化契约的规制之下，灵活自主地控制投资成本并确定商品价格，通过价格机制与竞争机制调配生产资料的配置、控制生产过程的环节，在某种程度上保证市场的相对稳定性。

2. 高等教育市场

高等教育市场是市场与高等教育"联姻"的产物，它一方面具备市场的要素，另一方面又不等同于一般市场。在进行高等教育研究或者比较教育研究时，外文文献中经常用高等教育供给者（higher education provider）来替代高等教育机构，还经常用高等教育消费者（higher education consumer）来替代高等教育的对象——学生，这样就构成了高等教育市场中的供给方与需求方。然而，高等教育的供给方又不仅仅是高等学校，因为高等学校只是办学的主体，是人才培养工作的主体。如果从办学公共经费来源的角度来说，政府与社会都是高等教育服务的提供者。学生也不仅仅是高等教育的消费者，因为市场与企业也是高等教育最终的需求主体，只不过这种供需关系是潜在的、隐性的，是以学生为中介的。高等教育系统内部同样存在竞争机制与价格机制。高等教育系统引入竞争机制的总体目的是提升高等教育的办学质量和投资效益，竞争是多种多样的，有民族和国家间的竞争，也有高等学校间的竞争，在微观上还有学科专业甚至组织部门间的竞争。但这种竞争有别于纯粹意义上的市场竞争，核心在于竞争的目的并不是追求利润的最大化，而是追求办学质量的卓越和办学水平的提升，追求在最大限度上满足社会公共利益需求以及促进个体的全面发展。高等教育这种特殊商品的价格同样无法单纯以学费的形式来体现，人才培养质量、个人与社会的收益、教育自身的成本、家庭的可支付能力等均是确定学费

---

① 转引自：陈上仁. 高等教育市场、高等教育市场化概念的若干理论辨析[J]. 现代大学教育，2005（3）：14-17.

价格的重要参考因素。

高等教育市场的形成是建立在世界高等教育规模整体实现迅速扩充的基础上的，是市场经济的影响在全球化社会中日益增强的直接体现，是一个特殊阶段的特殊问题。第一，高等教育市场是高等教育从精英化阶段迈进大众化阶段的产物。在精英化阶段，高等教育是非常有限的稀缺资源，供给量很小，人们很难感受得到高等教育的市场化气息。随着高等教育走向大众化和普及化，供给量不断增加，"这给人们形成了一个庞大的高等教育市场的想象"①。第二，高等教育市场是对一个庞大的高等教育系统实现宏观与微观治理必然采用的重要手段。即使是那些市场经济体系较为完善的国家，其高等教育仍不能实现自动的供求平衡。为了不断提升质量，高效地实现有限的高等教育资源的合理配置，市场领域中的相关概念与相应做法自然会被移植到高等教育领域中。正如《澳大利亚大学评论》杂志原主编马金森教授所指出的："教育市场的形成和发展是工业化国家，特别是英语国家的共同特点。这一变化之所以重要，是因为在现代社会中，教育的选择、教育的（生产）属性、教育的行为已经居于社会发展的核心位置。"②然而，现在看来，教育市场的提法并不是英语国家的个例，而是世界高等教育发展的一个普遍趋势。当高等教育进入大众化甚至普及化阶段时，任何国家的政府都无法为这么庞大的事业全盘买单，而人力资本理论的产生恰逢其时，其提出的以个体收益的视角解释高等教育成本需要分担的设想早已深入人心。

3. 高等教育市场的特殊性质

从高等教育的属性来看，高等教育领域可以引入市场。高等教育既具有公共物品的属性，也具有私人物品的属性——竞争性本质。因此，目前公认的看法是，将高等教育视为"准公共物品"。这种属性定位决定了高等教育产品可以由政府和市场共同提供，其供求和资源配置需要由政府和市场共同调节。"准公共物品"的属性决定了高等教育市场是一种特殊市场，原因如下。

一方面，教育的本质是一种培养人的活动，它具有经济功能，同时还具有文化功能、政治功能、道德功能等。这就决定了教育活动要遵循人的身心发展规律；教育要传承人类的优秀文化，实现政治社会化，促进政治稳定；教

---

① 陈上仁. 高等教育市场、高等教育市场化概念的若干理论辨析[J]. 现代大学教育，2005（3）：14-17.
② 转引自：蒋国华. 西方教育市场化：理论、政策与实践[J]. 全球教育展望，2001（9）：58-65.

育还要养成社会道德。"市场是供给与消费的决策通过价格机制进行协调的过程。"①市场活动的目的是追求经济效益最大化，因而供给、需求、价格、竞争是市场活动最重要的要素。市场行为的准则是价值规律与等价交换原则，简言之，就是一种买卖关系。高等学校存在的合理性和合法性的基础在于教育，而不是追逐利润的最大化。从这个角度来讲，纯粹的高等教育市场是不存在的。

另一方面，在所谓的"自由市场"中，个体都尽可能地追求自己的个人利益，如亚当·斯密在其《国富论》一书中所写的，在很多情况下，这种个体理性借由市场规则时刻被"看不见的手"所引导。虽然后期的凯恩斯主义和新自由主义经济学对市场规律与政府宏观调控的关系进行了重新论述，但市场的手段仍然是经济行为发挥作用的主要手段。高等教育市场在任何时期都不能仅靠市场手段或"大量市场+少量政府管控"的手段来"运营"。政府对高等教育施加影响的主要手段就是政策调控和经费引导，这种管理模式既要体现全社会的公共利益，也要促进个体的全面发展。

因此，一些学者更倾向于使用"准市场"（quasi-market）的概念。②"准市场"这一概念所强调的是，教育系统中引入的市场因素或是手段无论在需求还是供给方面，都与经典自由市场中的市场概念有所不同。"在准市场内，虽然高等教育机构面对竞争办学经费与优质生源的现实，却不会如私人企业那样为赚取利润而维持经营。服务以学生为主要代表的高等教育消费者，也不像自由市场那样，以金钱来衡量服务的最终价值或以学费价格作为交易的前提和基础。而且，学生对于高等教育的消费能力，也可通过政府的政策、对高等教育机构的拨款或直接针对学生个体的教育券等形式得到加强。在某种程度上讲，在高等教育准市场内，政府对于高等教育机构的直接拨款行为，是由政府作为第三方来代表消费者选择服务供应商。"③通过市场合理地配置高等教育资源，目的是更好地实现其教育目的和价值。在高等教育中，大学与机构、教师与学生、学生与学生之间也绝对不是一种只涉及经济利益的买卖关系，不能用市场化的买卖关系掩盖教育关系的本质。

①　Jongbloed B. Marketisation in higher education，Clark's triangle and the essential ingredients of markets[J]. Higher Education Quarterly，2003，57（2）：110-135.

②　Middlewood D，Lumby J. Strategic Management in Schools and Colleges[M]. London：Paul Chapman，1998：96.

③　Grand J. Quasi-markets and Social Policy[M]. London：Macmillan，1993：89.

高等教育市场是一个比较特殊的市场，一般的市场只有两个市场主体，即供给方和需求方，而高等教育的市场却有三个市场主体，即学校——高等教育的供给方，学生——高等教育的直接需求方，市场（企业）——高等教育的最终需求方。①对于构成高等教育市场的要素，中外学者的观点并不统一。国外有学者认为，高等教育市场既有学生市场（本科生、研究生等），又有研究市场、经费市场（拨款、捐助的市场等）、毕业生市场和培训市场等。②我国学者则对"学生市场"或"生源市场"的提法比较反感，认为对学生而言，"生源市场"是一个既不合理又不合法的概念。③观点上的冲突实际上体现了教育学者和经济学者在分析视角上存在的重要区别。然而，在审视澳大利亚高等教育市场化改革的具体实际时，我们会发现学生市场和生源市场已经成为澳大利亚高等教育在参与全球竞争时最主要的市场，留学教育的高额收入已经使其高等教育收益成为国家重要的经济来源。

（二）高等教育市场化

对于高等教育市场化，比较普遍的观点是市场化就是引入市场机制，使高等教育具有某些市场特征的过程，其基本宗旨是使高等教育机构的办学和管理更关注效益和效率，使高等教育内外部的各项资源"活"起来，最终提升高等教育的总体质量。例如，经济合作与发展组织认为，市场的典型特征包括竞争、选择、价格、金钱刺激等，高等教育市场化就是"将市场机制引入高等教育中，使大学更具有竞争性、自主性和广泛适应性，同时使高等教育营运具有上述市场的典型特征的过程。在这一过程中，高等教育并不具有传统的绝对公有化和绝对的私有化"④。

1. 高等教育市场化是一次高等教育文化的转型

在高等教育系统中引入市场机制之后，高等教育内部各种主体间的关系均

① 朱劲松. 高等教育市场化微观经济学理论分析[EB/OL]. http://www.edu.cn/edu/gao_deng/zong_he/fa_zhan/200603/t20060323_106240.shtml[2007-11-10].
② Jongbloed B. Marketisation in higher education, Clark's triangle and the essential ingredients of markets[J]. Higher Education Quarterly, 2003, 57（2）：110-135.
③ 陈上仁. 高等教育市场、高等教育市场化概念的若干理论辨析[J]. 现代大学教育, 2005（3）：14-17.
④ OECD. Redefining Fertiary Education[M]. Paris：OECD, 1998：121.

发生了重大的变化，政府、高校、学生、家长、企业、校友、捐赠者均成为高等教育的利益相关者。除了高校之外的其他主体，还有另外一重角色，即高等教育市场中的成本分担者。学生和企业不仅负担了成本，还是最主要的顾客。在这一过程中，高等教育机构与社会的关系变成了提供者和需求者（购买者）的关系。高等教育市场化之后，顾客与需求者的取向、偏好、意见与态度是影响高等教育提供者决策过程的重要因素。因此，高等教育市场化的典型特征就是开始更为关注顾客的需求，并为多元化的顾客群体提供高质量的服务。这种把需求者置于决策过程中心的导向可能会引发高等教育文化的转型。因此，"高等教育市场化本质上是一种文化现象或文化重建，是高等教育从一种文化形态转向另一种文化形态的过程"①。高等教育市场化是对政府与高校的责任关系的一种重新界定。正如格兰德（L. Grand）和罗宾逊（T. Robinson）所认为的，"国家对公共服务的提供、资助和管理的减少，都是'市场化'的表现"②。当高等教育发展到大众化阶段时，庞大的经费开支以及日益攀高的办学成本是任何一个政府都无法独自承担的。因此，几乎可以确定，高等教育财政经费比例肯定是下降的，这一进程中的空白区域应由市场来填补。

　　西方社会的新公共管理改革正是遵从了这种逻辑。绝大部分国家的"市场化"，就是政府通过在公共部门引入市场机制，把原本由国家承担的责任（最主要经济责任）转移到非国有部门，或者直接改变国家参与公共服务的性质。③这样，"高等教育市场化"就可以被理解为运用"私有领域"或者"市场"的理念、形式和手段，来运营公共高等教育，以令其提供的教育服务更能满足市场需要。作为公共权威，政府更加需要关注的是教育公平与社会公平。对社会民众来讲，"公共事业和公营部门的管理走上'市场化'道路，意味着服务质量的提升、效率的改善以及公共经费的更有效运用"④。

2. 高等教育市场化是一次对高等学校办学能力的重大考验

　　沃森斯塔（H. Vossensteyn）认为，从更广泛的意义上说，高等教育市场化是一种高等教育走向分权化、增强竞争性和引入经营方法的过程。它包括在生

① 李盛兵. 高等教育市场化：欧洲观点[J]. 高等教育研究，2000（4）：108-111.
② 转引自：戴晓霞，莫家豪，谢安邦. 高等教育市场化[M]. 北京：北京大学出版社，2004：58.
③ 戴晓霞，莫家豪，谢安邦. 高等教育市场化[M]. 北京：北京大学出版社，2004：58.
④ 卢乃桂，操太圣. 中国改革情境中的全球化：中国高等教育市场化现象透析[J]. 北京大学教育评论，2003（1）：48-53.

产者和使用者之间建立一种更加直接的联系；促使生产者更加有效地满足社会的需要；向使用者收费和完全私有化。①这一过程决定了在市场经济条件下，高等教育机构作为理性主体需要具备高超的办学能力和水平，需要了解市场运行的机制和规律，需要对传统的高等教育内部治理体系、运行机制进行果断的改革，需要调整和修正高等教育机构与其他利益相关者的关系，将机构逐步改造成为一种市场经营的主体。这是从高等教育机构的微观视角观察到的高等教育市场化的典型特征。

日本学者矢野真和认为，资源分配的效率问题是当前世界各地的大学普遍面临的市场化挑战。矢野真和就大学资金筹措的主体及其关系提出了研究大学系统社会特性的分析框架，即资金筹措的市场化图解，如图 5-1 所示。

	政府主导型（g）	市场主导型（m）
Ⅰ 二者关系	（Ⅰg型） 政府 ⟶ 大学	（Ⅰm型） 大学 ⟵ 学生
Ⅱ 三者关系	（Ⅱg型） 政府 ⟶ 大学 ↓ 学生	（Ⅱm型） 大学 ⟵ 学生 ↓ 企业
Ⅲ 四者关系	（Ⅲg型） 企业 ↓ 政府 ⟶ 大学 ↓ 学生	（Ⅲm型） 政府 ↓ 大学 ⟶ 学生 ↑ 企业

图 5-1　资金筹措的市场化图解

资料来源：矢野真和.高等教育的经济分析与政策[M]. 张晓鹏，等译.

北京：北京大学出版社，2006：261

在图 5-1 中，第一轴是政府主导型和市场主导型的区别，第二轴是按层次区分类型，把资金的来源限定在大学、政府、学生和企业四者。再根据这四者的不同组合，将其分为"二者关系""三者关系""四者关系"。由此，得出市场化的两层含义，第一，市场化包含从政府主导型向市场主导型的变化，可将其称为"外部市场化"；第二，政府主导大学从二者关系向三者关系、四者关系的

---

① 李盛兵. 高等教育市场化：欧洲观点[J]. 高等教育研究，2000（4）：108-111.

多样化发展的变化，可将其称为"内部市场化"。①矢野真和的市场化图解虽然是围绕资金筹措问题的分析框架，但其对于市场化发展内在逻辑的分析可谓清晰明了、深入透彻。

高等教育学者麦西（W. Massy）认为，高等教育市场化可以表现在两个层面：从宏观政策角度看，政府对高等教育解除管制、消除垄断、私有化或非国有化等方面的市场化发展通常由政府主导属于宏观层面；从实践角度来看，运用市场价值及策略，使高等教育机构以消费者为中心来组织生产与销售，以满足消费者（学生、家长及雇主）的需要。循着这个市场原则来运行高等教育就是高等教育市场化在微观层次上的表现。②这与矢野真和的研究有着异曲同工之处。

虽然矢野真和与麦西对高等教育市场化特征的分析角度不尽相同，但都道出了高等教育市场化的基本特征和应有之义。高等教育市场化是某种趋势与现象的集合。首先，从国家和政府的层面来看，高等教育市场化是政府对于高等教育改革与发展的根本思路的变化，是对高等教育系统内部资源配置方式的根本调整，是对高等教育系统内外部各利益相关者关系的重新理顺。在手段上，政府对高等教育微观办学放松管制，以发挥学校自身的主动性，对宏观的人才培养质量实施更为严格的评估，对高校的办学绩效进行与拨款相挂钩的强力管控，对科研的总体方向实施有效的引导。其次，从大学微观层面来看，高等教育市场化指的是在高等教育机构内部引入某种程度的市场行动逻辑，让竞争、价格机制等市场要素引导高等教育机构对市场的需求做出积极的反应，以提升高等机构的办学效率和人才培养质量，增强高等教育与市场的联系。③

二、高等教育市场化改革：澳大利亚高等教育政策演进的主线

科学哲学家库恩（T. Kuhn）在解释科学发展模式时提出了著名的"范式"（paradigm）概念。库恩认为，"按既定的用法，范式就是一种公认的模型或模

---

① 矢野真和. 高等教育的经济分析与政策[M]. 张晓鹏，等译. 北京：北京大学出版社，2006：229-230.

② Massy W F. Teaching and learning quality review：The Hong Kong programme[J]. Quality in Higher Education，1997（3）：249-262.

③ 何晓芳，张贵新. 高等教育市场化的理想类型[J]. 高教探索，2008（2）：44-48.

式"。"我采用这个术语是想说明，在科学实际活动中某些被公认的范例为某种科学研究传统的出现提供了模型。"①在库恩看来，范式是一体化的理论体系，既是本体论认识，又是认识论体系，同时还是方法论工具。范式一经形成，就构成了一组内在共同接受的假说、理论、准则和方法，进而在心理上形成内在的共同信念。到达这一阶段，范式就稳定且固化下来，持久地发挥重要的作用。

同时，库恩还提出另一个命题，即"范式的不可通约性"。他认为，科学革命最显著的特征就是新旧范式之间是不可通约的。事物发展只从一种范式向另一种范式更替的思想，无法从根本上解释事物发展的根本原因。范式的改变使得人们对于科学世界的认识出现了不可调和的分歧，在范式改革之后，人们所面对的往往是一个崭新的世界。是范式内在的本体论、认识论和方法论的差异造成了这种变化，所以范式改变前后的世界之间格格不入、面目全非，这就是产生范式不可通约性的根本原因。因此，范式的改革并不是一项不断累积的连续性工作，体现出了鲜明的阶段性差异，其背后是本体论、认识论和方法论上的根本差异。不可通约性问题构成了《科学革命的结构》一书的主要内容，也是库恩科学哲学形成的历史出发点和逻辑起点。

"范式"及其不可通约的思维方式，为我们看待当前诸多社会复杂现象与问题提供了一个清晰明了的标尺。澳大利亚的高等教育政策演进的主线就是高等教育的市场化改革历程，前后大致分为两个阶段，或称为"两种范式"。从 19世纪 50 年代到 20 世纪 80 年代，澳大利亚大学在初创时期即服务于民族认同与社会建设，后期联邦政府主导的全部高等教育改革都在发挥高等教育作为国家公共事业部门的重要作用，高等教育的发展与民族和国家文化的重建、社会发展紧密相关。政府从国家发展的高度来设计高等教育改革与发展的基本方略与具体举措。自 20 世纪 80 年代以来，经济全球化竞争、高等教育大众化发展、公共部门自身的改革、政府财政压力的积累、人力资本理论及其自身的发展均是这场高等教育范式变革的"注脚"。当内外界环境的影响与政府政策的偏好高度一致时，高等教育市场化的改革就此开始，并且一路高歌猛进。与英国、美国等西方国家的高等教育市场化相比较，澳大利亚的高等教育改革比较激进，虽然存在的问题很多，但总体上而言社会反应比较平稳有序，可被称为一种高等教育市场化改革的经典模式。

---

① 托马斯·库恩. 科学革命的结构[M]. 金吾伦，胡新和译. 北京：北京大学出版社，2003：85.

（一）澳大利亚高等教育市场化的主要内容

1988 年道金森改革以来，澳大利亚的高等教育市场化的主要内容包括以下几个方面。

1. 经费的市场化

在澳大利亚高等教育经费结构中，政府拨付的高等教育财政经费、社会捐款、学生的学费是最主要的几个经费来源。其中，从增长比例上看，国际学生的学费增长最为迅速，国内自费学生的学费收入次之，1989—2014 年澳大利亚各类学生数量如图 5-2 所示。可以说，学费收入在全部高等教育经费中的占比处于稳定的增长状态。社会捐款虽然比例在逐渐增长，但缺乏稳定性。

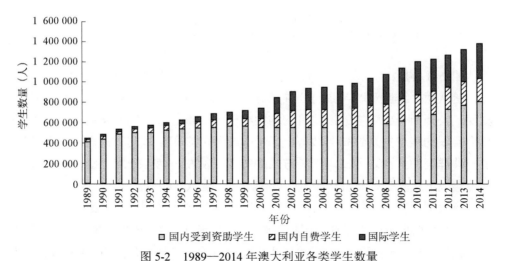

图 5-2　1989—2014 年澳大利亚各类学生数量

资料来源：Commonwealth of Australia. Review of Australian Higher Education Final Report[EB/OL]. http://www.deewr.gov.au/he_review_ finalreport[2019-02-11]

然而，虽然来自联邦政府的财政拨款的绝对数额处于增长状态，但是相对比例却在不断下调，政府再也无力负担高等教育的所有开支。随着市场化进程的推进，高等教育已经从完全由政府提供转变到公私并举。从拨款理念和操作模式上看，联邦政府在拨款手段上实现了从计划手段到市场手段的改革，在资助模式方面实现了从以供给为主的模式到以需求为主的模式的改革，如

图 5-3 所示。

计划手段

Ⅰ（澳大利亚联邦政府）高等教育投资的根本目的是建立并维持教育机构的生存和发展，例如，根据学生入学情况向高等教育机构提供一揽子拨款的方式

Ⅱ（澳大利亚联邦政府）高等教育投资的根本目的是使能从高等教育中得益的人都获得接受高等教育的机会，例如，设立配额的奖学金制度的方式

以供方模式为主
（supply-side planning approach）

以需方模式为主
（demand-side planning approach）

Ⅲ（澳大利亚联邦政府）高等教育投资的根本目的是获得高等教育服务供应，例如，提供竞争性的投标的方式

Ⅳ（澳大利亚联邦政府）高等教育投资的根本目的是满足个体多变的教育需求，例如，学费与贷款的方式

市场手段

图 5-3　澳大利亚联邦政府高等教育拨款理念和模式的市场化改革维度

资料来源：Gallagher M. The Emergence of Entrepreneurial Public Universities in Australia[C]. Presented at the IMHE General Conference of the OECD，Paris，2000：8

　　图 5-3 的内容节选自不同时期联邦政府高等教育财政拨款政策中的文本表述，是从两个维度对联邦政府公共高等教育经费投入的根本目的的比较。可以发现，上面两个象限中的拨款目的均集中于公共事业部门的发展目标，而下面两个象限的表述关系到高等教育市场中的服务供应和个体的教育需求，呈现出了一种鲜明的从计划方式向市场方式的转变。从左右两个维度上看，拨款模式已经实现了从高等教育机构拨款向直接为学生拨款的转变。

　　澳大利亚曾经试行过一段时间的教育券制，是将教育券发放给学生，而非高校。学生选择高校就是在"用脚投票"，在高等教育系统内部引起了机构间的激烈竞争。这种转变体现了澳大利亚联邦政府的高等教育公共责任的履行已经不再针对高等教育机构，而是面向基本民众，给予学生充分的消费权和选择权，保证了公民有充分的参与高等教育的机会，强化了高等院校间的竞争，以促进高校更为关注学生和社会的教育需求，并尽其所能提升教育质量。这不但推进了市场机制的运行，保证了社会公平，同时增强了澳大利亚高等教育的国际竞争力。这种资助方式与模式的转变引起了高等教育系统资源路径和内外关系的变化。

　　当然，坐标中的四个象限并非泾渭分明，但总体特点如上所述。高等教育

改革的重心快速地由计划手段过渡到市场手段，着眼点由高等教育机构过渡到高等教育对象，促使高校通过不断适应市场需求获得长效的发展。

2. 管理的市场化

1988 年以前，社会民众对于澳大利亚大学是否存在过多的资源浪费始终存有疑问，关于大学效率与质量的争论从未停止过。在高等教育市场化的进程中，高等教育机构与联邦政府之间通过双方协商形成管理合同，建立了以需求为导向的经费申请制度，强化了大学管理的成果导向与绩效竞争。同时，联邦政府集中收缴了地方政府的高等教育管理权限，将部分办学自主权还给高校，给予高校更大的面向市场办学的空间，放松了对高校内部的运行过程的管理。

政府同时鼓励大学通过引入市场机制来提升大学在管理方面的效率，允许高校合理确定自己的招生名额和学费水平。联邦政府建立全国统一的高等教育质量评估体系，对高校最终的教育产品，即毕业学生的素质与水平、学生的满意度与社会声誉进行综合的测评。放松过程管理与强化出口控制相结合，满足学生需求导向与加强高校绩效评价相结合，既强化了联邦政府的宏观调控目的，又扩大了高等教育机构的办学自由，满足了学生个体与社会市场对于高等教育的总体需求。

3. 生源与学费的市场化

如果学生人数减少，大学就会出现供给过剩，不能确保学生入学人数的大学就会面临很多现实的生存问题。为了实现高等教育参与率的大幅度提升，澳大利亚制定了多项政策鼓励大学扩大招生。如果高等教育机构不能完成联邦政府与其经过协商确定的招生人数，其在申请联邦政府的专项拨款时就会受阻。同时，海外留学生市场与国内自费生市场已经成为大学获得更为充裕的办学经费的重要来源。2013 年，澳大利亚联邦政府已经彻底放开了高校招收留学生与国内自费生的名额限制，这意味着高等教育机构必须竭尽所能地吸引学生。为了生存，澳大利亚的大学之间围绕自费学生招生展开的竞争已经达到了白热化程度。在市场化的趋势下，无论是自费生还是联邦政府资助的国内学生，都牢牢把握着高等教育选择的大权。然而，大学要在市场竞争中求生存和发展，就要将其提供的教育质量放在最重要的位置上。大学要保证其提供的教育对学生将来的就业有帮助，这直接导致了大学要严密地关注社会和市场的需求，按照社会需求提供相关内容、形式和层次的高等教育。

（二）澳大利亚高等教育市场化的演进路径

从经济学的角度来看，澳大利亚的高等教育市场化改革体现为一种从"准市场"向市场的过渡。

1."准市场"

"准市场"的概念描绘了市场之间的中间关系区域。高等教育学者尼克拉森（L. Niklasson）将"准市场"界定为"某些领域中的有限的市场机制，这种有限的市场机制导致了非常特殊的一类'市场'，其特殊性在于该市场是由政府界定的"①。因此，"准市场"在某种程度上是由政府控制的，自由程度低于完全的经济市场。这就合并了高等教育机构的经济特性和政治特性。还有学者将"准市场"界定为系统表现出来的某些并非全部的成熟经济市场存在的特征。例如，在存在机构间竞争、企业化管理和某些商业化活动的同时，高校的办学却接受公共的补助，与完全受制于市场需求相比，其教育服务种类、教育机构的规模、数量和性质同时受到传统、规章和市场力量的影响。学者巴特莱特（T. Bartlett）和格兰德（L. Grand）从供给与需求两个角度分析了"准市场"的特征。他们认为，"准市场"的特征表现为：从供给的角度而言，生产者要通过政府的某些规章制度的认证获得"入门"资格，否则将不能进入市场或无法接受公共扶持。此外，生产者的目标并不完全是经济价值的最大化，因为其本质上并不是营利性机构。从需求的角度而言，权力并不仅仅是通过收取费用获得的，更多是通过针对每个学生的公共补助的形式，或者通过教育券等形式获得。②

2. 道金森改革

道金森高等教育改革被经济合作与发展组织称为"一种高等教育的改革模式"③。其成功之处就在于，通过市场手段的引入，在澳大利亚建立了高等教育的"准市场"。作为道金森高等教育改革的一部分，澳大利亚联邦政府通过鼓励合并的方式建立了统一的高等教育系统，并设置了"入门"资格的限定，不符合联邦政府要求的学校将无法接受公共扶持。在这一体系内部，高等教育机构

---

① Niklasson L. Quasi-markets in higher education—A comparative analysis[J]. Journal of Higher Education Policy and Management，1996，18（1）：7-12.

② Agasisti T，Catalano G. Governance models of university systems—Towards quasi-markets？ Tendencies and perspectives：A European comparison[J]. Journal of Higher Education Policy and Management，2006，28（3）：245-262.

③ OECD. Education in a Changing Economy and Society[M]. Paris：OECD，1989.

不再按照其"大学"或"学院"的名头被分配固定的资源，政府设置面向所有高等教育机构的平等的投资规则，所有机构根据绩效评估共同竞争政府资金、私人资金和学术声誉等资源。同时，联邦政府鼓励大学通过其他途径获取更多的办学经费，但并没有将"营利"目标写入大学发展计划。

因此，一方面，高等教育不像以前一样属于纯粹意义上的公共部门，因为其引入了绩效手段和竞争机制；另一方面，高等教育也不会像私人企业那样追逐利润。大学服务的消费者或顾客也不像自由市场一般，完全以金钱来衡量服务价值和开展服务交易。学生开始交纳费用，其对于高等教育的消费能力，可以通过政府的拨款、学生贷款（HECS、HELP）或教育券等形式得到加强。从某种程度上讲，在这种高等教育"准市场"内，"由政府作为第三者来代表消费者选择服务供应商"[①]，以实现政府"用最少的钱办最高效的教育"的目的。

3. 霍华德政府改革

随后的霍华德政府推行了更为激进的公共部门私有化改革，主张将部分公共服务（包括高等教育部门）按照一种"生意"的方式来运营，在竞争的环境中促进其效益和效率的提升。相较于道金森时期，在这种理念指导下的高等教育改革又在市场化的方向上迈出了一大步。大学开始面临更为激烈的竞争和更少的政府扶持，只有通过设立更多的收费项目和积极推进高等教育出口产业，才能保证自身的发展。高等教育输出已经成为经济和市场战略的一个组成部门，在某种程度上讲，高等教育开始赢利。

2002 年以来，尼尔森部长的高等教育改革一方面通过强化市场对于大学管理、资金等各方面的影响，继续推进高等教育的市场化进程；另一方面不断加大联邦政府对大学的控制力度。尼尔森的报告是运用经济刺激手段促成高等教育理念的转型。大学更加关注自身的收入，与其他高等教育提供者之间展开了争夺，大学被迫将更多的精力投入制定合适的价格机制和营销策略等方面。这被许多澳大利亚高等教育学者称为大学的"费用文化"（fee culture）。[②]同时，学生则被视为高等教育服务的消费者和购买者，他们所需要的是掌握充分的市场信息、做出正确的选择，当然同时也花费了更多的费用。市场的营利性目标和市场文化已经开始渗入高等教育的教学、科研和管理工

---

① Grand J. Quasi-markets and Social Policy [M]. London：Macmillan，1993：89.

② Duckett S J. Turning right at the crossroads：The Nelson Report's proposals to transform Australia's universities [J]. Higher Education，2004（47）：211-240.

作中。

4. 吉拉德政府改革

2008 年之后的吉拉德高等教育改革适度扭转了高等教育前期快速市场化的势头，针对高等教育质量下滑的社会担忧以及国际留学教育出现的诸多质量问题，提出了国家统一的高等教育质量监管体系。同时，基于澳大利亚高等教育的整体规模提出大力提升高等教育参与率的政策目标。2008 年的《澳大利亚高等教育评估》大胆地提出了到 2020 年将 25～34 岁人口中的高等教育参与率从29%提升到 40%的设想[①]，同时对于高校的质量管理和绩效管理均提出更为严苛的标准，并以高校办学经费的 2.5%作为绩效奖励，督促高校完成管理目标和质量目标。而且，工党政府基于传统对社会公共服务的承诺，宣布在高等教育领域持续进行公共投资。

但在实际的改革举措上，这一时期仍然延续了霍华德政府改革所形成的市场化导向。为了实现高校扩招，联邦政府实行了需求导向的本科办学经费投资，在招收自费生的名额上给予高校完全自由的权力，自费生比例和学费收入大幅增长，促进了澳大利亚高等教育规模的大发展。这一时期，学费收入已经占到了全部高等教育经费的 40%。[②]

5. 2014 年以来的改革

2014 年以来的高等教育政策最为关注的议题是高等教育在全球化社会中的竞争力、高等教育出口市场的开拓以及高等教育经费来源结构中的公私比例。其中，面向亚太地区发挥澳大利亚的传统优势，进一步巩固与发展高等教育产业与留学生教育市场，被认为是最现实和紧迫的阶段性任务。政策鼓励高等教育参与率的进一步提升，最为直接的就是继续提高自费生的比例。虽然本科经费中的 41%来自学生的学费，但联邦政府仍将其负担的高等教育经费比例由原来的 59%下调到了 45%。[③]为了更大程度地缓解政府的经费压力，其甚至又一次调低了学生贷款、还款的基准门槛，这样可见的趋势是来自个人的高等教育成本负担比例仍将稳步提升。同时，在政策上部分或全面放开了高等学校本科学

① Australian Government Department of Education and Training. Higher Education in Australia: A Review of Reviews from Dawkins to Today [EB/OL]. http://hdl. voced. edu. au/10707/384852 [2019-08-11].

② Australian Government Department of Education and Training. Higher Education in Australia: A Review of Reviews from Dawkins to Today [EB/OL]. http://hdl. voced. edu. au/10707/384852 [2019-08-11].

③ Australian Government Department of Education and Training. Higher Education in Australia: A Review of Reviews from Dawkins to Today [EB/OL]. http://hdl. voced. edu. au/10707/384852 [2019-08-11].

费定价，客观上形成了以高等教育机构为经济主体的基于课程与教学质量的高等教育价格市场，供学生及其家庭自由选择。同时，联邦政府还尝试将 HELP 这个负担沉重的学生贷款项目转向产业化运营，只不过专业委员会的调查结论认为此项改革的时机还不到，因此暂且搁置。

总的来看，自 1988 年以来，澳大利亚高等教育市场化体现为从"准市场"向经济市场发展的过程。道金森改革促使澳大利亚的高等教育领域形成了"准市场"。1996 年，霍华德政府将这一"准市场"向更为完全意义上的经济市场推动。从 2002 年开始，伴随尼尔森高等教育改革的推行，激进的市场化目标、攀升的学费收入、扩大的国际教育出口成为澳大利亚高等教育政策的主流。2007 年，吉拉德高等教育改革体现了工党注重社会公平与基础福利的一贯方针，但高等教育市场化发展范式已经形成，统一了澳大利亚对于高等教育整体发展战略的认定，并在方法论的角度确定了较为清晰的市场化改革路径。因此，吉拉德的阶段性贡献虽然主要体现在统一的高等教育质量保障体系的建立，但在市场化导向上仍然与前面霍华德政府时期的改革一脉相承。然而，近年来的政策调控的重点是增大个体成本负担的比例、全面放开高等教育价格市场。因此，澳大利亚的高等教育市场化体现出深化、激进、彻底的特点。

第二节
澳大利亚高等教育宏观治理路径的转向

在市场化改革之前，高等教育治理的外部权力场域充斥了大学与政府关系的微妙变化。大学依赖于政府提供的办学资源，同时又希望独立，摆脱政府不必要的管控，当政府与大学的关系出现紧张状况时，问题的核心永远是自治与控制的矛盾。政府与大学之间的关系本来就相对复杂，在强力加入了市场元素之后，效益和效率优先成为新时期的准则。澳大利亚的大学体制是英国本科学院体制与美国研究型大学体制的综合，所以澳大利亚高等教育改革学习和借鉴了英国和美国的经验，但更多的是在实用主义哲学观统领下的"变异"与创新。三角关系新的变化就是对这场"变异"和创新的注解，是大学组织外部环境变化的最直接的体现。

一、政府角色的转型

美国高等教育学者克拉克提出了影响各国高等教育形态发展方向的三股主要力量，即国家权威、学术寡头和市场，他具体运用一个三角模型来分析高等教育系统的权力问题。这一理论已经提出半个世纪了，但在今天仍然可以非常有效地帮助我们来了解影响国际高等教育力量的诸多关系。20 世纪 80 年代以来，澳大利亚高等教育受到全球化、新管理主义以及国家（市场）力量更替的多重影响，特别是市场力量在高等教育改革过程中产生了重要的影响。市场化的发展进程使政府、市场与大学的定位发生了改变，权力主体之间的关系也已经出现了某种程度上的转型。①

（一）政府履行高等教育公共职责的三种角色

政府履行高等教育公共职责包括多重内容，涉及政府在高等教育中的职责与权限，政府对于高等教育的经费拨付手段与程度，政府对于高等教育资源的配置模式，还包括联邦政府与地方政府在高等教育上的职责分担。前文对政策进行分析时涉及大量相关内容。在政府实际履行高等教育公共职责的过程中，澳大利亚政府扮演着三种不同的角色，每种角色背后实际上都体现了对高等教育的认识与改革的不同思想。

1. 政府作为提供者

这种角色是世界上绝大多数政府在高等教育领域中都会扮演的。澳大利亚的高等教育体系自其正式建立之日起就一直接受联邦政府与州政府在资金、土地与基础设施等多方面的支持，只不过政府财政拨款在所有经费中的比例一直在变化，如图 5-4 所示。

---

① 何晓芳. 新自由主义背景下的澳大利亚高等教育管理模式转型[J]. 清华大学教育研究，2012，33（6）：55-60.

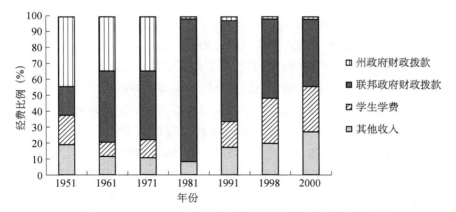

图 5-4　1951—2000 年澳大利亚高等教育经费收入来源比例

资料来源：Australian Government Department of Education，Science and Training. The Emergence of Entrepreneurial Public University in Australia：Rationalising Responsibility for Higher Education in Australia Issues Paper[EB/OL]. http://www.dest.gov.au/sectors/higher_education/policy_issues_reviews/key_issues/commonwealth_state_responsibility_higher_ed.htm[2007-10-12].

20 世纪四五十年代，州政府是高等教育经费的主要提供者。从 20 世纪 60—70 年代开始，联邦政府通过政策调控与拨款模式改革对高等教育施加了更多的影响，这种影响到 20 世纪 80 年代达到顶峰。联邦政府取代地方政府负担了全部高等教育经费，并且免除了学生的学费，高等教育作为一种公共产品，是由政府无偿提供给民众的一项福利。同时，联邦政府拨款在所有经费来源中的比例达到了最高值。然而，道金森改革不仅是澳大利亚政治、经济、文化发展史上为数不多的激进式的变革，同时也成为其高等教育发展的一个分水岭。道金森改革以后，历经多轮政府更迭，澳大利亚联邦政府拨付的费用所占比例在逐年降低，学生依据"使用者付费"原则交纳的学费及其他来源经费所占的比例在不断增加。这体现了一种新自由主义的改革思想，即政府不再将高等教育视为一项公益性质的事业，而是将其打造为一种需要消费者支付相应的费用去购买的竞争性的高等教育服务。受市场化进程的影响，政府承担的教育经费比例在逐渐降低，而由受益者和服务提供机构本身所承担的教育经费比例在逐步增加。

2. 政府作为购买者

虽然鉴于高等教育的准公共物品的特殊性质，联邦政府一直强调其在高等教育公共财政拨款中的职责，但从图 5-4 中已经可以看出，联邦政府财政拨款在高等教育总经费中所占的比例自 1991 年开始逐年下滑，而且以往不做详细要求的"一揽子拨款"已经被众多分门别类、针对性特别强的竞争性项目拨款所取代，以往对高等教育机构的拨款也已经被直接针对消费者（学生）的资助所取代。政府不再单纯地扮演物质资源提供者和高等教育最主要的举办者的角色，更倾向于通过市场的手段将原本由自身承担的高等教育服务责任转交给社会组织和高等教育机构履行，以提高高等教育公共服务供给的质量和公共财政经费使用的效率。隶属于澳大利亚联邦政府教育部的高等教育理事会（Higher Education Council）就曾在一份报告中指出，高等教育机构（大学）拥有大量的教育资源，一系列实体都希望向这些机构购买教育服务，而政府是最大的购买者，政府与高等教育机构之间是一种类似于顾客与产品提供者之间的契约式的关系。政府虽然如以前一样在为高等教育拨款，但这种资助并不是单纯意义上的补助，而更多地表现为是对某些特殊领域和专业的毕业生及科研成果的"购买"行为。①既然政府的投资成了某种程度上的"购买"行为，那么购买方——政府就有对要购买的产品和服务进行选择的权利，"买什么""买多少"直接决定了政府资金的流向。所以联邦政府的高等教育投资成为一种"软性投资"（soft money），即大学能否获得投资、能获得多少投资，都取决于大学对于政府需求的满足程度和水平。②

3. 政府作为监管者

1998 年，经济合作与发展组织在《重整高等教育》（Redefining Tertiary Education）的报告中就提出高等教育治理的思想，期望政府对高等院校的管理要由以往的微观治理（micro-governance）转为宏观治理（macro-governance）。③高等教育学者克拉克曾认为，假若某些国家提供大部分（甚至全部）高等教育经费，国家对于高等教育的控制便因此增强；反之，如果市场或非国家领域在高等教育投资中居于主体的话，国家对于高等教育的影响便相对减弱。④澳大利亚的情况稍有不同，但也基本符合这一规律。在道金森改革之前，澳大利亚公立高等院校的办学经费几乎全部来源于联邦政府的财政拨款，同时学生免费入学。可见当时的高等教育属于社会福利项目之一。然而，1988 年以后，联邦政

① Ramsey G. The New Challenge for Higher Education: Growth, Increased Outputs and New Directions[C]. Armidale: University of New England, 1988.
② Williams G. Changing Patterns of Finance in Higher Education[M]. Buckingham: Open University Press, 1992: 13-14.
③ OECD. Redefining Tertiary Education[R]. Paris: OECD, 1998.
④ Clark B R. The Higher Education System[M]. Berkeley: University of California Press, 1983.

府不仅在"使用者付费"理念的支配下恢复了学费，还不断降低政府拨付资金的比例，这是政府后撤和市场前进的一个表征。但联邦政府通过建立全国统一的高等教育质量保障体系，对全国高等教育机构的办学质量进行了严格的管理。这种角色的变化是政府不再大包大揽，从微观治理转向了宏观治理，从事无巨细的"管制"转向了基于绩效与成果的"监管"。虽然二者都是"管"，也都是政府的行为，却有着根本的区别。监管是面向最终的质量成果的，是基于既有的质量标准与绩效目标的。通过与大学就质量、拨款、绩效目标等问题进行协商，以及竞争性项目的设置、实施严格的质量监督考核体系，澳大利亚联邦政府不仅没有在高等教育市场化的进程中退居幕后，反而日益强化了其在高等教育改革中的影响力，牢牢地把握了高等教育发展的大方向。

4. 两级政府高等教育治理权限处于不断调整中

根据澳大利亚宪法的相关规定，高等教育的举办责任是各州（地区）政府的职责权限范畴，联邦政府在高等教育系统初创时期的影响并不大，但联邦政府较早地认识到了高等教育对于一个移民国家的发展的重要性。在民族文化的重建阶段，联邦政府从拨款开始强化自身的影响，在 20 世纪 80 年代进入两级政府职责关系划分上最为极端的一个时期，即全部高等教育经费均来自联邦政府。后期在执政党更迭的不稳定格局中，联邦政府始终强调统一的高等教育系统的重要性，主张各州（地区）政府将高等教育权力上移，并组建了多个专业委员会开展大量调查研究，用以论证联邦政府的高等教育管理模式如何从地方分权式转向集权式。

澳大利亚联邦政府以前是高等教育公共产品的可靠提供者。在新自由主义思想的引导下，澳大利亚联邦政府致力于建立一个"大市场与小而能的国家"。在高等教育领域，随着道金森改革、霍华德政府引导下的尼尔森两轮改革、吉拉德改革等一系列改革进程的推进，高等教育成为自由竞争市场中的主体，竞争机制与价格机制充分发挥作用，高等教育输出在亚太地区市场占据重要份额，高等教育日益关注"效率""效益""成本""绩效"，更为关注对学生及社会高等教育需要的满足及其质量，大学内部的治理结构也以市场化改革为原则进行了相应的调整和优化。政府对自身角色的认知，以及对高等教育公共职责的履行，在很大程度上造就了澳大利亚高等教育市场，为私营部门和市场融入高等教育的发展提供了机会，也为高等教育机构寻求自身发展预留了突破口。在这一过程中，联邦政府的"公共产品提供者功能"（public good function）在不断弱化，其提供者的角色日益让位于监管者的角色。在此过程中，联邦政府利用不同的形式（用竞争性拨款代替一揽子拨款、设立高等教育贡献计划、加强质量评估等）实现了宏观治理功能。在这种变化过程中，市场前进并没有带来政府的撤退。"有所为，有所不为"反而促进了"大政府"向"小而强"政府的转变。

（二）从政策手段到治理手段

1. 政策与治理的关系

澳大利亚的高等教育改革进程出现了一些非常独特又很有趣的现象。在高等教育系统的创立和不断发展完善的历史过程中，澳大利亚大学比美国的大学更依赖于联邦政府。20 世纪 80 年代，新自由主义思想在澳大利亚立脚，其影响力较大，推行的速度甚至一度比英国和美国都快，改革的举措也较为激进。虽然工党在 21 世纪初曾经针对高等教育过度市场化背后的问题组建专业委员会进行深入的反思，但总体上仍然对全球竞争中的澳大利亚高等教育表现出潜在担心。这种现象有其背后深层次的民族文化和哲学背景。正如一位学者所言，"源于没有强大的本地根基的派生性教育传统的影响和一个移民国家对在社会上往上爬的执著"[①]，澳大利亚的高等教育领域一直有着明显的实用主义倾向。这种民族文化的影响，对于政府在高等教育领域中的定位及其作用的发挥起到了至关重要的作用。澳大利亚高等教育的市场化改革是"由上至下"推行的，所以政府公共治理哲学的改变直接影响着高等教育市场的形成与发展。同时，市场化的不断推进又反过来要求政府对包括高等教育在内的公共领域的治理策略进行相应的调整。总体来看，澳大利亚联邦政府在高等教育领域中的作用体现出一种从全能式的政策向工具化的治理转变的特点。

"政策是用意图和执行意图的形式写成的故事，而治理则是对微观处理、结构性经济改革、预算和各种商业姿态的记述。"[②]从某种程度上讲，政策应该被定位于宏观领域，而最为切实有效的治理应该是属于中观和微观领域的。但政策与治理原本是不可分的，因为所有形式的治理中都有政策，而在制定政策的过程中也总是隐含着某种程度上的权力结构。因此，政策也可以是宏观的治理，

① Kaminsky J S. A New History of Educational Philosophy[M]. London: Greenwood Press, 1993: 195.
② 西蒙·马金森，马克·康西丹. 澳大利亚企业型大学的权力结构、管理模式与再创造方式[M]. 周心红译. 杭州：浙江大学出版社，2007: 69.

治理则一定是政策的具体化。

2. 从全能政策到治理能力的转变

在 1987 年以前的澳大利亚高等教育领域，"政策"是最为核心的关键词。从某种程度上讲，对于"政策"的过度依赖体现的是联邦政府的角色认知。宪法并未给联邦政府预留出太多的高等教育治理空间，因此联邦政府能够采用的手段只有两种，一种是拨款，另一种就是政策。拨款的空间并不大，在两轨制的高等教育系统中，拨款取决于两个要素：一是大学或是学院的类型；二是招生的数量。这两个要素限定了拨款的空间。虽然有作为中介机构的诸如联邦政府第三级教育委员会等机构的存在，但这些机构很大程度上并不是完全意义上的第三方机构，最终还是要实现和代表联邦政府的意见。联邦政府为了在高等教育治理等方面产生更大的影响力，就必然倾向于通过事无巨细的规制和限定，对高等教育的宏观领域和微观领域进行全方位的控制。在这一过程中，联邦政府的角色定位是全能式的，大学与联邦政府之间的关系是靠"政策"进行调节的。因此，1987 年以前，联邦政府对于高等教育的治理实质上是管理，源于对制定与出台政策的"兴趣"。然而，"一手包办"的联邦政府却并没有赢得赞扬之声，管得太多势必会形成过分臃肿的官僚体制，成本提高，工作效率降低，导致决策过程、管理过程僵化，一度引起高校与社会各界的质疑与批评。

20 世纪 80 年代，联邦政府开始花费很大的精力寻找一种"用较少的钱办更多的事"的方法，全能式的政策开始让位于有限的、更有针对性的、更灵活的治理。联邦政府开始接受市场化手段，认为其可以有效地降低政府的公共财政压力，在缩减赤字的同时又增进了社会福祉。这是一种对公共部门治理的工具主义的新观点，即新公共部门管理主义的基本思想。道金森改革是联邦政府对高等教育领域实施新型治理模式改革的起点。高等教育领域中的工具化治理并不以传统的硬性政策推行为主要手段，而更喜欢用充满选择性和多样化的语言，通过微观目标设定、改革进程的安排以及绩效结果控制等手段和环节，以"胡萝卜加大棒"的方式达到具体的治理目的。例如，通过设立中介机构——联邦政府第三级教育委员会、在"使用者付费"的原则指导下恢复大学学费、鼓励大学与企业界加强联系、竞争性的拨款等改革举措，实现了澳大利亚高等教育管理体制的变革，建立了整个高等教育部门的治理新模式。这体现了政府思维上的一种转变："从以政策为中心的模式转变成了把高等教育所有问题都结合进一系列治理技能的方法。"①高等教育不能过分依赖联邦政府的政策，在政策以外，治理拥有了优先权，为了达到高效率，鼓励高等教育机构进行系统内的重组，运用更有力的绩效评价手段，使高等教育机构处于联邦的监管之下。

因此，澳大利亚有史以来第一次建立了这样一种模式，它通过使用相对较为简单的一套绩效治理方式使高等教育系统内部发生了深刻变化。因此，有学者称道金森高等教育改革采用了撒切尔首相对英国管理领域改革一样的模式：运用典型的新自由主义的方法，以体系化改革计划、以市场为核心的政策话语和不容置疑的改革信念推进改革的实施。②在这个从全能式的政策到工具化的治理的转变过程中，实现了政府从"大"到"小"的转变，在高等教育领域引入市场机制，建立了成本和绩效核算观念，大学的外部关系和内部生活都发生了较大的变化。

二、大学、政府、市场的博弈

在克拉克的国家权威、学术寡头、市场三角关系的研究框架里，国家权威代表的是社会的集体意志；学术寡头由资深教授组成，其影响力来自知识和专业的权威；市场则体现了个别消费者的意愿。政府、市场及学术寡头三者之间在力量坐标上的定位及其构成的关系成为衡量世界各国高等教育管理体制和特色的标准。这一思路深刻地影响到了本书对于澳大利亚高等教育宏观治理转型的分析，下面将从政府、高校与市场三个宏观治理主体的权力关系入手，具体解析澳大利亚高等教育系统建立至今的宏观治理模式的转型过程。

从总体上看，澳大利亚的大学、政府与市场之间的关系历经了两次比较明显的改变：1850 年到 20 世纪 80 年代表现为从学术主导型向政府主导型的转变；随后，以 1988 年的道金森改革为契机，从 20 世纪末开始呈现出从政府主导型向市场主导型发展的趋势。

（一）从学术自治到政府调控（1850—1987 年）

澳大利亚的高等教育史比其民族史和国家史更长。创建于 19 世纪 50 年代

---

① 西蒙·马金森，马克·康西丹. 澳大利亚企业型大学的权力结构、管理模式与再创造方式[M]. 周心红译. 杭州：浙江大学出版社，2007：18.

② 西蒙·马金森，马克·康西丹. 澳大利亚企业型大学的权力结构、管理模式与再创造方式[M]. 周心红译. 杭州：浙江大学出版社，2007：31.

的早期学院，在初创时期就以特许机构的性质接受州政府的资助。在随后的政策调整过程中，受联邦政府与州政府高等教育治理权责关系变化的直接影响，澳大利亚建立了高等教育的两级政府治理模式。因为公立大学在数量上占绝对优势，其经费绝大部分来自联邦政府的财政预算，所以后期受到联邦政府的影响越来越大。

1. 不成熟的市场

在 20 世纪以前的 200 年左右的时间里，世界上许多国家和地区实行的都是自由放任的市场经济，政府是远离市场的。这种经济哲学在 19 世纪到 20 世纪初一直支配着英国、美国等主要资本主义国家。这种自由放任的市场经济尽管存在诸多问题，但对于激发微观经济单位的活力，促进资源的有效配置和经济发展，发挥了极大的作用。但自由放任的经济有一个必要的前提，就是市场要相对比较成熟。同时，自由放任和自由市场都是比较理想主义的经济观念，正是这个特点造成了后期经济学的转向，并使多个国家在第二次世界大战后相当长的时间里都对经济加紧了干涉和管制。在 20 世纪 80 年代以前的阶段，澳大利亚的市场本身并不完备，因此一直没有接受自由经济这种形式。

从建国到 20 世纪 80 年代末，在不到 90 年的历程中，澳大利亚国内经济遭受了几次比较严重的经济危机。19 世纪 20 年代，澳大利亚主要做羊毛、小麦、矿产品等初级产品的出口，同时向国外大额借贷。随着 1929 年世界范围内的经济危机的逼近，初级产品的价格猛降，收入锐减，借贷没有了接续，还款更是雪上加霜，澳大利亚国内经济受到很大影响。20 世纪 70 年代中期，澳大利亚联邦政府为了克服经济衰退、抑制高失业率，采取了扩大政府支出、增加社会保障和福利费用等措施来刺激经济。但是，20 世纪 80 年代初，澳大利亚又陷入经济衰退。正像澳大利亚官方出版的一份材料所说，"澳大利亚经济常常像一个公园里供游人娱乐的滑行轨道"，它总是一会儿陡升，一会儿骤降。[①]究其原因有很多种，国际市场结构单一以及国内市场的相对不完善是其中很重要的一个方面。因此，受制于经济体量、经济体系发展阶段和发展程度，其对社会其他公共部门的支撑作用体现得不够明显。澳大利亚的高等教育在 1850 年到 20 世纪 80 年代之间的较长的一段时间内与市场的交集并不多。

然而，大学是不可能孤立于社会而存在的，它总会或多或少地受到市场的影响。早在 19 世纪五六十年代，澳大利亚大学就利用学校资产进行有限投资并

---

① 转引自：殷汝祥，衣维明. 澳大利亚市场经济体制[M]. 兰州：兰州大学出版社，1994：5.

取得额外收入。但因 80% 以上的高等教育办学经费均来源于联邦与州两级政府的财政拨款和学费收入，高校经济来源稳定，额外创收只占较小的比例。因此，虽然市场化的行为出现得比较早，但市场化的程度较低、影响较小。高校并没有面向社会和市场办学，市场并没有对大学的教学、科研以及社会服务工作产生较大影响，政府对大学的管理和资源配置工作也没有因市场受到任何影响。这一阶段的市场行为与 20 世纪 80 年代后期的市场行为存在明显的本质上的差异。

在传统的政府与大学的关系中，政府在确定高等教育机构的招生数量和专业类型时，采用的都是一种计划经济的思路，属于一种未雨绸缪式的"预测型计划"模式。《马丁报告》建议联邦政府："考虑到继续由政府做人力资本的预期和规划是一项比较冒险的（hazardous）工作，莫不如引入市场的供求机制，来解决学生的志愿和社会的需要之间的矛盾和冲突。"[1]但是，因为人力资源市场的不完善，以及经济市场自身存在的一些问题，《马丁报告》的所有建议几乎都被联邦政府否决，这一提议当然也就没有了下文。当时的澳大利亚并没形成像英国、美国等国家那样成熟和完善的市场机制，更无法解决《马丁报告》中提到的"高等教育中的矛盾和冲突"问题。因此，结合澳大利亚市场经济系统的完善和发展过程，本书将 1850 年到 20 世纪 80 年代这一阶段归为市场化的前期阶段。还是因为市场的不成熟，这一时期内的大学、政府和市场的关系就体现为大学与政府之间围绕着政策宏观调控与机构学术自治展开的权力博弈。

2. 大学的有限自治

有资料显示，1858 年 2 月 27 日，悉尼大学获得了维多利亚女王授权的皇家特许状（Royal Charter of the University of Sydney）[2]，宣布了悉尼大学的合法地位。从 19 世纪 50 年代最早创办的殖民地大学开始，澳大利亚大学已经通过《大学法案》特许状和大学章程的形式，被赋予了独立法人资格，享有包括预算、课程、科研、人事、校长遴选、招生、学位授予等在内完全的管理自身内部事务的权力。此外，大学还拥有资产，并且保留通过大学理事会进行资产管理和投资营利的权力。

同时，又因为大学在创办之初规模有限，内部学院的结构设置单一，大学

---

① Davies S. The Martin Committee and the binary policy of higher education in Australia[J]. Higher Education，1991，21（3）：445-448.

② Royal Charter of the University of Sydney[EB/OL]. http://Sydney.edu.au/about-us/governance-and-structure/organisational_structure.html [2019-04-21].

的职能较为单纯，所以内部管理也以学术治理为主。当时的教授委员会与学术委员会和教师大会往往是一个组织，学术权力优势明显。尽管联邦政府成立了管理委员会，但其介入大学治理是不受国家宪法和大学章程保护的，所以政府对高等教育机构的干预不是经常性行为，其产生的作用也较为有限。

从大学治理模式来讲，当时的澳大利亚大学是由少数教授治理的，基于学术自治的根本逻辑和权力规则，与宗主国英国的学院治理模式颇为相似，就是一种单纯的学院式治理，具有基于大学传统所赋予的自治权力。"教授只听从同伴的认可，而他们的同伴很少。大学实际上像私人俱乐部似地在运转着，入会受到严格的限制。行政人员和初级教师在治理的权力序列上位置靠后，今天大学的'管理者'的角色在当时是根本不存在的。"[1]这是高等教育治理模式转型过程中的早期形式，与世界上许多其他国家的经验也是类似的。第二次世界大战后，随着大学越来越综合化、复杂化、规模化，以教授治理为主、行政管理为辅的治理结构的局限性逐渐显露，经济危机也一度引发了大学的财政危机，学术治理与行政治理的关系被重新审视。

从法律的角度来讲，澳大利亚宪法和议会、大学章程已经赋予大学独立法人地位，其享有完全的自主性和自治权。"达特茅斯学院案"是一个经典案例，美国政府对于大学章程法律地位的承认，深刻地影响到了全世界高等教育的立法。因此，澳大利亚联邦政府一直认可大学章程具有宪法意义上的法律效力，可以作为规约高等教育举办者——政府和高校的实际管理者之间的关系的基本制度，任何来自社会的对大学自治的干预都遭到大学的激烈反对。与此同时，高等教育机构、教师和学生群体也分别建立了自己的社团组织。其中，澳大利亚大学副校长委员会、澳大利亚大学教职工联合会是全国性高等教育组织，专门维护高等教育机构以及教师的学术利益、社会利益和经济利益。[2]

然而，立法上的自治与经济上的自治是完全不同的概念。从经济的角度讲，澳大利亚大学最初最主要的收入来源是学生的学费、投资所获利润、私人捐赠以及州政府的拨款。20世纪60年代之后，联邦政府和州政府的拨款占大学收入的比例越来越高。到了20世纪80年代，大学的收入来源较为单一，办学主要依靠联邦政府的财政拨款。经费来源结构的调整使政府与高校的关系产生了变化。最为明显的表现就是大学受到政府政策调整以及其他宏观调控手段的直接

---

① Thornton M. Universities：The Governance Trap and What to Do about It[EB/OL]. http://www.researchgate. net/public ation/237790565_Universities_the_governance_trap_and_what_to_do_about_it[2019-06-25].

② 王斌华. 澳大利亚教育[M]. 上海：华东师范大学出版社，1996：189.

影响，同时受到政府拨款体制改革的直接影响。联邦政府对于高等教育改革与发展的诸多想法受到当时执政党的经济与社会发展哲学的直接影响，最终以一种间接的形式直接作用于高校。例如，20 世纪 60 年代，惠特拉姆政府宣布取消学生的学费。从立法的角度来讲，联邦政府并没有法定权力可以取消各州大学的学费，但此项政策并没有遭遇任何阻力。同一时期，联邦政府还规定了全国统一的大学教师工资水平标准，这在较早时期是无法完成的任务。后期，在高等教育市场化进程中，联邦政府出台的多项政策均顺利实施都是政策本身的灵活性及其与其他调控手段相结合的结果。

澳大利亚大学委员会一直扮演着联邦政府和大学之间的中介者的角色。但实际上，澳大利亚大学委员会不是严格意义上的第三方，其所体现的仍然是联邦政府的政策意图。在资金分配的过程中，澳大利亚大学委员会对于大学治理的影响和作用也是很大的。联邦政府每年拨给澳大利亚大学委员会包括经常性拨款和基建费在内的各种经费，由澳大利亚大学委员会按一定比例下拨给各所高校。这笔经费对于整个高等教育系统的发展以及每所高校的发展而言都具有非常重要的意义。如果某所高校希望创设某一专业，而澳大利亚大学委员会不建议为其下拨基建费的话，这所大学新增专业的计划就会泡汤。而且，澳大利亚大学委员会如果认为某个专业的绩效考核不达标，有权停止对该专业的经常性拨款，这个专业也很难发展起来。这样为了获得更多的联邦政府的拨款，大学必须与澳大利亚大学委员会和联邦政府协商自身的学科建设与专业建设目标及其成果。从这个角度来讲，大学的学术自治也是有限的。

3. 政府的宏观管控

19 世纪 50 年代到 20 世纪 50 年代的一个世纪，澳大利亚国内与国外的环境一直比较动荡。一方面，民族和国家还处于初创阶段，各方面的根基不稳；另一方面，两次世界大战对政治、产业发展以及人口数量都造成了巨大的创伤。因此，在高等教育系统最初形成的第一个百年里，其系统的稳定性较弱，规模比较有限，改革是摸索式的。虽然第二次世界大战后迎来了高等教育发展的黄金时期，但国内几次经济危机又暴露了澳大利亚经济结构和市场的根本弱点，高等学校在这一时期作为社会公共部门需要政府拨款的大力扶持。20 世纪 60 年代以来，人力资本理论在澳大利亚受到很大重视，政府也乐于扮演终极投资者的角色。在教育经济思想的大力鼓舞之下，政府要做的一项重要工作就是进行人力投资规划。在高等教育领域，就是对高等教育系统的整体发展进行规划。澳大利亚大学委员会实际上就是代替联邦政府完成国家人力资本投资的整体规划任务。在这一过程中，受到凯恩斯主义经济学的影响，澳大利亚联邦政府将政府的宏观干预与调控从经济建设领域不断延伸至高等教育领域。

首先，联邦政府确立了第三级教育体系，即技术与继续教育机构、高级教育学院和大学。对于三个部门各自的定位及其相互关系，是第三级教育体系形成时期就确定下来的。技术与继续教育机构定位于职业技术教育，仅具有教学职能；高级教育学院定位于本科教育，具有教学和从事应用性研究的职能；大学定位于本科及本科以上水平的教育，具有以上两个部门的职能，同时还要从事基础性研究。第三级教育系统的创建，并不是高等教育机构主动面对国内外经济社会发展需要，面对学生家庭多样化的高等教育需求时，自动调整办学目标与人才培养定位，自然分化和选择形成的，而是联邦政府政策调整的结果，属于自上至下的体制改革的一部分。

其次，联邦政府为了实现跨越州（地区）政府改革高等教育的目的，将高等教育的拨款责任上移，并且取消了学生的学费，将自身变成高等教育最大的经费提供者，由此大学与联邦政府之间的关系从两级政府管理变为一级政府管理，削弱了州（地区）政府对大学改革与发展的影响力。

总的来讲，如图 5-5 和图 5-6 所示，从 19 世纪 50 年代到 20 世纪 80 年代，澳大利亚高等教育宏观治理从大学主导过渡到了政府主导。在面临大学规模扩充、学院结构复杂、办学经费紧张、治理主体多元的冲击时，传统的学院式治理模式会衍生出治理结构缺失、效率低下、能力欠佳、资源匮乏等诸多问题。图中实线表示不同时期澳大利亚大学、政府、市场关系的实然状态，虚线则表示三者关系的理想均衡状态，用以辅助说明实然状态各方面的程度与水平。

在现代化不断发展和国家主义思潮的双重冲击之下，最先建立的一批高等教育机构纷纷转型，学术治理的样态与形貌均发生了显著的变化。在这一阶段，澳大利亚国家理论及政策将包括高等教育在内的全部教育视为一种公共事业，将高等教育目标与国家的发展目标相结合，联邦政府乐于扮演高等教育经费的提供者和终极的管理者的角色。工党的长期施政纲领中也将免费的高等教育作为社会福祉和福利国家创建的一项内容，民众长期将接受高等教育作为一项国民享有的社会权利。在国家投资高等教育的制度与观念的影响下，政策调控的核心是作为国家福利的高等教育在分配中的公平与效率问题。在这一阶段的高等教育宏观治理领域，大学和政府是最活跃的治理主体，政府作为最强势的公权力主体，通过制度改革与政策调控对高等教育系统的形成与重建产生了重要的影响。

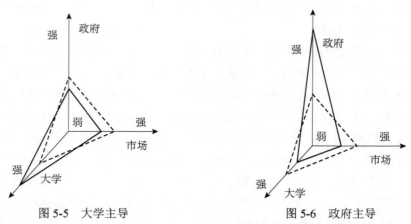

图 5-5　大学主导　　　　　　　　　图 5-6　政府主导

资料来源：Gallagher M. The Emergence of Entrepreneurial Public Universities in Australia[A]. Presented at the IMHE General Conference of the OECD，Paris，2000：6

资料来源：Gallagher M. The Emergence of Entrepreneurial Public Universities in Australia[A]. Presented at the IMHE General Conference of the OECD，Paris，2000：6

（二）自治与控制的调和（道金森改革）

　　1988 年的道金森改革通过大规模的高等教育机构合并和管理体制的改革，拉开了高等教育市场化发展的序幕，也使大学和政府的关系发生了微妙的变化。联邦政府一方面通过建立有效的宏观调控机制，进一步强化了对高等教育系统的影响；另一方面给高等教育机构下放了更多的办学自主权，以释放大学的活力。看似相互矛盾的改革，使政府和大学之间形成了一种新型的关系。道金森改革之后，联邦政府在立法、学费体制与拨款机制等方面加强了对高等教育系统的宏观调控。

　　从立法的角度来讲，澳大利亚的大学（澳大利亚国立大学除外）都是根据各州（地区）通过的大学法案建立起来的独立法人机构。州（地区）政府对本州的高等教育机构负有管理、监督、拨款等职责。这种责任归属关系在道金森改革过程中并未做出调整。但是，第二次世界大战后，澳大利亚联邦政府与州政府之间的权力划分与责任负担关系也在不断发生变化。例如，联邦政府将各州大部分类别的税收收归国有，联邦政府税收占到了全国税收的 80% 左右。州政府税收收入主要包括工薪税和印花税两项，总数仅占全国税收的 17% 左右。[①]
由于国家大部分税收被控制在联邦政府手中，各州（地区）政府对联邦政府的
依赖性比较大，州（地区）各项建设和管理所需费用绝大多数都来自联邦政府
的财政转移支付。在 2004 年澳大利亚联邦政府发布报告《澳大利亚高等教育责
任的合理化》时，很多校长和教师公开表示赞成。这是因为如果联邦政府通过
修改大学法案的形式将高等教育管理权限收归国有，有些州的高校教师就可以
摆脱相对较高的地方工薪税，相当于变相提高了教师的工资收入。

　　随着财权与事权范围的扩大，联邦政府对于高等教育的影响力也越来越大。
1988 年的道金森改革就是在联邦政府的强有力推行和引导之下得以实施的。因
为联邦政府并不具有高等教育立法权，所以在教育部为推行这些政策所颁布的
文件中往往不会出现比较强硬的措辞。例如，道金森在推行改革时就提到，"在
高等教育领域，由（联邦）政府强力推行的改革往往不会取得效果"[②]，因此，
联邦政府转而寻求一种政府、社会与高等教育系统之间的新型合作治理关系。[③]
在促进高级教育学院与大学合并的过程中，前者为了获得与大学一样的经费支
持只能接受政策条款，选择积极地与大学磋商实现合并，因为只有这样才能被
融入官方所谓的"公平的高等教育竞技场"。如果高级教育学院不与大学合并，
它们将在申请办学经费时受到各种限制，所获得的经费数额将会逐年递减。这
种类似于"胡萝卜加大棒"式的诱致性政策变迁过程，本身就是联邦政府宏观
调控力度加大的体现。

　　从学费体制与拨款机制的角度来说，在 1987 年以前的工党执政时期，联邦
政府并没有法定权力可以取消各大学的学费。在道金森改革之后，联邦政府也
同样没有法定权力恢复大学的学费。尽管后一项政策在当时招致了更多的抗议
和批评，但这些没有立法权保护的政府行为确实很快就得到了实施。在 1988 年
道金森改革以前，虽然高等教育的大部分财政拨付由联邦政府负责，但高等教
育的管理和资金的分配却由各州政府和相对独立的委员会负责管理。联邦政府
为了加强对高等教育的统一管理，通过增加对高校拨款的方式，一直希望将高
等教育管理权收归联邦政府一级。因此，在改革初期，联邦政府的强制政策受
到部分大学及教授团体的强烈反对，但改革最终成功的关键在于随之而来的拨

① 秦德占. 塑造与变革：澳大利亚工党社会政策研究[M].郑州：河南人民出版社，2009：169.

② Dawkins S. Higher Education: A policy Discussion Paper[R]. Canberra: Australian Governance Publishing Service，1987.

③ Dawkins J S. Government proposes new higher education system' minister for employment，education and training[N]. Media Release，1987.

款机制的变革，即所谓的钱包的力量（power of purse）。①联邦政府的拨款结构在发生变化，降低了基础性拨款的比例，增加了竞争性拨款的数额和比例。如果大学认为的重点发展领域与联邦政府规划的优先资助领域不符，大学将在竞争性研究型经费的申请过程中处于不利地位。在绩效评价方面，如果大学在与同类高等教育机构的横向竞争中处于劣势，联邦政府同样会对经费拨付机制做出相应的调整，降低拨付给绩效考核不理想的高校的经费总额。这些体制机制的调整正触及了大学发展的软肋。因此，强力的体制改革也一样得以顺利实施。

大学应该是最有权力决定学科中远期发展方向和发展目标的主体。1987 年以前，政府与大学之间尚存在被称为"缓冲机构"的联邦政府第三级教育委员会。虽然该机构只是半独立机构，但确实起到了促进政府和大学之间的协商对话的重要作用，发挥了高等教育政策解释、经费分配与监督咨询等多项职能。但随着 20 世纪 80 年代末的道金森改革的推行，联邦政府第三级教育委员会被解散，其职能被完全隶属于联邦教育部的高等教育委员会（Higher Education Commission，HEC）和澳大利亚研究委员会（Australian Research Council，ARC）所取代，相当于从半独立机构变为政府隶属机构。随着作为中介机构的联邦政府第三级教育委员会的被解散，原本三边的协调关系变为高等教育机构和政府面对面的直接磋商。大学学科的发展受到政府机构改革的直接影响。一方面，政府的竞争性研究拨款更多地面向应用性和技术性学科，而人文社会科学明显处于劣势；另一方面，面向市场的导向也使许多致力于基础研究的学者处于不利位置。所以，大学学科发展方向和目标开始更多地面临市场的引导。

同时，澳大利亚大学在受到联邦政府立法与经费体制机制的宏观强力调控的同时，也被赋予了与以往相比更大的办学自主权。道金森改革以后，联邦政府的拨款在高校所有资金中所占的比例有不断降低的趋势，包括学费收入、科研成果的市场转化收入、有偿服务收入等在内的所有其他经费比例在不断上升。经济来源渠道的拓展给大学治理带来了更多活力。1988 年发布的政府白皮书用较大的篇幅引入了高等教育改革的另一个关键词——权力下放（deregulation），这是对以往联邦政府对高等教育微观治理干预过多的一种反思，即有意识地减少政府对大学的财务、人事、课程等方面的管制，将具体的决策权下放给高校，由高校自行制定具体发展指标与实施相应的改革。从此，澳大利亚高等教育机构被赋予更大的治理弹性，在面对国内外高等教育竞争和促进经济社会发展的

① Meek V L. The transformation of Australian higher education from binary to unitary system[J]. Higher Education，1991，21（4）：461-494.

现实需要时，其能够更积极地根据市场发出的信号做出实时响应。

道金森改革体现了澳大利亚联邦政府在高等教育治理场域中的角色转型，即由事无巨细的管理者转型成为宏观治理主体。"小而能"的政府加大了其在高等教育宏观治理上的引导和调控，削弱了其在微观治理领域的权力。在这一过程中，澳大利亚大学与政府的关系既不同于有些国家的政府控制模式，也不完全等同于欧美等国家的国家监督模式，而是形成了一种新形式的"互惠"关系（new mutuality）。①这种关系的实质就是政府通过财政手段或立法手段掌控宏观治理空间中的话语权，而大学在实现政府的总体期待的基础上，在微观治理场域中依据市场发出的信号积极、灵活地自主制定发展策略。政府的手段是以引导型竞争为主的，大学可采取合作型策略或非合作型策略，在选择权上大学是自由的、自治的，但博弈的结果一定是选择合作，否则大学将很难获得稳定长期的经费支持。因此，在澳大利亚联邦政府的放权改革之下，博弈场域的基本规则已经明确，大学的办学自主权与大学自治无论是在内涵还是外延上都已经发生了新的变化。大学拥有自治权，政府却拥有影响大学行为的力量。大学面临着与传统治理模式相比更大的办学自由，但在真实的博弈中受制于国家发展目标与市场经济信号，大学的自治已经成为一种市场经济信号，大学的自治是有限的，大学其实别无选择。②其中，最为关键的要素就是澳大利亚联邦政府的竞争性财政拨款制度与相应的机制，它使这种政府和大学之间的新型关系变得非常稳固。

政府对高等教育的投资与治理并不遵循经济学产权理论所宣称的"出钱的说了算"法则，但大学受制于政府的"非法律的合法影响"（nonlegal legal influence）却一直都是事实，而且这种作用与影响越发明显。从某种程度上来讲，澳大利亚1988年的高等教育体制改革，完全是在大学和高级教育学院等高等教育机构"完全自愿""完全自由"的配合，以及联邦政府完善的后续制度与机制安排的基础上顺利完成的。在这场变革中，联邦政府与大学之间各有退让。联邦政府将拨款作为杠杆，"温柔"地规约了高等教育机构之间的合并和大学未来学科战略方向的确定。大学与联邦政府合作的同时也享有了更多的内部治理的自主权。没有绝对意义上的控制，也没有绝对意义上的自

① Mahony D. Government and the university：The "new mutuality" in Australian higher education—A national case study［J］. Journal of Higher Education，1994，65（2）：123-147.

② Mahony D. Government and the university：The "new mutuality" in Australian higher education—A national case study［J］. Journal of Higher Education，1994，65（2）：123-147.

治和自由，只有两者找到恰当的比例才可以实现政策效果上的帕累托最优。因此，澳大利亚联邦政府与大学之间的新型治理关系不是"零和博弈"，即一方多一些，另一方就少一些，也不是对有限的高等教育管理权限进行简单的重新配置的问题。只是在特定的历史时期，为了满足国家经济重建与文化重建的需要，为了摆脱高等教育大众化引发的阵痛，使有限的高等教育资源发挥更大的作用，联邦政府与大学之间必须找到可以相互妥协与合作的交叉点。

（三）从政府调控到市场主导（20世纪末至今）

1. 政府与市场的"推拉"作用

克拉克提出国家权威、市场和学术寡头的三角形研究结构以来，许多学者的研究主要集中在国家与学术寡头两个维度，对于市场力量在高等教育发展过程中产生的影响一直没有给予足够的重视。20世纪末至21世纪以来，澳大利亚高等教育日益受到全球竞争的深刻影响，受到国际高等教育市场与留学市场变化的深刻影响，受到澳大利亚新时期国内政治、经济、环境变化的深刻影响。政府、市场与大学三者在坐标中的位置也在发生着悄然的改变。

虽然《马丁报告》在20世纪60年代就提出高等教育市场化的设想，建议"引入市场的供求机制，来解决学生的志愿和社会的需要之间的矛盾和冲突"[1]，但由于当时澳大利亚的国内市场不成熟，以及国内外政治、经济、社会环境大背景的影响，这一提议被政府全盘否决。20世纪末以后，随着经济全球化浪潮的席卷，澳大利亚历届执政党源于一种对澳大利亚国际竞争优势不再的隐忧，均大力拓展市场，以重振澳大利亚经济。得益于澳大利亚国内外市场的不断发展和完善，高等教育市场化改革顺利实施并取得了明显进展。1988年的高等教育体制变革开启了澳大利亚高等教育发展史上的一个新的纪元。在此后的高等教育政策变迁进程中，有两股力量处于强势地位，即政府的推动与市场的牵拉。

政府的推动是指澳大利亚的高等教育市场化进程是在联邦政府的直接推动

---

① Davies S. The Martin Committee and the binary policy of higher education in Australia[J]. Higher Education，1991，21（3）：445-448.

下，沿着"从上至下"与"从下至上"相结合的路径发展演进的。一方面，政府强化宏观调控，转变治理角色，实现了"小而能"的政府的创建。同时，转变了其一直以来公共产品提供者的职能，转移财政负担，逐步降低拨款比例，引导高校更多地面向市场寻求资金来源。另一方面，政府放松对高校的管制，在自费课程（专业）开设、自费生招生名额、学费定价等重要领域，给予高校实质上的决策权，鼓励高校对学生和市场的需求做出快速的反应，提供更为多样化的高等教育服务。

市场对高等教育的牵拉是通过无数组供求关系实现的。市场作用的发挥是隐性的，并不像政府的政策调控那么强势。因此，市场的影响是软性的。换个角度来看，只有高等教育机构适应市场才能获得更好的发展，违背市场规律是无法生存的。从这一角度来讲，市场也是非常强势的。

如果说 20 世纪 80 年代之前高等教育更多地服务于联邦政府的政治发展目标，那么在此之后，澳大利亚的高等教育则更多地服务于联邦政府的市场经济发展目标。在霍华德的高等教育改革之后，高等教育发展目标与国家经济目标甚至出现了某种程度上的趋同。因此，澳大利亚高等教育政策变迁的逻辑是：联邦政府推动高等教育向着更进一步的市场化方向发展。

2. 竞争机制的建立与强化

道金森改革打破了高等教育的二元体制，建立了所谓的"平坦的运动场"。随后的霍华德政府以及其在任期间由尼尔森推出的诸多改革，不断在高等教育领域引入竞争机制，并且越来越多地在高等教育领域引入企业治理模式。联邦政府的政策改革目标是：通过高等教育机构间的相互激烈竞争，尽量使联邦政府投入的有限经费产出最大化的社会收益，提高高等教育的整体办学效率和经济效益，强化高等教育机构关注自身的市场价值和经济贡献，引导高等教育机构灵活地回应经济社会发展需要，提升高等教育质量，以及澳大利亚高等教育在全球竞争中的综合优势。

3. 政府的后撤与市场的前进

澳大利亚联邦政府不断调低政府财政拨款在高等教育经费收入中的比例，减少的那部分更多地由市场承担。到 2002 年，澳大利亚联邦政府对高等教育的拨款增加了 4.481 亿澳元，但比例却由 1995 年的 57.2%下降到 2002 年的 40.91%，下降了约 16 个百分点，学费收入占比则由 1995 年的 11.7%增加到 2002 年的

21.20%。①2014 年以后，学费收入占比甚至达到 41%。针对国内本科自费生、国际留学生、自费课程（专业）的招生名额已经全部放开，自费生的学费标准也已经放开，客观上造成了入学人数的增加，以及学费收入的激增。学费收入的增加、价格市场的形成、高等教育输出产业的成熟，均表明澳大利亚高等教育市场化已经进入较为彻底、激进的发展阶段。

此外，与世界许多国家相似，澳大利亚联邦政府鼓励大学采取产学研一体的方法，加强与产业部门的合作，加强研究成果的产业转化，提高学生的就业能力。出于办学经费方面的压力，大学更为重视从事与行业企业或政府需求直接相关的研究项目。越能瞄准市场的高等教育机构，越能通过社会融资的手段弥补高等教育经费的短缺。大学虽然从联邦政府手中获得较大的自主权，然而市场机制却成为高等教育难以摆脱的束缚。这对高等教育的办学经费、学费标准、管理模式、人事制度及质量评价各方面都产生了深远的影响。经费多元化、使用者付费、企业精神、管理主义、质量与绩效等概念成为大学的最高指导原则。②

在其影响下，各大学出于扩充经费来源的需要，纷纷争夺自费生源，拓展亚太等地区的市场，加强了全球化时代的高等教育"圈地运动"。在短短的几年间，澳大利亚大学不断增加国内收费生和海外自费留学生的招生名额，并针对经济全球化、知识经济的发展需要，创办了大量海外留学生群体最为热衷的国际金融、全球贸易、市场经济等专业课程，开设了大量的海外办学机构，探索与亚太地区的国家进行高等教育领域的合作办学。据澳大利亚教育部统计，2017年，澳大利亚的国民人口数量是 2400 万人，高等教育系统内的留学生就达到了80 万人，占到全部高等教育学生数量的 53%，其中有近 60 万学生已支付了全额学费。2017 年，中国在澳大利亚的留学生已达到 18.5 万人，占全部国际自费留学生的 30%。2017 年，在澳大利亚所有的国际自费留学生中，中国留学生的注册课程次数占比高达 28.9%，比排名第二的印度多出 1.6 倍，这一增长速度在亚洲范围是最快的，与上一年相比增幅高达 18.1%，如表 5-1 所示。③目前，这一惊人的数字还在不断增加。最直接的结果就是，国际教育产业已经成为澳大利亚经济发展的一大重要支柱。

① 中华人民共和国教育部国际合作与交流司. 国外高等教育调研报告[M]. 北京：首都师范大学出版社，2001：228-229.
② 戴晓霞，莫家豪，谢安邦. 高等教育市场化[M]. 北京：北京大学出版社，2004：26.
③ 澳洲教育部公布最新国际留学生人数：中国留学生稳居第一！[EB/OL]. http://www.sohu.com/a/229542832_828568[2019-07-03].

表 5-1　澳大利亚高等教育留学生注册课程数量的国别统计

项目	2016 年（门数）	2017 年（门数）	2017 年增长率（%）	占所有国家留学生数量的比例（%）
中国	195 731	231 191	18.1	28.9
印度	77 841	87 615	12.6	11.0
巴西	29 347	36 496	24.4	4.6
尼泊尔	22 684	35 423	56.2	4.4
马来西亚	28 295	32 899	16.3	4.1
其他国家	355 707	375 747	5.6	47.05
所有国家	709 605	799 371	12.7	100.0

资料来源：澳洲教育部公布最新国际留学生人数：中国留学生稳居第一！［EB/OL］. http://www.sohu.com/a/229542832_828568［2019-07-03］

　　从目前来看，市场对高等教育机构的影响已经无处不在。不仅大学治理越来越多地引入企业治理的方法，就连大学的课程（专业）设置、招生计划与教学组织等环节也深深受到市场因素的影响。澳大利亚联邦政府从 1992 年开始进行竞争性的合作研究拨款，鼓励高等教育机构与工商界的研究合作，鼓励开展具有经济效益与社会效益的高水平研究。与是否选择合作策略一样，如果大学不考虑市场的需求，如果不在大学内部采用更多的市场手段，大学在发展中将处于不利地位。高等教育借鉴了商业界对于质量评价的标准和战略。大学更为关注自身的曝光度及公众形象宣传，大学的管理者越发重视边际收益和办学成本效益的财务评估，倾向于采取企业内部的治理结构、收益分配与激励机制。

　　因此，澳大利亚大学现在正处于来自政府和市场的双重压力之下，高等教育的市场化改革将会越走越远。就高等教育发展目标与国家经济发展目标的表述来看，国家与市场在许多方面越来越有趋同的倾向，或者说国家与市场在经济这一领域的交集越来越多。高等教育处于与国家和市场共同追求的强大的经济利益之间的抗衡与妥协的牵拉张力中。在经济全球化带来的压力下，克拉克提到的学术寡头内部也已经出现分化，追求经济利益的办学实际目标与学者个人的发展目标已经不同程度地在大学内部显现，这是市场软性渗透的结果，也是当前大学、政府、市场之间的关系的重要特征。

　　如图 5-7 和图 5-8 所示，澳大利亚大学、政府与市场的关系已经完成了由政府主导型向市场主导型的过渡。图中实线表示不同时期澳大利亚大学、政府、市场关系的实然状态，虚线则表示三者关系的理想均衡状态，用以辅助说明实然程度与水平。

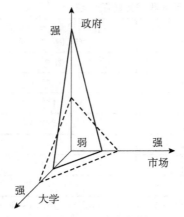

图 5-7　政府主导

资料来源：Gallagher M. The Emergence of
Entrepreneurial Public Universities in Australia[A].
Presented at the IMHE General Conference of the
OECD，Paris，2000，6

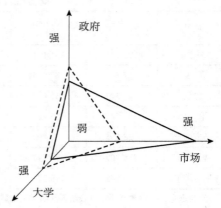

图 5-8　市场主导

资料来源：Gallagher M. The Emergence of
Entrepreneurial Public Universities in Australia[A].
Presented at the IMHE General Conference of the
OECD，Paris，2000，6

在政府的推动和市场的牵拉双重力量的作用之下，澳大利亚的高等教育体制呈现出了独特的模式，即联邦政府主导下的市场模式（market-oriented and government steward），联邦政府更多地扮演着培育市场发展的服务员和促进高等教育发展的监管者的角色，实行的是宏观管理。与以前相比，大学拥有更多的具体的办学自主权，但营运策略、治理模式、办学定位与发展目标都无法摆脱市场的影响，而且这种影响的范围日益扩大，在程度上日益加深，这都使得澳大利亚高等教育在沿着市场化的方向越走越远。

第六章　澳大利亚高等教育政策变迁中的 高等教育微观治理场域

　　通过对高等教育政策的调整，澳大利亚大学在教学、科研与服务方面的效率和效益得到大幅提升；大学对于有限的办学资源的利用化程度更高，办学行为更加经济和理性；政府关注的经济社会发展中的重要问题得到大学的重视；大学通过研究成果的产业化，实现了办学经费来源结构的优化；课程专业与人才培养更加贴近经济社会发展的需求，更加关注学生多样化的教育需求。然而这些变化都是外显的，高等教育内部的治理制度设计与文化转型才是最为根本的问题。如果说大学、政府与市场的关系是高等教育治理的宏观场域，那么高等教育内部文化的转型、大学的制度设计与权力关系就是一种微观的治理场域。

第一节

澳大利亚高等教育内部治理制度设计

一、制度与文化：高等教育内部治理的两种视角

（一）有效治理的两个维度

治理的基本单元是权力，权力配置是高等教育治理的核心。高等教育内部的权力配置就是微观视角的大学治理。现代大学治理所面临的主要问题是将多种类型的权力以及不同层次的权力进行最优化的配置，在各种权力各负其责、相互制衡的基础上，实现大学的组织目标，同时保证大学的民主精神与发展绩效。理想的权力配置，是使各种权力形成统一有序的权力体系，并形成相互依赖、相互牵制、相互促进的良性关系，进而降低大学的管理成本，提升大学办学的质量与效率。

实现高等教育的有效治理是一个永恒的课题。当前，有效治理的思路大体上是以制度建设和结构优化为基本逻辑的，即强调通过建立完备、科学的高等教育制度体系，或者优化治理结构，实现有效治理，王占军将其称为"结构系统说"①。在大学的微观视域，部分学者支持共同治理结构，即主张大学治理机构将学术治理决策权分享给教师群体，通过建立各种形式的评议会、教授会等教师代表机构，并选举参加这些机构的教师代表，来实现学术群体内部的共同治理。还有另外一种观点，即反对共同治理，认为大学的决策需要遵循效率优先的法则，既然大学组织已经如此复杂多样，那么大学治理就应该遵循科层治理模式，实行集权化治理，以避免使大学内部的决策陷入拖沓冗余、议而不决

---

① 王占军. 大学有效治理的路径：知识论基础与实践准则[J]. 中国高教研究，2018（9）：37-40.

的境地。

为了回应这一争论，伯恩鲍姆（R. Birnbaum）在其著名的《共治的终结：回溯还是前瞻》（The end of shared governance：Looking ahead or looking back）一文中对大学治理模式提出拷问，即共治（shared governance）模式是否会走向终结？①他认为答案当然是否定的。共治非但不能走向终结，还要走向深化。伯恩鲍姆提出了大学治理的两个维度，即硬治与软治。硬治指"组织内部带有约束力的治理结构、规制与系统，它们共同规定了组织内部的权力关系、特定的组织程序，以及组织成员必须遵守的政策和规程"。软治指"组织中有助于发展和维护个人和群体规范的社会关系和互动系统"。①可见，伯恩鲍姆所提出的两种治理，其实是治理应该关注的两个层面，即制度与文化。

（二）治理的权力博弈

治理取得实效的关键是制度设计。如果权力的运行是一个权力角逐和博弈的过程，那么制度本身就是跑马场上的"跑马道"。制度的合法性源于庞大的大学组织内部的科层管理逻辑。澳大利亚高等教育的发展历史虽然不算太长，但今天的大学早已经不是 1850 年的殖民地学院，其组织规模与科层化程度往往是成反比的关系。大学的学科专业越来越丰富，学院组织也越来越多样。权力的逐级分层分类配置是现代大学组织得以有效运转的基础。当现代大学变得规模庞大而又结构复杂时，其治理的复杂性程度也在不断提升。

马克斯·韦伯的组织社会学理论提出了科层制的治理手段，即将权力依职能和职位进行分工和分层，将制度作为管理主体的组织体系和管理方式。大学中的行政权力的配置与规约，就是马克斯·韦伯提出的科层制治理手段的体现。然而，大学中还存在其他权力类型，其中最为核心的就是学术权力。学者拥有决策学术事务的天然法定权力，在对学术事务、学术规律、学术价值、学术成果进行分析与评价时，是最有发言权的。然而，就像战争的意义太重要，关于战争的决策不能完全交由将军一样，高等教育的意义过于重大，也不能完全将大学交由学术人员掌控。因此，现代大学内部治理的制度设计，一般要实现对于大学内部权力的四个方面的配置，即决策权力与管理权力的配置、

---

① Birnbaum R. The end of shared governance：Looking ahead or looking back//Antony S，Taylor E. New Directions for Higher Education[C]. San Francisco：Jossey-Bass Inc.，2004：127.

学术权力与行政权力的配置、学校权力与学院权力的配置、学术内部权力的配置。

二、澳大利亚高等教育内部治理基本制度

（一）董事会制度的建立

澳大利亚的大学是英国高等教育的另一个衍生品，在初创时期全盘借鉴了英格兰学院式的教授治校模式。同时，美国大学的治理经验也在很大程度上影响了澳大利亚。依据澳大利亚大学设立法和 1997 年颁布的《澳大利亚联邦公司法》的规定，大学内部治理结构的主体是董事会领导下的校长负责制和委员会辅助治理机制。美国大学一直认为，外部人治理的董事会制度能够为大学争取更多的社会支持，并能够有效地在大学和社会之间形成一个力量的"缓冲期"，从而保护大学的独立与自由。在澳大利亚，董事会也是大学的最高权力机关。尼尔森改革期间，《我们的大学：支撑澳大利亚的未来》于 2003 年发布，对于澳大利亚大学董事会制度进行了首次重大的调整。改革前，董事会的平均规模是 21 人，甚至有的大学达到了 35 人，董事会规模偏大而且效率偏低。很多学校仅是为了召集董事开会就已经很不容易了，议而不决的现象非常普遍。因此，尼尔森通过敦促大学遵循现有立法，即根据《澳大利亚联邦公司法》中的条款要求大学董事会成员不能超过 18 人。同时，改革也指向大学董事会的成员结构问题。改革前，许多大学的董事会成员没有来自企业界和社会的代表，董事绝大多数都是内部人。但尼尔森改革提出一个鲜明的口号，即大学虽然不是企业，但仍需要以企业的模式来经营。直到国家管理议定书的出台，才进一步督促大学改革董事构成，要求大学董事会中至少要有 1 名董事来自商界或者精通经营，而且要求大部分的董事要来自校外。改革之后，学者教授占比下降，企业界代表比例提高，澳大利亚大学均建立了以校外人为主的董事会结构。

作为澳大利亚大学内部的最高决策机构，董事会或理事会可以最大限度地缓冲外界压力，同时为大学争取办学资源。但由于董事会成员并非专业化的教育和管理人员，他们在保留对重要事项最终决策权的基础上，将执行权交给校长等拥有经验的专家。董事会承诺支持校长，但同时保有权力运行的独立性。作为大学首席执行官，校长拥有全面负责学校教学、研究和其他管理事务的广

泛权力。以校长为核心，包括教务长以及所有副校长组成的行政管理团队负责实施管理。校长虽然必须执行董事会的决议，但其仍在很大程度上拥有灵活的管理权力。

董事会、校长的大部分决策委托庞大的委员会系统来行使，即推行委员会辅助决策制度。委员会提供咨询和决策辅助，同时也起到了协调各部门和校院两级部门的利益的作用。同时，构建常态化、专业化的治理委员会系统也成为众多大学的共同选择。委员会有着严格的章程、规范的工作程序和议事规则，庞大且分工细致的委员会系统在专业知识背景下、深入调查研究的基础上参与治理进程，大大增强了决策的科学性、学术性和民主性。

（二）横纵权力关系的构成

澳大利亚的大学在治理的内部权力场域中具有相当多的科层管理结构特点，董事会、校长、学院、系之间的职责分明。董事会将其权力委托给自己选出的校长，校长又依次把学术事务的主要责任委托给教务长，后者再将责任层层委托给院长。因此，大学内部治理结构中存在实质性的权力委托行为。在治理决策等关键问题上，科层管理体系中的每个节点均产生了实质性的影响力。

在这种治理结构中，校级层面上治理主体间的界限相对明晰，决策机构与行政机构相对独立。这一方面体现了决策事务和行政事务的专门化，另一方面有利于保障学校管理的民主性，同时能减轻学校管理者的负担和降低管理风险。大学决策系统以董事会为核心，执行系统以校长为核心，学术治理以评议会、理事会或教授会为核心，各治理主体既相互独立，又相互牵制，有利于调动各相关利益主体的积极性，增强治理的民主性与活力。

纵向上的学校与学院的关系，以及横向上的学术与行政的关系，是大学治理无法回避的永恒矛盾。在校院关系上，体现出了治理重心下移、以院为主的特点。董事会章程一般从教学、科研与社会服务等不同维度清晰地界定了学院的职责与权限。学院拥有学校董事会章程尚未涵盖的一切学院管理权限，包括制定涉及学院内部事务管理的规范和规则的完整权力。因此，学院享有较为充分的立法权与决策权，这是以院长为首的治理主体行使权力的制度保障，也是保证学院治理永葆活力的坚实基础。

同时，专业化也是治理结构呈现出来的鲜明特色：一方面体现在专业管理人员的比例越来越高；另一方面体现在专业委员会的参与越来越多。关键管理岗位迫切要求调和社会的根本需求、管理者的决策体系和学术团体的利益表达机制。传统管理者知识与精力的有限性，使得越来越多的大学聘请专职管理人员，采用更类似于企业管理的手段和方式，服务于大学的发展。

第二节
澳大利亚高等教育内部治理文化转型

大学治理不能完全遵从于科层逻辑，多元利益群体基于各自的行为逻辑在交流与对话基础上的互动，犹如大学机体中的血肉填充在由规制形成的骨架中。伯恩鲍姆在研究中反复提到学界与高校对于治理文化的研究相对滞后。制度建设、结构优化是大学治理体系现代化的前提与基础，但治理的"硬性分析"常常使研究陷入难以突破的困境中。对制度或规制的研究只是治理的一个静态呈现层面，真实的治理是动态鲜活的，是在治理主体的互动中以某种不可见的方式动态流淌着的，是在治理文化的长期晕染下体现出来的行为惯式。治理不能仅靠制度实现硬连接，最重要的是文化的软着陆。外在的高等教育政策的演进会通过改变高等教育的治理理念、大学的主体意识、大学内部的权力关系等多种形式，深刻地改变高等教育的文化，并在治理的过程中产生一种情感上的认同。澳大利亚高等教育政策演进过程中的治理研究，迫切需要对制度背后所发生的文化转型进行深入的分析。

一、高等教育理念的嬗变

（一）高等教育的定性、定位与定能

高等教育理念是对高等教育具有的应然状态的描述，体现了对高等教育存

在的价值判断和理性认识。高等教育理念分为三个层次：第一层是高等教育是什么，这是对高等教育的性质认定，体现了基础性和理论性；第二层是高等教育具有什么使命，这是对高等教育的定位认识，是人们对高等教育应承担的责任、义务的认定；第三层是高等教育应发挥什么作用，是对高等教育的定能认识，是人们对高等教育职能的价值认定。这三个层次共同构成了人们对高等教育的总体看法。[①]随着政策的演进，澳大利亚高等教育在定性、定位、定能三个方面都已经发生了某种程度上的嬗变。结合澳大利亚高等教育改革进程，本文对其变化历程进行简单的总结，如表 6-1 所示。

表 6-1　政策演进中的澳大利亚高等教育理念转型

类别	道金森改革以前	道金森改革	霍华德政府改革、尼尔森改革	吉拉德改革、2014 年以来的高等教育改革
高等教育定性	高等教育属于公共部门，高等教育产品是公共产品，由政府资助并管理，属于民众享有的福利	高等教育产品开始成为准公共产品，开始区分公益（public）与私（private）的收益，实行成本分担，引入市场与私人投资	高等教育是明确的准公共产品，且高等教育中的私人投资速度远超过公共投资速度。高等教育可以扩大收费与赢利，高等教育的经济价值突出	高等教育的性质更接近私人产品。个人通过接受高等教育的获益远远大于社会公共获益，因此，私人投资比例应接近甚至高于公共投资
高等教育定位	建立现代国家、发展民族文化、培育现代公民	1）建立现代国家、发展民族文化、培育现代公民；2）使澳大利亚在全球经济市场中占据优势地位	1）建立现代国家、发展民族文化、培育现代公民；2）进一步维护澳大利亚在全球经济中的竞争优势；3）进一步争夺高等教育国际市场	1）建立现代国家、发展民族文化、培育现代公民；2）增强澳大利亚在全球经济中的竞争优势；3）不断扩大高等教育留学市场
高等教育定能	高等教育目标与国家的政治目标趋同，为澳大利亚的社会、文化和经济发展服务	高等教育的目标侧重于服务国家的经济目标，促进澳大利亚的"经济重建"	高等教育目标更强调与国家的经济目标趋同，特别提出致力于形成高等教育出口产业	高等教育目标是国家经济目标的一部分，全面提升高等教育的参与率，大力发展已经形成的高等教育留学产业

（二）理念嬗变的历程

1. 公共产品的定位

20 世纪 80 年代末以前，强烈的政治共识和公共文化使人们形成了这样一种

---

① 眭依凡. 大学校长的教育理念与治校[M]. 北京：人民教育出版社，2001：50.

认识：澳大利亚大学是建立现代国家、发展民族文化、培育现代公民的机构或场所。此时，澳大利亚高等教育系统的发展目标与国家目标紧密地联系在一起，即为澳大利亚的社会、文化和经济发展服务。这一点在《马丁报告》中已经得到很好的体现。该报告清楚地表达了要把教育目标与国家发展目标相挂钩的愿望，同时指出高等教育是一项公共产品，个体接受高等教育的私人获益只是整个社会获益的一小部分，个人的高等教育费用自然就应该由政府通过税收来支付。因此，在国家社会、经济发展的大框架下，大学在不断满足国家的经济目标的同时，自身作为强有力的社会和文化组织机构的性质也得到了凸显。

2. 市场手段的介入

20 世纪八九十年代，随着经济全球化的发展，澳大利亚的国家经济发展的战略目标就是与全球市场接轨。在全球市场中占据优势地位，是澳大利亚政府和商业部门共同努力的方向。澳大利亚提出了"经济重建"的主张，提出经济要更新调整结构，在知识而非原材料的基础上生产增值商品，提高传统产品的附加值，并致力于建立新型的出口市场。[①]联邦政府采用了以弗里德曼为代表的新自由主义理念，吸引来自全球范围内的投资，对包括高等教育在内的所有公共部门进行改革，以提高效率。联邦政府传统上作为社会基础服务与基础设施提供者的角色在淡化，转而依靠私有领域来解决部分公共问题。在加强全球竞争性的大框架内，政府行为更多地限于宏观管理、商业扶持与合作。在高等教育领域，新自由主义理念的引入导致了三个方面的市场化进程：高等教育管理更多地采用市场手段；分担高等教育成本；鼓励大学进一步满足经济社会发展的需要。这三个方面也是道金森改革的主要议题，自此市场力量更多地涉入大学。高等教育贡献计划开始在高等教育整体收益中明确个人收益所占的比例，在遵循"使用者付费"原则的同时，助学贷款制度和延后还贷的机制解决了因学费上涨所造成的高等教育公平问题。如果说在此之前高等教育与国家宏观上的社会、政治、经济发展目标紧密地联系在一起，那么道金森改革则将高等教育目标限于狭隘的经济视野，大学被要求关注国家优先发展领域的同时，要争夺更多的国际市场份额。

---

① Mathoney D. The construction and challenges of Australia's post-binary system of higher education[J]. Oxford Review of Education，1993，19（4）：465-483.

3. 全面的高等教育市场化

20 世纪 90 年代中后期以来,尽管对于全球竞争的强调仍然有道金森时代的痕迹,但宏观的高等教育发展方向出现了一些微妙的变化,即新自由主义理念进一步推行。这一过程始于 1997 年的《威斯特报告》,而最终形成于 2002 年的《处于十字路口的高等教育:回顾报告》。《处于十字路口的高等教育:回顾报告》中首次表示出了对于高等教育的收入与成本的关注。在报告的第一部分,就列出了一系列数字,"在 2001 年,高等教育领域雇用了大约 8 万人,创造了总额为 102 亿澳元的税收,占国内生产总值的 1.5%"[①]。尽管尼尔森所代表的自由党联盟政府仍然如前两个阶段一样,宣称高等教育与国家目标的联系及其在保证国家经济竞争力中的作用,但报告对于大学收入和成本的关注就已经表明,大学未来发展的方向就是引入更多的市场因素,并使其占据主要地位,即更大程度上的市场化。对此,澳大利亚一位教育部官员曾指出:"为了在一个快速发展变化的世界里生存和进步,大学必须拥抱市场,并且其自身也要变成关注消费者的商业性机构。"[②]也许这位官员的话过于偏激,但他表明的正是澳大利亚高等教育在 2003 年以来的发展特点,市场化发展目标与商业伦理价值对大学的冲击已经在政府的白皮书中得到体现。尽管尼尔森也曾在公开场合表示了其对于完全自由市场的反对,但其政策目标就是建立一个充满竞争和商业化气息的高等教育系统。大学不再成为完全意义上的公共机构,高等教育也不再是由政府完全负责提供的公共产品。因此,有学者指出,澳大利亚目前的高等教育领域,实际上就是"公私混杂的机构处于一种趋向于自由市场的环境中"[②]的情形,所有高等教育机构(包括公立和私立)作为竞争性的实体,在"平坦的运动场"上对政府的拨款展开公平的角逐。

4. 自费教育比例的显著提升

在市场化理念的影响之下,《处于十字路口的高等教育:回顾报告》宣布,澳大利亚大学开始招收国内本科层次的全额自费学生,这是为了更好地满足消费者的需求和方便进行商品选择。大学可以根据自身的成本核算,对学费做出适当调整。此外,霍华德政府和尼尔森改革都鼓励大学参与到新出现的全球知识经济的竞争中,"通过建立高等教育出口产业,为国家收入和国家在国际上竞争力的提高做出贡献"[②]。大学将更加依赖来自私人领域的资金(例如,招收留学生、与

---

① Nelson B. Our Universities：Backing Australia's Future[R]. Canberra：Commonwealth of Australia,2003.

② Pick D. The re-framing of Australian higher education[J]. Higher Education,2006,60(3)：229-241.

企业的合作研究项目等），而非联邦政府的扶持，这也是尼尔森改革的目的之一，结果自然是更多市场因素的被引入。2003 年，澳大利亚的大学从市场中所获的收入已经超过了所有资金的 50%。①随着 2009 年联邦政府基于《澳大利亚高等教育评估》大力提升高等教育参与率，为了在 2020 年实现 25～34 岁人口中拥有本科学位的比例达到 40%的目标，大学持续扩招，而其中的主力就是自费学生。联邦政府已经放开了自费生招生名额限制，因此，大学学费收入比例激增。在 2011 年的《高等教育基础经费评估》和 2014 年的《国家审计委员会报告》中，联邦政府认为合理的学费收入比例甚至高于 41%，在未来有可能会占到大学所有收入的一半。

与其他国家不同，澳大利亚联邦政府的高等教育治理效果较为特殊。在宏观层面，政府在资金拨付方面不断回撤，同时推动大学向市场化的方向发展；在微观层面，联邦政府对于大学的宏观管控非但没有减弱，反而通过统一的国家高等教育质量保障体系和拨款机制而不断增强。这是澳大利亚高等教育市场化进程中一个很有趣的现象。因此，大学一方面要面对具有高度竞争性的国际市场，另一方面要克服不断下降的政府资金比例所造成的经费问题，同时采用了更为灵活和自由的内部治理。

二、高等教育的产品属性之辩

对教育产品属性的讨论是建立在公共产品的理论基础上的。社会所生产的产品可以分为两大类：一类是公共产品（ public good ）；另一类是私人产品（ private good ）。公私之辩是政治哲学和政治经济学探讨得比较多的问题。在高等教育领域，伴随着高等教育成本分担理念得到实施，学生的学费一再上涨，高等教育的公或私的争论也从来没有停止过。而且，随着外在环境的变化，高等教育的公私属性问题变得比较复杂。

（一）公与私的二分法

1. 经济学视角下的公共产品与私人产品

在经济学领域，率先从理论角度对公共产品做出严格定义的是美国新古典

---

① Pick D. The re-framing of Australian higher education[J]. Higher Education，2006，60（3）：229-241.

主义经济学家萨缪尔森，此后公共产品理论在经济分析（特别是公共选择和公共经济学领域）中被广泛运用。1998 年修订出版的第 16 版《经济学》中给公共产品下的定义是："公共产品是这样的物品，扩展其服务给新增消费者的成本为零，且无法排除人们享受的物品。"[①]从产品的消费特性出发，公共产品具有两个重要性质，即非竞争性（non-rivalrous）和非排他性（non-excludable）。非竞争性指的是在公共产品既定的效用下，增加一个消费者不会使得该商品的供给者所承担的成本有所变化，而增加消费者后也不会使得原有的消费者所获得的效用降低，消费者之间对公共产品的消费不存在竞争。非排他性指的是既有消费者无法排除其他消费者对该产品的享用，也无法将那些不付费的人排除在外，这可能是因为在技术上无法实现或者是因为将付出较高的成本。非排他性意味着公共产品有较大的外部效应。具有这两个特征的产品（包括服务）就属于公共产品。典型的公共产品有国防、社会治安等。与公共产品相反，私人产品是同时具有消费的竞争性和排他性的产品，如食品、衣物等生活用品。

此外，萨缪尔森还提出了另外一个重要的概念——外部性，指在生产和消费的过程中给他人带来非自愿的成本或受益，而这种成本或受益并未由引起成本或接受收益的人加以偿付。更为确切地说，外部性是一个经济主体的行为对另一经济主体的福利产生影响，而这种影响并没有通过货币或市场交易反映出来。[②]以教育为例，学生通过接受教育提高自身的素质，还有其他人以"搭便车"的形式从这一过程中受益，例如，其身边的人、所在的公司、整个社会等。萨缪尔森认为，非竞争性和非排他性使公共产品往往具有典型的外部性。在经济学中，个体被假定为理性人，消费者要根据边际收益来决定自己所付的费用，而不会按照整个社会所得到的利益来定价，而且无法排除那些"搭便车"的人，所以理性的经济人不可能会生产公共产品。市场不能成为公共产品主体。公共产品的实际消费者是全部的理性人，必须由可以按照社会的收益对全部消费者进行强制收费的机构来提供，在现代社会，最具有这种强制力量的机构是政府。

政府是一个国家最高的权威，可以运用强制的手段通过税收使得公共产品的成本被分摊到纳税公民身上。在市场经济条件下，政府财政的主要任务，即

---

① 保罗·A. 萨缪尔森，威廉·D. 诺德豪斯. 经济学[M]. 刘保春，张新和译. 北京：机械工业出版社，1998：36.

② 保罗·A. 萨缪尔森，威廉·D. 诺德豪斯. 经济学[M]. 刘保春，张新和译. 北京：机械工业出版社，1998：52.

提供那些社会边际收益大于社会成本，且不能通过市场有效供给的物品或劳务。然而，市场领域具有私人性质，所以私人产品应由市场供给。因此，萨缪尔森认为，所有产品在本质上或者是公共的或是私人的，二者必居其一，公与私是二元对立的。萨缪尔森对于公共物品和私人物品的阐释成为新古典主义经济学的标志性观点，后来的新自由主义主流思想也部分地吸收了萨缪尔森的上述思想。

2. 政治哲学视角下的公共产品与私人产品

从政治哲学的观点来看，公与私的争论比在经济领域更为深刻，也更为简单。说更为深刻，是因为政治哲学所研究的诸如正义、自由、权利等根本问题，往往比经济学涉及更多的内容。例如，在政治哲学的视野，公共产品可能涉及谁生产、怎样生产、如何分配、谁在受益等问题。民主哲学更将公共产品定义为集体生产、广泛拥有和消费的那部分产品。然而，从另一个角度而言，与经济学领域对于公、私问题诸如竞争性、排他性、外部性等众多标准和概念的界定相比，自由主义政治哲学对于公、私的划界标准更为清晰和明朗，即所谓"公共的"就是"官方的"，也就是政府在立法角度所拥有的；而所谓"私人的"就是非官方的，也就是市场的。哈贝马斯（J. Habermas）在其《公共领域的结构转型》开篇列举了"公共的"一词的多种意思，其中之一，即"官方的"。[①]这基本上也是政治哲学中比较传统，甚至说是主流的观点。根据这种观点，公与私之间也是截然对立的二元矛盾关系。以这种政治哲学观念为基础，在民族和国家的维度内，教育的立法权归属决定了教育属于公共产品或是私人产品，因此许多国家的高等教育都被顺理成章地认为属于公共产品一类。

（二）市场化进程导致公私界限的模糊

1. 公共产品与私人产品界限的模糊性

上述经济学和政治学的传统观点都认为，公共产品大多由政府提供，而私人产品则由市场提供。但随着全球化运动和新自由主义经济学思潮的兴起，以及其在政治领域掀起的新公共管理运动，公共领域更多地涉入市场，简单的公私划分已经暴露出了较多的问题，例如，公共领域可以生产私人产品，而私人

---

① 哈贝马斯. 公共领域的结构转型[M]. 曹卫东，王晓珏，刘兆城，等译. 上海：学林出版社，1999：5.

领域也可以生产公共产品，甚至公共领域本身越来越走向私化，公、私之间已经出现趋同化的发展趋势，再僵化地硬性区分公与私的问题，似乎意义不大。这一现象已经出现在澳大利亚的高等教育领域，而且随着高等教育市场化政策的不断推进，其体现得更为明显。

与经济学家对高等教育的纷繁复杂的公私之辩不同，政府总是会从政治哲学的角度来定义产品的属性。目前，澳大利亚的高等教育系统中共包括 38 所大学，其中只有 2 所是私立学校。高等教育的立法权原归属于各州政府，现在联邦政府有意识地将立法权上移至联邦。因此，如果从传统的政治哲学的角度来看，澳大利亚的高等教育系统大部分属于公共领域，高等教育是国家的一项公共事业，高等教育产品则属于公共产品。然而，从发生学的角度来看，如果某种产品已经可以通过公共途径获得，又为什么会有私人领域涉足该产品的生产？答案无非是因为公共产品无法满足市场对于"更多""更好""更多样化"方面的需求。与美国、日本等国的公私并举的高等教育模式不同，澳大利亚对于私立高等教育的发展并不支持。澳大利亚政府实行的是 20 世纪 80 年代末改革以后形成的统一的公共体制内部多样化发展模式。1987 年，澳大利亚教育部长、参议员赖恩（S. Ryan）曾在报告中提到政府不支持私立高等教育的理由："在改革的引导下，公立机构正在积极转向吸引私人领域的研究资金，招收全额自费的海外留学生，出口各种教育服务，向工业界售卖科研和管理技术。考虑到这些发展，澳大利亚没有必要去发展所谓的'私立高等教育'。"[1]

随着 20 世纪 80 年代末以来的高等教育市场化改革进程的不断深入，在一片"节源增效"的声浪中，澳大利亚政府开始改革高等教育的治理模式，与以往运作的国有化模式不同，政府对高等教育的管理已经由以往的大包大揽的硬性治理转向一种宏观的软性治理。为了不断减轻政府在高等教育方面的财政负担，市场化的策略被政府所采纳。政府对于高等教育的经费投资所占比例在不断降低，同时私人资金所占比例不断上升；大学与商界和工业界的关系在不断加强，研究的商业化程度不断加深；大学被鼓励采用市场的部分营销策略赚取部分办学资金；学生接受高等教育会获得私人利益，因此不得不通过货币的形式去购买这部分服务；大学之间及其与其他社会机构之间的竞争非常激烈，以及出现了以高等教育输出和营利为目的的留学生教育。这些因素都使传统上认为的高等教育作为"公共产品"的定位发生了转变。虽然立法权仍在政府，但

---

[1]　Marginson S. Imagining ivy: Pitfalls in the privatization of higher education in Australia[J]. Comparative Education Review，1997，41（4）：460-480.

高等教育已经出现了向私人产品过渡的趋势，或者说公共产品和私人产品出现趋同的现象，孰公孰私，不好明确划界。如果按照公共经济学领域权威代表人物阿特金森（A. Atkinson）和斯蒂格利茨（J. Stiglitz）的观点，从教育被提供的方式来考察，如果教育不是被免费提供，个人需像购买私人物品一样负担教育费用，那么这样的教育就是私人产品，澳大利亚的高等教育在用者付费的理念下实现了向公共供应的私人产品的转化；而如果按照公共选择理论领域的权威代表人物布坎南（J. Buchanan）的观点，澳大利亚的高等教育则仍属于公共领域，可以被认为是准公共产品。

2. 高等教育的三类产品

在澳大利亚高等教育的内外部诸多政策因素的影响下，从理论的角度来思考高等教育的公与私的问题，已经没有太大的意义了。在市场化政策的推进过程中，公共部门本身的定位与职能都发生了很大的变化。"高等教育产品"是一个类概念，其包含了三类产品：一是由政府提供资助的计划内的公共产品（面向国内本科生和研究生的联邦资助招生计划，可通过高等教育贡献计划 HECS 保证教育公平）；二是不受联邦政府资助的计划外的私人产品（面向国内本科生和研究生的全额自费专业招生计划）；三是自由市场产品（面向国际留学生的纯商业化高等教育计划）。这三类产品的性质是不同的。第一类产品用来保证和实现高等教育公平，体现了高等教育福祉，能提升澳大利亚的国民素质。第二类产品用来满足国内市场中多样化的高等教育需求，实现高等教育系统内部的多样性。第三类产品用来实现大学和高等教育系统的营利目标，增加澳大利亚高等教育产业的贡献，并且提升澳大利亚高等教育的全球竞争力。所以，要回答澳大利亚高等教育到底是私人产品还是公共产品这个问题，就要区分这三种类型的产品。澳大利亚高等教育所提供的第一类产品介于公共产品和私人产品之间，第二类产品属于典型的私人产品，第三类产品是纯粹的私人产品。

三、行政权力与学术权力

（一）行政权力与学术权力的冲突

美国社会学家柯司特（M. Castells）在其著作《与柯司特对话》（Conversations

with Manuel Castells）中说道："所有好的大学都存在这样的特点——独立性是根植于管理机构内部的……将大学的自治剥夺，使大学顺从市场逻辑或政府的命令，这是在损害社会科学、技术与文化创新之源。"①柯司特实际上提到了高等教育微观治理场域中的两个问题，即宏观治理问题和微观治理问题。市场的逻辑和政府的命令更多是体现在大学与其外部环境之间的互动上，属于高等教育的宏观治理问题，而根植于大学管理机构内部的独立性问题实际上是大学内部的微观治理问题。高等教育的宏观治理与微观治理两个方面并不是独立存在的，实际上，政府、市场与大学的关系可以在很大程度上影响到大学内部治理结构与文化的变革。行政权力与学术权力是大学内部治理中的一对经典关系，也是一组永恒存在的矛盾关系。当大学从最初的学院逐渐变成一个复杂系统时，这对关系就成为其内在治理场域中的主要权力主体进行角逐与博弈的直接体现。本书虽然重点关注大学、政府和市场之间的三角关系在高等教育宏观治理场域中的转型，但外在的这种变化对大学内部权力主体关系的影响也是无法回避的。

就其本质而言，大学的内部治理体现为权力在高校内各类型、各层级和不同利益群体间的分配，以及它们相互间的权力作用关系。这种分配的模式和作用关系，即构成了权力结构。从权力的性质分析，高校的权力包括两种类型，即行政权力和学术权力。现代大学具有学术性和科层性双重属性，既是以传授、应用和创造知识为主要职能的学术机构，也是具有明显行政管理模式的科层化组织。因此，科尔用"多元化巨型大学"来描述现代大学。大学是由纵向多个层级和横向多个部门交织组合在一起的，因此，其运行既离不开行政权力，也离不开学术权力。

当一个组织中存在两种以上的权力系统时，就不可避免地存在相互博弈。因此，大学内部的行政权力与学术权力也存在各种冲突和矛盾。其原因如下：①两种权力所追求的价值取向存在冲突。行政权力追求行政效率和管理绩效，即保障大学组织目标的实现；学术权力追求学术自由与学术自治，即保证学术标准的贯彻执行，保障学术人员的权益，形成崇尚学术的良好风气。②两种权力所需要的环境氛围存在冲突。行政权力具有整体性和层次性，讲求按照规章制度办事，下级服从上级，因此需要一种严肃、非人格化的环境氛围。学术权力讲求学术自由，需要一种相对宽松、自由创新的环境氛围。③两种权力的主体

---

① Castells M，Ince M. Conversations with Manuel Castells [M]. Cambridge：Polity Press，2003：144.

利益存在冲突。行政权力的主体主要是行政机构及行政人员，学术权力的主体是学术人员、学术组织。两者都追求自身的利益，为维护各自群体的切身利益，不可避免地会存在这样或那样的冲突。作为矛盾双方，行政权力与学术权力之间应该是互相牵制、共同促进的良性发展关系。

大学内部一直存在行政权力与学术权力之间的矛盾。但随着新自由主义政治和经济思潮的盛行、全球化进程的不断推进，以及政府公共部门改革的推行，大学所处的外部环境已经发生了巨大的变化。大学、政府和市场等外部权力主体的关系也随之发生改变，这些都是影响大学内部权力关系变革的重要因素。这些都使原本就复杂的行政权力与学术权力之间的矛盾变得更为复杂。

（二）从学院主义到管理主义

法国社会学家布迪厄作为新自由主义全球化的最著名的批判者之一，在其著名的《反击：反对市场霸权》（Firing Back：Against the Tyranny of the Market）一书中说道："当前在发达国家普遍进行的是一场全新的、没有任何先例的革命：得来不易的文化生产和交流的独立性正受到无孔不入的市场逻辑的威胁。"[1]

在道金森改革之前的一段时间内，在大学内部治理中，大学学者在教学与研究领域享有相对较高的自治权。在学科层面上，全体教师选举产生系主任，学院委员会是最基本的决策机构，委员会主席经选举产生并实行轮流制。在整个学校层面上，学术委员会、大学评议会拥有就教学与科研事务进行决策的权力。在制定学校政策时，评议会要保证一定比例的学者被选举进入大学董事会，以代表广大教师的利益，这种内部管理体制被称为"学院式的管理"。尽管这种管理体制在道金森改革以后在名义上仍得以保留，但机构之间通过合并重组，大大加强了管理层的权力，使得学者的权力范围大大缩小。

20 世纪 80 年代末以来，高等教育进入大众化发展阶段，联邦高等教育预算却一再削减。联邦政府转而开始控制"出口"，即高等教育的质量，一系列质量评估和绩效考核成为为大学分配有限资金的唯一标准，这在一定程度上实现了利用少的资金达到更强的控制的目的。因此，大学在很大程度上无法就联邦政

府的标准和引导提出疑义。如果大学在一系列评估中表现不佳，校长要负直接的责任，这种问责体制也同样被复制到大学内部，形成了一个从以校长为代表的高层管理者，到学院一级的中层管理者，再到个别学者的官僚科层管理体制。

学院的权力向上转移至校长助理，由后者直接向校长负责，而学院一级更无法决定系主任的任免，这些权力都被向上集中于学校一级的高级管理部门。[①]因此，学者在教学和科研以及参与大学管理诸多方面的自由都大大受限。甚至，在一些学者的眼中，"澳大利亚大学的学者与西方国家的学者相比，是受到最多控制的群体"[②]。2003 年，尼尔森推出的高等教育管理体制改革，进一步降低了大学董事会中的学者和学生代表的比例，提高了企业界的代表的比例，而企业界明显对于学术事务缺乏兴趣，他们更为关注的是大学的收入。因此，正如学者桑顿（M. Thornton）所言："大学董事会的作用变得越来越被动……部分原因在于其组成结构的改变，真正有效的决策过程由校长等董事会的高级行政执行管理人员一手控制。"[③]因此，很多澳大利亚学者嘲讽地抱怨道："在政府的鼓励之下，大多数大学以校长为代表的高级管理人员已经从'学术领袖'过渡到'企业管理者'，甚至是'首席执行官'。而他们的任务就是使大学的教学与科研工作符合政府的发展兴趣，并满足市场的需求。"[③]这种内部治理的改革导致了传统的学院式的管理体制演变成为一种从上至下的行政主导的管理主义模式。

大学是一个整体，从理论上而言，其内部的学术权力和行政权力应是一种协调发展的关系。然而，在目前的市场化进程中，澳大利亚大学内部的学术权力与行政权力相互博弈的直接结果导致了现实中"一边倒"的现象，许多学者对此都忧心忡忡。

四、大学的消费主义文化

随着传统的学术自由、大学自治等高等教育理念与市场压力之间的冲突的

① Zipin L. Governing Australia's universities: The managerial strong-arming of academic agency[J]. Social Alternatives，2006，25（2）：26-31.

② Saunders M. The madness and malady of managerialism[J]. Quadrant，2006（3）：9-17.

③ Thornton M. Universities: The Governance Trap and What to Do about It[EB/OL]. http://www. researchgate. net/publication/237790565_universities_the_governance_trap_and_what_to_do_abont_it[2008-01-13].

不断升级，澳大利亚的高等教育内部建立了一种竞争学生和资金的体制，并发展出了一种企业文化，即"大学消费主义文化"。这里所谓的"消费"，不完全是传统政治经济学范畴里所指的对物品的需求与满足，而是指人们如何看待高等教育的问题。本书中的消费主义文化更多地指高等教育消费的观念和价值取向问题，以及由此体现出的文化、意识形态的显著变化。

文化的转型不是一蹴而就的，它是一系列从上至下的体制改革推动下的观念转型的结果。首先，作为道金森改革的一部分，"高等教育贡献计划"重新恢复了大学的学费，以征收毕业税而非立即交纳学费的方式向学生收取一定的教育费用。"高等教育贡献计划"强调高等教育的个人收益，通过延迟付费这一较为缓和的举措，改变了长久以来的高等教育作为公共产品的定位，使用者付费这一理念得到贯彻和落实，这是大学文化转型迈出的第一步。其次，虽然高校的学费收入在不断提高，但政府对高校拨款的比例有所下调，政府希望大学能够实现自我创收，以弥补资金的短缺。因此，在政府的推动下，大学必须走进市场，并向市场提供其产品——高等教育，这是大学文化转型的第二步。

1989 年，联邦政府对大学的拨款在所有大学收入中的比例是 77%，经过十几年的市场化运行，到了 2005 年，这一数字已经降到了 40%[①]，宣告了新自由主义政府正逐步从公共产品提供者的角色中抽身出来。随着这一过程的不断推进，大学对于市场表现出更多的妥协和迎合。针对不同的国内外市场需求，大学各种自费课程和招生专业应运而生。国内自费生的比例逐年上涨，国外留学生的数量更是逐年攀升。1988 年，留学生占所有大学生数量的 4%，到了 2003 年，这一数字上升到了 23%[②]，2017 年的比例是 53%[①]。随着留学生比例的增加，市场的营利性目标已经开始渗入高等教育领域。大学在按照竞争性的市场规律办事的时候，变得日益过分关注自身的市场声誉和盈利，把收入看成是目的本身，而非实现教育目的的手段。例如，很多大学均在亚太地区设立了国外分校，这些学校以营利为根本目的，办学质量堪忧。2005 年，教育部长尼尔森更是在政府报告《建立大学的多样化》中提到，"要将澳大利亚大学推到市场竞争的最前沿"[①]。2013 年，教育部长佩恩更是将国际留学生注册率的下降和高等教育出口

① 转引自：Thornton M. Universities：The Governance Trap and What to do About It[EB/OL]. http：//www. researchgate. net/publication/237790565_universties_The_governance_trap_and_what_to_do_about_it[2008-01-01].

② Australian Government Department of Education and Training. International Student Data Monthly Summary[R]. Canberra：Commonwealtb of Australia，2017.

收入缩减的趋势称为"澳大利亚高等教育最迫切需要解决的重要问题"①。在政党的施政纲领中，甚至明确将恢复高等教育留学出口产业作为促进经济发展的重要手段。在这一过程中，传统的大学文化正不断受到市场伦理的侵蚀，大学向更加类似于企业的方向发展，知识具有了商品的某些属性，学生更是成为市场领域中的消费者，这些都是大学消费主义文化的主要表现。

（一）企业型大学的出现

美国一位经济学家认为，在当前的高等教育市场化改革趋势下，"大学在做着作为知识经济开发人力资本投资的生意"②。高等教育的宏观治理模式已经实现了从政府主导范式向市场主导范式的过度。外部权力关系的变化已经深刻地影响到了大学组织内部。学术治理的传统仍然得到保留，但学术价值的追求逐渐让位于市场目标；行政治理的影响力在管理主义思潮的影响下逐渐得到强化，但行政治理的根本目标也在于效率与效益。市场因素的影响是间接的，但在过程与结果上是显性的、强力的。就目前来看，澳大利亚大学的市场属性明显占有支配地位。大学越来越热衷于称呼自己为"企业化大学"（enterprise university）或"公司化大学"（corporate university），"市场文化使高等教育越来越向机会主义看齐，大学都将自己视为商业市场的参与者，校长欣然认为自己具有企业家功能"③。20世纪中叶，美国的大学开始向企业型组织转变。正如1997年《华尔街日报》的一个大标题写的，"名牌大学的殿堂效仿商业殿堂"。④同年的《经济学家》杂志发表了一篇很长的调查详尽的报告，说明了现代大学如何与过去的大学毫不相同。作者认为，"现在的大学不掩饰自己的俗气，庆祝它们成为实用知识制造者的成就"。因此，教员变成了"知识工作者"，学生变成了"人力资本"。⑤又如，另一位经济学家说："大学今天是在做为知识经济开发人力资本投资的生意。"②学生成了购买高等教育的消费者，同时他们毕业时，又变成了高等教育的产品。大学越来越成为像商品出口一样的高等教育输出机构，国际教育日益成为全球教育市场争夺的对象。澳大利亚用了将近10年的时间完成了

---

① 澳教育部长谈澳高等教育改革[EB/OL]. http://china. huanqiu. com/article/gCakrnJFySC[2019-10-15].

② 埃里克·古尔德. 公司文化中的大学[M]. 吕博，张鹿译. 北京：北京大学出版社，2005：14.

③ Marginson S，Considine M. The Enterprise University：Power，Governance and Reinvention in Australia[M]. Melborune：Cambridge University Press，2000：286.

④ 转引自：埃里克·古尔德. 公司文化中的大学[M]. 吕博，张鹿译. 北京：北京大学出版社，2005：26.

⑤ David P. Inside the knowledge factory[N]. The Economist，1997.

这个转变。随着美国、英国与澳大利亚先后提出"把教育援助变为商贸"这个口号，留学教育从为政治服务转变成为经济服务，大学的国际教育贸易已经成为国家外汇收入的主要来源。

高等教育学者克拉克曾在 1998 年出版了《创造企业型大学：改革的组织路径》一书，在书中提出了企业型大学的五个基本特征：多样化的经济基础；强化的管理核心；不断向外围扩展；受到激励的学术中心地带；完整的企业文化。①克拉克将这五方面的要素称为企业型大学的特征，但在高等教育的实际发展过程中，特征、原因或结果常常是很难分清的。用这五个标准来衡量澳大利亚的大学，我们发现大多数都是符合标准的。高等教育输出的收入成为大学追逐的目标而非实现目标的手段，大学将自身视为商业市场的参与者，做着像商品出口一样的高等教育输出工作，这在留学生教育方面表现得最为明显。2000 年 9 月，在经济合作与发展组织于巴黎召开的学术会议上，澳大利亚学者盖勒（M. Gallagher）提交了报告《澳大利亚企业型公立大学的出现》。该报告中提到，澳大利亚大学向更类似于企业的方向发展，其主要标志包括：建立多样化的收入来源；提供有商业价值的服务；在市场中参与竞争并获得成功；与其他机构合作，并为其提供高等教育服务等。②同年，澳大利亚著名的高等教育学者西蒙·马金森等出版了《澳大利亚企业型大学的权力结构、管理模式与再创造方式》一书，认为随着大学组织文化的转型，澳大利亚正在出现一种新型的高等教育机构——企业型大学。这些新型的大学的某些部分是纯粹公司形式的，被一种"坦率的商业和企业精神所推动"。③

（二）知识成为商品

大学积极融入的商品市场，其本身也是以知识为导向的，但这种知识变得越来越具有功利主义性质。知识本身既具有象征意义价值（symbolic value），又具有交易价值（exchange value）。正如法国社会学家布迪厄所指出的，智力工作

---

① Clark B. Creating Entrepreneurial Universities：Organizational Pathways of Transformation[M]. Oxford：Pergamon/Elsevier Science，1998.

② Gallagher M. The Emergence of Entrepreneurial Public Universities in Australia[A]. Presented at the IMHE General Conference of the OECD，Paris，2000.

③ Marginson S，Considine M. The Enterprise University：Power，Governance and Reinvention in Australia[M]. Melborune：Cambridge University Press，2000：4.

的领域和艺术生产领域并没有太大的不同。①知识既是商品，也是一种象征物，我们或许希望公众眼中能同时呈现学术文化和商业价值，但很难做到这一点。②市场伦理使得知识的交易价值变得极为重要，而象征意义价值日益式微。大学参与中的商业市场的经济是以知识为导向的，但这种知识越来越变得具有功利主义。康德（I. Kant）曾提出，大学的功能不仅仅是开发知识……无论知识是否具有社会应用性……还要去批评知识，甚至应该开发一种关于高等院校能够或者必须怎样进行自我评价和自我修正的理论基础和实践方法。③然而，现在看来，面对市场和经济的驱动，不仅大学的批判功能日益式微，而且就连知识本身也越来越商业化了。知识的市场价值决定了它在大学的受欢迎程度，大学中知识的学术价值和商品价值之间的鸿沟因此被扩大了。大学很难像以前那样享有肯定知识的自主性和为文化的合理性立法的权力。

后现代主义学者利奥塔（J. F. Lyotard）曾在其著名的《后现代状况：关于知识的报告》一书中提到，知识的商品化过程，即"知识正在而且也将会为了销售而生产出来。为了维持新产品的物价，它正在而且将会被消费：在这两种情况下，目的就是交换，知识本身不再是目的"④。在这种情形下，市场决定了学科的发展，"科学语言的游戏成了富人的游戏，在这个游戏中，谁最富有，谁就最有可能正确。在这样的系统里，那些提供研究资金的人在适当时机就会寻求去控制或者'占有'有潜力获利的产品；换句话说，这个系统会创造一种不可避免的知识私人化的趋势"⑤。

然而，澳大利亚的高等教育市场化进程，恰恰印证了学者的担忧。随着市场化的组织发展目标和市场文化渗入大学，知识越来越表现为一种商品，成为等待商业开发的资本。最直接的表现就是，为了适应国际教育市场的需求，澳大利亚很多大学纷纷开设诸如国际贸易、金融、管理等方面的本科及研究生课程。然而，诸如哲学、历史等人文社会学科的价值判断、道德伦理、文化、审美、哲学思辨以及与思想科学相关的知识，却拥有一个相对来讲不太乐观的发展前景。因此，大学很难像以前那样享有肯定知识的自主性和为文化的合理性

①　Bourdieu P. The market of symbolic goods[J]. Poetics，1985（14）：13-44.

②　埃里克·古尔德. 公司文化中的大学[M]. 吕博，张鹿译. 北京：北京大学出版社，2005：12.

③　埃里克·古尔德. 公司文化中的大学[M]. 吕博，张鹿译. 北京：北京大学出版社，2005：59.

④　Lyotard J F. The Post-modern Condition：A Report on Knowledge [M]. Minneapolis：University of Minnesota Press，1984：4.

⑤　Lyotard J F. The Post-modern Condition：A Report on Knowledge [M].Minneapolis：University of Minnesota Press，1984：45.

立法的权力。其反映在大学教学中，就是澳大利亚大学日益变为技术层面而非批判思维训练的智力培训（intellectual training）的机构。①

（三）学生成为消费者

如果说消费主义文化使大学向着更类似于企业的方向发展，使知识更具有商品的特点，那么学生扮演的已经不再是以往的高等教育的接受者和学习者的角色，而成为购买高等教育产品的消费者或顾客，同时从某种意义上说，在毕业时，他们本身也可以被看成高等教育的某种特殊产品。

从大学的角度来讲，大学将学生看成某种程度上的消费者，就是希望满足市场和消费者的需求，提高自己在市场上的竞争力。

从学生的角度来讲，将自己定位为消费者，就是希望在高等教育市场上，通过更为透明化的信息途径，做出比较理性的"市场选择"，同时通过更多地提出要求来影响高等教育市场。

澳大利亚莫纳什大学的怀特（N. White）教授等曾对数名维多利亚州的18～23岁的高校本科生进行调查，研究发现，多数学生已经将教育视为一种可消费性商品。与传统观念认为的学生应该适应高校的体制和教学规律不同，作为消费者的学生认为，大学是消费商品的提供者，学生是该商品的消费者，提供者应该掌握并满足消费者的需求，并抓住消费者的兴趣。在调查中，有学生表示：

> 我需要更多的激励……基本上，我不愿意学习。我需要的是教师去激励我，使我对学习充满兴趣……如果教师不能抓住我的兴趣，在不困的时候，我可能也会睡过去……这是教师的失职……
>
> 我们交了很大一笔 HECS（高等教育贡献计划学生贷款）费用来上大学，作为回报，大学应该提供给我们相应的服务，我们有权利向学校表达自己的意见和建议。②

以上言论是否正确，在此不进行讨论，但通过这些学生对高校和教师的期待及其学习态度可以看出，学生已经将自己定位为"消费者"，交费上学的过程

① Paul J. Book review: Enterprise university: Power, governance and reinvention in Australia[J]. Academe, 2002（1）: 71-73.

② White N R. The customer is always right? Student discourse about higher education in Australia[J]. Higher Education, 2007, 54（4）: 593-604.

以及最后的学位，都是通过消费购买得到的私有化商品。其至在 2014 年的凯普-诺顿报告中，联邦政府指定的委员会通过大量调查研究得出结论，学费放开已经具备了市场可能，因为一些学生愿意为那些能够更好地满足其教育需求的高校和专业支付比当前学费水平更高的费用。学生作为学习者的被动性与依赖性更强了，而作为对高校这个提供知识商品的"超市"的消费者，他们在选择购买什么样的高等教育商品时的主动性和灵活性也更强了。学生在心理上与高校的亲密关系已经开始慢慢地向更为简单和直接的市场关系转化，这已经暗示着大学组织文化的转变。从 20 世纪 80 年代末开始的澳大利亚高等教育的市场化改革，虽然在数量、效率、效益等方面都取得了很大的收获，但大学作为一个教育实体的基本文化内涵的嬗变却往往被社会所忽视。

五、大学的多样化与同态性

公平与效率是政府和市场之间关系的主要方面。在 1988 年改革之前，高等教育机构的扩张以及免费教育政策一直是工党政府推行的公平性政策的主要内容。公平拥有多个维度和层面上的解释，既包括起点公平，又包括过程公平，还包括结果公平。仅凭教育政策无法从根本上解决由于收入、财富、性别、文化资本等因素所造成的广泛的社会不平等，所以道金森在 1988 年改革出台后不久，就主导了关于高等教育公平与效率问题的社会大讨论。道金森改革的逻辑是：以前为了保护教育公平，政府取消了高等教育学费，教育强调统一性和计划性，多样化被抛在一边。但实际上，"保证所有社会阶层在高等教育领域中的结果公平是遥不可及的"[①]，因此，不要奢求教育实现超过其本身范畴的社会公平的目标。保障社会公平是必需的，但其他的事情也需要做。通过高等教育贷款制度和学费延迟支付机制，高等教育学费可以征收，教育公平也可以维护，大学应该实现多样化发展。实际上，当时的联邦政府正是通过大规模的高等院校合并，一方面建立形式上统一的"公平的运动场"，另一方面在其中引入市场机制，建立一个实质上多样化的高等教育系统。联邦政府认为，这种体制有助于更全面地满足学生和社会的不同层次、水平和类型的对高等教育的需求，实现高等教育公平。后来的教育部长尼尔森更是在多次讲话中提到，高等教育机构应该在整个高等教育系统内部以及与其他教育机构、工业、商业和社区的相互合作中，锻造出独特的办学特色，从而建设更为多样化的高等教育体系。澳

---

① 西蒙·马金森. 澳大利亚教育与公共政策[M]. 严慧仙，洪淼译. 杭州：浙江大学出版社，2007：173-174.

大利亚联邦政府寄希望于完全借助市场培育高等教育领域的多样化，但实际上结果并不理想。事实上，市场一方面可以促进高等教育多样化，另一方面却可能会使大学在面对相同的市场挑战时做出更为趋同的反应，这是高等教育市场化导致的一种矛盾。

（一）多样化与同态性的矛盾

"高等教育多样化"这个概念的内涵是非常丰富的，它可以指一种"垂直性的多样化"，即在人才培养层级、办学历史、大学排名、科研水平、办学声誉、综合竞争力等方面处在不同层次；也可以指一种"水平性的多样化"，即办学定位、学科专业特色、办学理念、行业产业的契合度、社会认同度等方面属于不同类型。垂直性的多样化应让位于水平性的多样化。综合来看，高等教育系统应更多地体现类型上的差异与特色化办学，而不是过分强调层次与水平上的差距。高等教育政策的调控，应避免用一把尺子衡量所有高等学校，然而在现实的高等教育改革过程中，这样的负面例子比比皆是。

高等教育的同态性，指的是高等学校之间日益趋同的现象与结果。新制度经济学在解释这一问题时，提出了三种导致高等学校日益趋同的作用方式，即强制机制、模仿机制与社会规范机制。[①]

强制机制首先产生了迫使大学组织必须无条件接受的制度环境。例如，道金森通过高等教育管理体制改革，强力地将澳大利亚大学与学院两轨高等教育合并成为统一的高等教育系统。在强制机制的作用过程中，大学对于这种制度环境的改变无能为力，只能被动地接受。作为改革的结果。高等教育系统中的大学被塑造得更为相似。这就是美国新制度主义社会学家梅耶（J. Meyer）和罗恩（B. Rowan）的研究中提到的强意义上的合法性机制。[②]

模仿机制中的大学更具有自主性和能动性。当大学面临组织环境中的不确定性时，在发展目标、战略与具体的举措上盲目不定，为了降低改革试错成本，主动地在内部结构、外部形式、发展战略等方面向其他类似的组织学习，从而造成了大学组织间的日益趋同。例如，澳大利亚大学的趋同化程度在 20 世纪 90 年代以后表现得尤为明显，其中的原因就是当大学面临高等教育市场化的政策调控，在主动融入动荡不安的市场大潮时，更多地采取了其他大学组织的发展

---

① 王宾齐. 关于中国高校模仿趋同机制的假设——从新制度主义的视角[J]. 黑龙江高教研究，2010（7）：5-8.

② 周雪光. 组织社会学[M]. 北京：社会科学文献出版社，2003：72.

策略，从而导致相互模仿。

社会规范机制的作用形式更为隐性。当高等教育系统整体接受了高等教育市场化的思维与观念时，就会产生一种被所有大学组织广为认可的共享文化，文化借由外在的制度与影响内化为大学组织的认识论和方法论体系。当大学在面临具体的改革时，这种认识论和方法论体系进而外化成为一种行为规范。当所有大学都建立了这种共享文化和行为规范时，大学组织之间就会产生一种趋同现象。例如，澳大利亚联邦政府已经全面放开了自费生、留学生招生限制和学费标准，大学广泛接受了高等教育市场化的运行理念，积极拓展留学教育海外市场，并在学科专业的设置上更多地迎合留学生和自费生的高等教育需求，积极提供从学生签证、注册到就学的"一条龙"服务等，体现出了高度的趋同性。

多样化与同态性之间的矛盾是目前澳大利亚高等教育发展中比较突出的一个问题，同时也是世界高等教育在进入大众化和普及化阶段时产生的带有普遍性和相似性的问题。从宏观的角度来看，高等教育的大众化必须要建立在多样化的基础之上，因为只有多样化的高等教育系统才可以满足学生的不同需求，才可以使更多不同类型的群体获得接受高等教育的机会，才可以更快速地对社会上不断变化的需求做出快速的反应，才可以在系统内部进行更为理性化的合作和分工。然而，马克思主义唯物史观和方法论告诉我们，矛盾双方互为存在的条件。同态性与多样化之间的复杂关系也影射了在当今的市场环境中的大学、政府和市场之间的关系问题。

从政府的角度来看，建立多样化的高等教育系统是澳大利亚一直以来的政策取向。因为一种普遍的观点认为，高等教育的供应是由需求所驱使的。学生是多样化的，因此一种能够提供更多、更为多样化选择的高等教育体系能够更好地满足不同学生的需要；更为多样化的高等教育体系在面对不断变化的经济和社会需要时，有更大的灵活性。随着高等教育进入大众化的发展阶段，澳大利亚更为注重多样化体系的建设。20世纪60—70年代，联邦政府认为由大学和高级学院所构成的各自独立的系统，可以在最大程度上实现多样化目标。但事实上，两套体制引发了更多的"公平""效率""竞争""表现"等问题，前文中提到的学术漂移和职业漂移使这种"双轨体制"面临更多争议。因此，20世纪80年代末的道金森改革决定取消形式上的多样化，建立一个统一的平台，寄希望于通过机构之间的竞争和市场的拉动，实现高等教育系统内部实质性的多样化。政府缩减了对于大学的经费资助比例，更倾向于采取宏观调控的方式进行绩效管理，摒弃了事无巨细的微观管理方式，给予大学更大的内部治理空间，鼓励大学在内部治理中建立面向市场化发展的灵活的市场策略和企业目标。澳大利亚联邦政府通过政府的后撤凸显了学校的发展责任，并引导高校在宏观的办学方面遵从政府规定的一致性，在微观的高校自身建设方面体现发展的多样化。这其实是一种矛盾，因为除去前期基础存在很大差异之外，高校在同样的制度环境、激励机制和政府一致性的管理模式之下，很难产生多样化的结果。

这两方面的矛盾引起了澳大利亚许多学者的关注。乐观的学者认为，企业化改革和市场竞争正在引发一种百花齐放的局面，因为拥有自主权的各大学摆脱了国家长期以来的行政管理影响，适应了各类顾客的不同需要。而且，在澳大利亚的政府政策文本中，有许多关于按照市场经济模式所进行的高等教育改革的内容可以促进对高等教育系统多样化方面的讨论。1991年，《高等教育的质量与多样化》报告的发布，更使多样化的高等教育体系建设成为澳大利亚高等教育改革和未来发展的"标准化模式"①。悲观的学者认为，澳大利亚高等教育领域的竞争过于激烈，竞争的范围既有高校的声誉、政府的资金，还有生源的数量和海外教育输出市场等方面。市场内的竞争是非常残酷的，一方面它鼓励创新，鼓励高校的管理人员按照自己的想法去"运营"；另一方面，市场对于创新失败者的惩罚也是毫不留情的。因此，大学更趋于按照已有的模式运行，在一个不确定的世界中尽可能地减少危险。所以，同态性，即模仿行为，成了大学发展过程中无法回避的特殊现象。政府和市场的压力使得大学出现趋同的倾向。大学之间在教育活动、课程设置和市场化运行等方面正在趋同。这不仅是高校管理人员个人决策的产物，也是大环境的产物。

（二）政府失灵与市场失灵

许多澳大利亚学者认为，高等教育市场化是市场环境的产物，对于大学而言，最重要的是要保持灵活，迎合外部的需求，对公众需求快速地做出反应，并在此过程中提高教学、研究和服务工作的质量和效率。因此，高等教育的定位取决于社会对高等教育的综合要求。在这一点上，高等教育本身无力抵御市场的消费引导。

澳大利亚联邦政府推动高等教育改革的目的在于，在高等教育领域引入更多的市场竞争，鼓励大学发现自身的特色，在市场上占有一席之地。1988年的

---

① 西蒙·马金森，马克·康西丹. 澳大利亚企业型大学的权力结构、管理模式与再创造方式[M]. 周心红译. 杭州：浙江大学出版社，2007：150.

白皮书《高等教育：一份政策声明》中就曾提到：

> 改革旨在促进高等教育系统进一步向着多样化的方向发展，而不是使机构保持任何人为定位的一致性。那些试图覆盖所有教学和研究领域的高校，一定会考虑其自身的定位及其优势，来谨慎地选择教学与研究的方向和领域。其最终目的就是建立一个高质量的、均衡发展的高等教育系统，其中每一所高校都具有自身的特色与专长……[①]

但事与愿违，随着澳大利亚高等教育市场化进程的不断发展，出现了两种相伴相生的结果：一方面，高等教育的多样化备受争议；另一方面，大学同态性（模仿行为）的程度不断提升。

从政府的角度来看，道金森改革一方面给予大学更多的微观治理权力，另一方面又将大学局限在更为强大的政府框架之内。联邦政府鼓励大学追求各自的办学特色，提出了让高校向多样化发展的美好愿望，但在进行具体的衡量和评价时，却按照共同的高等教育质量保障体系中的评价标准来对大学进行考核，忽略了大学在办学定位、使命和人才培养目标等方面的差异。大学很自然地调整了自己的策略，以满足联邦政府统一的质量标准。这种体制在制订多样化发展目标方面留给高校的空间是非常小的。甚至有学者认为，联邦政府一方面在鼓励多样化，但另一方面又在限制多样化。[②]

联邦政府的初衷是希望利用市场因素促进大学内部的多样化发展，但实际上，经济全球化产生了强大的趋同化力量。在澳大利亚，砂岩大学和红墙大学一直拥有良好的声誉和地位，而技术大学和新大学为了寻求在一个不确定的世界中的确定性，往往通过模仿其他大学提高自身的竞争力。因为即使模仿行为不能全然规避创新的风险，也能把它降到最低。有学者对澳大利亚新南威尔士地区的五所大学进行调查研究之后得出结论：高校更乐于模仿或干脆复制比较强的对手在教学和研究方面的举措，而不是有意识地进行自我开发。[③]在开设课程、制订研究计划、制定管理措施等方面，大学更热衷于去研究其他高校是怎么做的，而不愿意冒因为创新可能导致的风险。例如，为

---

① Australian Government Department of Education，Science and Training. Higher Education：A Policy Statement（White Paper）[R]. Canberra：Australian Government Publishing Service，1988.

② 西蒙·马金森，马克·康西丹. 澳大利亚企业型大学的权力结构、管理模式与再创造方式[M]. 周心红译. 杭州：浙江大学出版社，2007：151.

③ Harman G，Wood F Q. Academics and their work under Dawkins：A study of five NSW universities [J]. Australian Educational Researcher，1990（17）：53-74.

了拓宽收入来源渠道，包括砂岩大学在内的几乎所有大学都把招收海外留学生作为有利可图的业务进行开发。更多的国际学生对商业研究、计算机科学、工程学，以及更多与全球化相关的知识和专业领域感兴趣。因此，很多高校为了吸引学生，在课程设置方面进行相互模仿甚至复制的现象很普遍。又如，澳大利亚实行竞争性的研究拨款机制，那些前身是高级学院的大学，在学术性方面比较弱，与砂岩大学和红墙大学相比，往往在争取资源方面处于不利的位置。但是联邦政府相信市场的竞争法则可以促进整个高等教育系统的发展，并鼓励向上的"学术漂移"，大学之间不靠以前的名头（大学或是学院）来获得研究资金，而是靠现在的能力进行公平竞争。这很有可能会导致"马太效应"。一些排名靠后的高校为了前行，不惜靠模仿砂岩大学或红墙大学的做法来规避创新的风险。

澳大利亚高等教育领域中的多样化和同态性的矛盾说明，高等教育问题不是仅凭政府的规约、鼓励和市场的牵拉、刺激就可以解决的，政府和市场可能会同时出现失灵。在高等教育市场化进程中，当出现政府和市场都无法解决的问题时，如果只把注意力集中在矛盾现象的单一方面，例如，只从政府或市场的角度来思考问题解决的思路，那么高等教育自身的原动力就会变得无法凸显。政府和市场本身既可能成为多样化的推动力量，又可能成为阻碍因素，事物的发展与它的对立面往往只有一步之遥。高等教育的外部环境可以在很大程度上影响大学，却无法从根本上改变它的本质。在政府和市场关于同态性和多样化矛盾之间保持平衡，在很大程度上取决于大学自身。对同态性与多样化进行非此即彼的二分，实际上没有任何意义，澳大利亚大学实际上正处于这一连续统中的不同位置。目前，最为重要的就是培养和形成大学对于来自政治的、经济的、社会的、文化的等多方面外部因素做出主体性反应的一种能力，这是大学在日益复杂的环境中进行自我塑造，也是大学安身立命的根本。高等教育与外部环境之间的关系不应该只是单向度的"由外向内"的影响作用关系，大学应该发挥自身的作用，参与到高等教育内外环境的建设之中，以自身成熟的价值观和目标体系对外部环境施加影响。

因此，将发生于20世纪末至今的这场声势浩大的高等教育政策调控和市场化改革比喻为一场风暴毫不为过。具体有形的改革已经发生，改革所产生的影响仍在继续。随着改革的不断深入，处于风暴中心的大学已经在发生着某些变化，其与政府、市场等权力主体的关系也在悄然地发生着变化，其内在的改革也在同步发生。这种影响将是长期的，而影响比政策文本和改革本身更加复杂，也更耐人寻味。对于当前澳大利亚大学在这一过程中所面对的、遭遇的、纠结的、困惑的，所有的变化与不变，所有的冲击与影响，所有的过程与结果，我们只能拭目以待。

第七章　澳大利亚高等教育政策演进的 启示与思考

关于国外教育的研究做到最后总要试图回到研究者所在的民族和国家的文化情境中，尝试审视并回答自己国家当前所遇到的教育问题，这几乎已经成为比较教育研究的经典模式。萨德勒有一段非常精彩的论述：

> 一个国家的教育制度是活生生的东西，人们或许忘记了它是斗争和困难的产物，是过去冲突的结果。这种教育制度隐含着某种左右民族生活的潜在力量。当教育制度寻求解决问题的办法时，它便反映了民族特性的某些不足。出于本能，教育制度往往把重点放在民族特性中尤其需要训练的那些部分。同样出于本能，它往往回避在前一阶段中曾发生过的重大分歧。但是，如果我们以宽广的胸怀和理解的精神把握住了一种外国教育制度的各种关系和深刻意义，那么我们就能够主动地改造它以适应我国教育制度的精神和传统，就能够敏感地领悟外国教育制度中未表明的思想，就能够更迅速地发现外国教育的固定影响力增强或减弱的征兆，就能够更容易地指出那些威胁着教育制度的危险现象和使教育制度发生消极变化的细微影响。用实事求是的精神和严谨科学的治学态度研究别国教育制度，其实用价值在于可使我们更好地考察和了解我们自己的教育制度。①

本书对澳大利亚高等教育政策自 1850 年至今的近 170 年的演进历史进行了非常粗浅的整理和分析。高等教育政策的外延非常广阔，政府对于高等教育各方面资源的配置与体制的规约，林林总总，无法全面系统地涉猎。因此，笔者

---

① 转引自：何塞·加里多. 比较教育概论[M]. 万秀兰译. 北京：人民教育出版社，2001：123.

重点选择了自澳大利亚国家成立以来，深刻地影响到其高等教育系统、深刻地改变了高等教育多元利益主体间的关系、深刻地改变了大学微观场域的制度与文化政策，以点带面地开展了有限的研究。写到最后，如果在上一章戛然而止，又像研究没有做完一般，让人怅然若失。因此，最后总要写一点由澳大利亚高等教育政策演进而想到的，包括将澳大利亚高等教育裹挟其中的国际高等教育市场化改革的总体趋势，以及对我国高等教育改革与发展的本土化思考。

第一节

国际高等教育改革的经验与启示

著名的高等教育学者马丁·特罗（M. Trow）曾将高校变革研究分为教育解剖学的和教育生理学的。①教育解剖学的研究只是把对象分解开来，而教育生理学的研究则要根据对高校多方面的机理的认识，研究高校的变革进程。教育解剖学和教育生理学的研究是可以融合的。前面对于澳大利亚的高等教育政策演进的分析，关注到了政策发生的背景因素，从政治、经济与文化多重角度，分析了高等教育政策本身及其幕后的发生机理。但有一个因素没有进行充分的阐释，即国际高等教育市场的形成与发展趋势。

一、国际高等教育市场的形成与发展趋势

（一）公共政策调控下的国际高等教育市场的形成

1. 国际高等教育市场形成的背景

澳大利亚的高等教育市场化只是发生于西方的教育市场化运动中的一个典

---

① 伯顿·克拉克. 高等教育新论——多学科的研究[M]. 王承绪，徐辉，郑继伟，等译. 杭州：浙江教育出版社，1988：146.

型案例。如果从更广泛的政治经济学的角度看，它也是包括公共部门改革在内的西方市场化运动的组成部分之一。从源头上看，自 20 世纪 50 年代末以来，高等教育与经济市场之间的关系因为人力资本理论的兴盛一时而引起各国政府的高度关注。这一时期，西方主要发达国家的经济开始进入第二次世界大战后的快速发展期。与此同时，世界范围内的高等教育也迎来了规模的迅速扩张。两股力量相辅相成，到了 20 世纪 70 年代，许多国家凭借经济发展实现了从高等教育精英化阶段向大众化阶段的跨越。甚至很多发展中国家虽然没有雄厚的经济实力做支撑，但对主张通过人力资本投资带来国家经济发展的人力资本理论深信不疑，也将高等教育扩大投资和规模增长作为公共部门改革的重头戏。

　　然而，到了 20 世纪 80 年代末，经济与高等教育同步前进的势头出现了明显的变化。随着全球经济形势与环境的变化，许多国家内部的经济市场较为成熟，经济增长趋于平缓，拉动经济增长的动能成为许多国家政府重振经济政策的主要内容。与疲软的经济相比，高等教育的入学率却一路高升，许多国家的高等教育在此时已经从大众化阶段进入了普及化阶段。其背后的原因是多方面的，20 世纪 70 年代，西方的民主化思潮以及部分国家政党推出的福利型社会制度均起到了推波助澜的作用，民众接受高等教育的需求越来越迫切。当进入高等教育普及化阶段后，接受高等教育也成为民众应该享有的一项基本权利。从这一时期开始，"高等教育市场化"这个概念才真正出现在政府的政策文本以及学术研究领域的诸多成果之中。

　　随着高等教育规模与体量的逐渐增长，任何一个国家的政府都没办法为这么庞大的公共事业买单。弗里德曼在《资本主义与自由》一书中提到的观点被众多国家的政府所接受，即市场竞争会使效率、应对性和创新最大化。①政府推进的准市场是在通向资本主义市场终极目标之路上的过渡。英国、美国、澳大利亚均在 20 世纪 80 年代实行了公共部门的私有化改革，大力推进放开对公共部门的管制，采取了许多措施以遏制经济的衰退。英国在除军事与国防等重要部门之外的几乎所有公共领域都开展了私有化改革。澳大利亚对众多的国有企业进行了市场化转制，取消了等级工资制度。澳大利亚的公共企业分布很广，如供气、供电、供水、航空、铁路、海运，以及机场港口、银行、保险和其他金融服务业都包含在内。20 世纪末，其中大部分不再是公共性质的企业。由于私有化和提供服务方面的竞争，政府成为购买方而不是提供方。从政府和国家

---

① Friedman M. Capitalism and Freedom[M]. Chicago: University of Chicago Press，1962：89.

的角度讲，这场西方市场化运动有宏观和微观两个层面的目的。其宏观目的是改革国家的政治经济结构，重新确定市场和政府在解决商品与服务这两者的供应、分配问题的过程中所依据的政策和规范。正如有的学者所言，市场化不过是一个工具，一个克服"从属文化"的工具。它通过压缩公共服务部门的规模，降低公共支出和税收，即降低它们在国内生产总值中所占的比例，进而提高经济的健康程度。其微观目的则是改革更广泛的社会政治、经济基础，诸如改进政府某一方面或各方面的行政功能。归根结底，其是为了降低支出、提高效益。[1]

2. 高等教育的个人与社会收益关系的改变

最初，政府采用人力资本理论大力发展高等教育的时候，关注的是社会在高等教育投资中的获益。但是到了这一时期，政府开始关注个人教育投资与公共教育投资在获益上的比例问题，并基于此在世界范围内重新对高等教育收取学费。

在很长的历史时期内，英国的高等教育都是不收学费的。直到 1980 年，大多数大学 90%以上的经费仍然是由政府负担的。1979 年，由撒切尔夫人担任领袖的保守党上台后，随即对高等教育开始采取市场化政策，同时高等教育开始实施第一次市场化改革，即对留学生全面收取全额学费。到 1990 年，英国实施《教育（学生贷款）法案》，规定接受高等教育的学生必须缴费上学。到 2006 年，本科生学费已经上涨了近 2 倍，从最初的每年 1000 英镑增加至每年 3000 英镑。[2]2010 年，英国负责高等教育的国务大臣宣布，联合政府提议在 2012 年开始将大学的学费最高上限由目前的每学年 3290 英镑调到 9000 英镑。[3]2011 年，英国发布了新的高等教育改革白皮书《高等教育：把学生置于体系中心》(Higher Education：Students at the Heart of the System)。白皮书明确提出，政府承担了第二次世界大战后大量的预算赤字，因此支持高等教育课程的公共资金不是来自基金委员会，而应由全日制在读的大学生依托他们所选择的高校主要以贷款的方式来解决。其理由是英国大学毕业生的未来收入比非大学生的收入要多得多。根据学者的研究，这一过程反映了自 20 世纪 80 年代英国高等教育大发展以来，传统意义上的经院哲学、象牙塔式的高等教育模式的转向，英国高等教育已经

①　蒋国华. 西方教育市场化：理论、政策与实践[J]. 全球教育展望，2001（9）：59-65.
②　张亮. 弥补财政紧缩缺口，英国大学学费要猛涨两倍[EB/OL]. http://edu.people.com.cn/GB/13151695.html[2019-10-12].
③　转引自：戴建兵，钟仁耀. 英国高等教育改革新动向：市场中心主义[J]. 现代大学教育，2012（4）：50-55.

完成了市场化改革。①

从美国高等教育财政拨款以及高等教育机构的经费收入结构来看，自 20 世纪 70 年代末开始，联邦政府的高等教育经费所占比例就一直呈下降的趋势。到了 20 世纪 90 年代，基本呈现出财政收缩的状态。20 世纪 80 年代中期，美国高等学校学费收入占 GNP 的比例达到了 0.53%，而社会对高校学费持续上涨表示了较多不满。②因此，收取学费是高等教育市场化进程的第一步，而后面紧跟着就是对高等学校经费使用的效率与效益的评估。对高等教育机构吸引社会资源甚至营利创收行为的鼓励，其根本宗旨是用市场的方式重新配置高等教育资源，以降低高等教育系统运行的成本，提升高等教育机构的办学效率。伴随着清晰的改革目标，多米诺骨牌被推倒了第一块，后面改革的大体进程都是类似的。

3. 高等教育市场构成的多个维度

金子元久教授提出了高等教育的三个市场。③首先，经常被学者所使用的高等教育市场的概念，确切来讲，应该是高等教育机会市场。高等教育机会的需求和供给以及价格（学费）和招生规模，是这一市场的主要参数。因此，围绕高等教育招生规模、学科专业设置、学费调整所进行的改革，都属于供给侧的市场化改革。其次，是劳动力市场，接受专业教育的毕业生所拥有的就业机会是其主要参数，高等教育的生产永远与最终的就业成果联系在一起，因此就业机会影响着学生对于学科专业的选择。依据市场和产业释放出来的信号所进行的调整，以及为满足受教育者的学习体验所展开的努力，都属于需求侧的市场化改革。最后，是金融市场，它的重要性日益凸显。随着政府对高等教育拨款的责任的后撤，有效吸引社会中累积的货币资产，用于高等教育投资，不断拓宽大学收入来源渠道，就变得举足轻重。围绕大学"开源"与"节流"两方面的调整，都属于资本方面的市场化改革。

因此，我们今天所看到的高等教育市场化，实际上既有供给侧改革，也有需求侧改革，还有资本侧改革。大学在面临市场化的挑战时，是别无他选的。随着政府在宏观高等教育管理领域中的直接控制和管理的作用的淡化，大学转而在微观管理领域中引入早已在产品生产和服务领域中发展成熟的市场手段，

① 戴建兵，钟仁耀. 英国高等教育改革新动向：市场中心主义[J]. 现代大学教育，2012（4）：50-55.
② 张丽. 高等教育市场的经营命题[J]. 当代教育科学，2013（13）：58-60.
③ 金子元久. 经济增长放缓与高等教育：资本市场的出现[J]. 金珍译. 北京大学教育评论，2019（1）：62-73.

用以摆脱传统管理模式的束缚，提高自身的办学效率和效益。大学开始将三种改革融合在一起，根据市场调整学科专业设置，不断提高学费，扩大留学生与自费生的招生规模，推行课程改革与教学创新，积极推广产学研合作，加紧社会融资，注重宣传，特别是海外宣传工作。许多大学在针对主要受众的媒体上增加广告，创办公共关系办公室，使用企业营销策略。甚至为了吸引海外留学生，有些国家的大使也义务地扮演起了本国高等教育招生的宣传者角色。一时间，多种手段齐头并进、综合运用。大学在组织结构、运行模式、办学体制等许多方面都产生了质的变化，这就对以往的大学治理提出了严峻的挑战。

这些质的变化从根本上打破了"象牙塔"的藩篱，面向市场打开了大门。那些最先建立成本-收益意识并且懂得经营的大学已经在这一大潮中占据了先机。据英国伦敦大学弗里德曼教授的分析，英国高等教育市场化最大的赢家是产生了一批比较"富裕"的大学。大学取消学生人数上限，以及大学对生源的激烈竞争，加大了很多大学的经济压力，更加"富有"的大学成为胜者。2017年，英国大学学费收入占比颇高，以至于大学总盈余达到了22亿英镑。校园内崭新耀眼的教学大楼显著地提升了学生的学习体验，但他们在毕业时所承担的债务和还款压力却与日俱增。同时，教职员工的薪酬在过去的十年中下降了约19%。甚至2018年，布拉德福德大学、南安普顿大学、利物浦大学、伦敦南岸大学等已经宣布开始裁员。密德萨斯大学、莱斯特大学等一批大学也开始裁减教师岗位的改革。然而，并不是财政紧张的大学才会裁员。南安普顿大学和利物浦大学都属于罗素大学集团，2017年的盈余分别为4000万英镑和7600万英镑。可见，裁员仅是大学内部提升效率、降低办学成本的市场化改革手段之一。该项改革颇有愈演愈烈之势，大学内的新入职教工和在职教工的工作压力陡然增加，不仅要面临离职的风险，还要承担已离职人员的工作，变相增加了工作量和劳动强度。然而，基层教师为了抵御裁员风险，不得不过多地考虑科研业绩，甚至降低研究深度，以增加成果数量。①

自20世纪80年代末以来，市场思维在高等教育领域进行了非常充分的实验，表现出了无限的潜力，而经济全球化产生的影响加速了这一改革在全世界范围内的传播。当前，在回顾这一过程的时候，理论研究需要回答两个问题：高等教育在多大程度上被市场化重新塑造了？高等教育市场化又将走向哪里？

---

① 德斯·弗里德曼. 高等教育市场中的胜与负[J]. 许悦编译. 中国科学报，2018-09-18（007）.

（二）高等教育市场的双刃剑效应

辩证唯物主义认为，事物的运动发展是矛盾运动的结果，所以事物总具有两面性，既对立又统一。高等教育市场化也是一种正负双向效果并存的现象。

1. 政府与高校之间的分歧

"高等教育市场化"这个概念引发了很多的分歧。首先就是政府与高校之间的分歧。政府推行高等教育市场化的目的是增强高校与社会的联系，提高高校自身的办学效率和效益，使其更加具备竞争优势。从高校的角度讲，高等教育市场化的根本目的就是通过政府的放权，形成公私并举的竞争格局，使其享有一定程度的办学自主权，并依据市场机制增强自身的竞争性和选择性，提高办学效率和效益，成为市场的主体。同时，高等教育机构在被动地成为市场化的主体时，往往因为政府拨款比例的下降而遭遇重大的资金压力，进而主动积极地采用企业的经营方式面向市场和社会办学，在这个过程中经历了一轮轮的阵痛，到目前为止也不曾走出改革的适应期。

但不能否认的是，世界范围内的高等教育市场化改革的成效是非常明显的。第一，通过向市场融资，大学获得了更多的有形或无形的办学资源，这样不仅减轻了政府和国家的财政压力，还使大学与社会的关系更加紧密。第二，在市场经济中，消费者的需求通过价格杠杆制约着市场的各个环节。因此，市场手段介入大学之后，高等教育消费者的需求开始受到重视，多样化的高等教育需求得到了更大程度的满足[1]，高等教育将朝着多样化的方向发展，这对于高等教育体系的完善和健康是有益的。第三，市场最为注重效益和效率，市场手段的引入使得大学的资源配置在很大程度上摆脱了以往的低效现象，大学的运营变得更加有效率。第四，竞争是市场的根本特征。市场手段的引入使得大学也被卷入竞争的洪流中，竞争的对手不仅有国内外其他高等教育机构，还有科研院所以及社会上的其他咨询和服务机构。大学组织的内部也形成了激烈的竞争格局，从总体上来讲，竞争会促进高等教育的健康发展，为大学注入活力。第五，市场手段的引入，必定会加强大学与工商企业的联系，知识可以最大限度地被转化为生产力，产业需求也以最快的速度在大学课堂中体现出来，产学研一体化发展的脚步会越来越快。

---

[1] 戴晓霞，莫家豪，谢安邦. 高等教育市场化[M]. 北京：北京大学出版社，2004：194.

2. 学者观念领域中的分歧

学者对于高等教育市场化的看法也是存在分歧的，而且往往不同学科的学者之间的分歧是巨大的。例如，"教育市场化"的提法对不对？对于诸如此类的问题，学者的看法常常见仁见智，并没有统一的定论。然而，经济学者更倾向于认为，高等教育市场化是利大于弊的。早期的教育学者出于对高等教育本质的认识，大多认为高等教育领域因其特殊性，只能由政府负责，如果引入追求利润的市场机制，一定会使事情变糟。后期，教育市场化的概念虽然被教育学者所接受，但其在使用这个概念时，往往强调的是提高大学的教育质量、办学效率和效益，增强大学自身的竞争力和灵活性。经济学者则更期望大学能够在高等教育市场化进程中依照市场法则——公平竞争与价格机制，参与到教育成果的市场交换之中，依靠市场这只"看不见的手"配置有限的高等教育资源，回答"为谁生产""生产什么""怎么生产"等高等教育领域中的重大问题，并遵循利益最大化的原则，使市场规则成为高等教育发展的主导力量。实际上，从学者对于高等教育市场化的目的观的阐释中就可以看出，高等教育市场化从根本上而言就是一个比较理想化的概念。对于"市场化从哪里来"这个问题，很好回答，但"市场化应往哪个方向走"，往往不容易说清楚。教育学者和经济学者都期望大学能够利用高等教育市场化的契机，大力提高办学效益和效率，提高教育质量。然而，在具体的高等教育改革实践中，高等教育市场化往往导致了高校的迷失，手段与目的出现了倒置，对效率和利润的最大化追求，造成高校教育目标的功利化与非人文化。用市场逻辑取代教育逻辑，这就容易引发重大的社会问题，是各个学科的学者都不希望看到的。这恰恰也是澳大利亚高等教育政策演进过程中确实出现了的现实问题。

1988 年以前，澳大利亚的高等教育发展目标与国家发展的政治、经济、文化目标趋同，被视为完全意义上的"公共产品"，由政府提供绝大多数的资金来源。但随着经济全球化、新自由主义、经济理性主义等理念的盛行，包括高等教育在内的公共部门都面临着提高效率和效益的指责。随着道金森改革的推行，澳大利亚高等教育市场化进程正式拉开序幕。最开始是在高等教育领域引入更多的包括学费、竞争性拨款等举措在内的市场手段，使高等教育在某种程度上成为"准市场"。从 1996 年霍华德政府的改革开始，到 2002 年尼尔森推行的新一轮的市场化改革，澳大利亚高等教育领域开始出现市场的营利性目标和消费主义文化的影子，准市场向着更为激进的市场发展。高等教育不仅要更像企业一样营运，还要时刻关注自身生产的成本和收入，而面向海外留学生的教育早已演化成为澳大利亚第三大出口产业，截止到 21 世纪初，创造了总额为 102 亿澳元的税收。①对于这一过程，可以从两个方面来理解。乐观的经济学者可以看到在这一过程中高等教育所取得的丰硕成果，如更高的入学率、更多的收入、更积极地与企业界的联系，以及在国际市场上争取到更多的"份额"所带来的物质方面的所有获益。但教育学者似乎更为担忧，因为他们关注的是作为社会文化、精神重地的教育和作为"社会良心"的大学。传统意义上的大学（不包括商业性高等教育机构）如果失去了自身的文化，被市场需求牵着鼻子走，无异于失去了自身存在的合理性和必要性。澳大利亚高等教育学者马金森就曾在其著名的《澳大利亚教育与公共政策》一书中批评了澳大利亚高等教育由于市场化进程引起的短视现象，他认为"在教育这种长期的培养过程中，社会政治和文化领域与经济领域同等重要，都应该得到教育的支撑。而且教育的经济收益也不仅仅是眼前的，也有长期的，而且根本上并不总是可以测量的。所以澳大利亚高等教育的主要失误之处就在于，把教育想象成了一部短期运转的生产机器，并按照这一想法转移了资源"②。实际上，马金森教授只说出了一半，因为这一结果既是高等教育市场化的成功之处，又是其主要的失误之处。之所以这样说，是因为高等教育市场化是一把双刃剑。市场的寻利性在给高等教育带来更多的物质收入的同时，如果不加控制，必然会使教育变得短视。

　　学界对高等教育市场化的研究大体经历了几个阶段。第一，什么是市场化？市场化的概念是否能运用在高等教育的经营与治理上，是否有助于高等教育的发展？第二，高等教育市场化是否违背了高等教育的本质和功能？是否改变了大学的理念与公益属性？第三，进入高等教育市场化阶段后，高等教育会发生怎样的改变？第四，高等教育市场化会走向哪里，是否违背了初衷？如何避免发生这样的问题？当前的研究已经回答了第一和第二个问题。第三和第四个问题有待进一步研究。市场化对高等教育而言到底是转机还是危机，做出结论为时尚早。高等教育市场化是一种大学发展无法脱离的外在环境，也是世界范围内各个国家高等教育普遍面临的一个挑战。萨德勒曾提醒比较教育学者："校外发生的事情甚至比校内发生的事情更重要，它们制约和解释校内发生的事情。"③这说明现代大学已经永远不可能再回到独立的"象牙塔"时代，大学不仅要适应社会，更要作用于社会。所以，在这种背景下，高等教育中市场手段的引入

---

①　Nelson B. Our Universities：Backing Australia's Future[R]. Canberra：Commonwealth of Australia，2003.

②　西蒙·马金森. 澳大利亚教育与公共政策[M]. 严慧仙，洪淼译. 杭州：浙江大学出版社，2007：Ⅳ.

③　赵中建，顾建民. 比较教育的理论与方法——国外比较教育文选[M]. 北京：人民教育出版社，1994：115.

在很大程度上是不可避免的，也是利大于弊的。但市场的营利性目标和追求利润的文化对于高等教育来讲是危险的，甚至是有害的，因为对于高校来讲，精神领域的丧失是最为彻底的对本质的偏离和对初心的违背。高等教育市场化不应允许未经限制的市场化因素在高等教育领域无限发展，但高等教育又不能完全脱离市场，所以最理想的状态就是在充分发挥政府与市场的作用的同时，尊重高等学校办学的基本规律，给予高等学校充分的办学自主权，落实其市场主体地位。

二、高等教育市场化进程中的政府手段与市场手段

政府与市场是两种配置资源和协调社会经济活动的主要机制。政府手段与市场手段是相互补充、相互促进的关系。[①]因此，政府与市场之间绝对不可能是一种此消彼长的零和关系。无论是发挥高等教育市场化的正面效应（效率与效益的提升、竞争优势与办学利润的产生），还是避免市场化的负面效应（产业性压倒了事业性），都要解决好政府、市场与高校间的权力分割与责任分担的问题，关键是要解决好政府责任的重新界定与市场功能的有效发挥的问题。政府的作用不应因市场的介入而弱化甚至退出。高等教育这种产品能否以及如何实现商业的转化并进入市场，这是高等教育市场化留给学者的难题。

（一）政府责任的重新界定

1. 政府职能及其效果

高等教育领域的改革不同于经济领域的改革。在经济领域，改革有一个比较明确的目标，就是要让市场在资源配置中发挥基础性作用。但是在高等教育领域，学者对改革目标与改革成效的看法就存在分歧。看来，要想在高等教育市场化进程中保持清醒和理性，就必须弄清楚政府在高等教育市场化进程中的职责与功能，政府作为公权威的代表如何与市场相互配合，以激发高等教育系统的内生发展动力。

从一般意义上讲，政府在高等教育市场化改革中能够而且应该发挥积极作用。首先是因为高等教育领域提供的产品既具有公共产品或公益产品的性质，又具有私人产品的性质。单纯靠市场手段调节，通过建立在学费与未来预期收入基础上的价格机制，以高等教育产品的供求关系来配置高等教育资源，极其

---

① G. M. 霍奇逊. 现代制度主义经济学宣言[M]. 向以斌，等译校. 北京：北京大学出版社，1993：298-302.

容易造成部分高等教育生产与产品供求的结构性矛盾。高等教育在科类、水平、层次等方面具有结构性差异。在对个人接受高等教育所获收益有限，而社会收益较大的领域，特别是对那些市场偏冷，但社会发展长期需要的专业建设、课程建设、人才培养、基础研发与应用拓展领域，高等教育公共产品的属性表现得更加明显，政府需要加强投入，继续有所作为。

另外，要保证高等教育的公平。在20世纪80年代末以来的30余年里，高等教育公平作为社会公平的重要指标，得到了世界范围内各个国家的重视。所有的政党，不论其基本理念存在多大的差距和分歧，均在施政纲领与具体的高等教育发展总目标中提到针对教育公平的改革举措。国际高等教育发展已经从大众化阶段陆续进入普及化阶段，这意味着接受高等教育已经成为现代社会给予公民的一项基本权利，是否接受高等教育甚至不再是一个问题，关键是接受什么样的教育，重点是民众对接受优质高等教育的需求在不断提升。因此，确保人人享有接受更高水平的高等教育的机会，已经成为全社会都关注的重要问题。

在这样的背景下，政府推进了高等教育市场化改革，下调了政府拨款在高校收入中的比例，大幅上调了学费指导标准，甚至针对留学生和自费生全面取消了学费的上限，势必会引起人们对于教育公平的质疑。如果低收入家庭的学生因经济贫困而被剥夺接受高等教育的机会，会导致政府公权力威信的丧失。因此，各国政府在面临这一问题时，均不约而同地通过政策与税收减免的形式建立了学生低息或免息贷款制度。澳大利亚通过HECS、HELP等多种学生贷款，保证了所有本国学生接受高等教育的机会公平。应该说，学生贷款制度的建立，就是在高等教育市场化改革中转移政府财政压力的同时实现教育公平的重要手段之一。但是，在经济市场表现不尽如人意的时候，学生贷款的还款率往往偏低，银行烂账、坏账的比例居高不下。澳大利亚的税法规定，当大学毕业生工作若干年后的薪资水平不及最低还款标准时，就不必偿还高等教育学费。尽管澳大利亚不断调低最低还款标准，仍然有大量毕业生无法还贷，这样联邦政府承担了巨大的经济压力。已经出现一种声音，即建议联邦政府将学生贷款项目作为私有化改革的一部分，转由企业去运营。但后期在专项委员会开展调研之后，其认为该建议的实施时机尚未成熟而将其搁浅。

可见，政府的职责与功能是在高等教育市场化进程中，以及在各种事件和利益的博弈中构建起来的，最直接的作用还是提供公共财政支持。但与传统上直接增加政府对公立高等教育机构的财政拨款不同，高等教育市场化进程对拨款的对象、拨款的方式都构成了新的挑战。如果因为家庭经济水平等原因，学生无法接受高等教育，这是对于教育公平原则的背离。在实施这种理念的过程中，必然要平等地看待公立与私立高等教育机构中的学生。私立学校已经收取了高昂的学费，并且提供等值的优质高等教育产品，所以在私立院校就读的学生与公立学校学生一样享有被政府扶持的权利。因此，许多国家的政府在为公立院校提供财政经费的同时，也为私立院校提供相应的补贴。这种补贴主要以开放私立院校学生申请助学贷款的形式实现。这样客观上政府逐渐降低直接对高等教育机构的经费拨款，而将经费直接补给了学生，通过让学生申请贷款的形式，解决教育公平问题。学生综合考量高等教育价格与服务质量，选择高等教育机构与高等教育学科专业课程产品，其所做出的选择在微观上是理性人的自主决策，在宏观上更加符合市场需求，也更能体现社会需求。同时，私立院校也有同等权利申请政府提供的各项竞争性经费，这样政府优先发展的研究领域在整个高等教育系统中得到了有效落实。

2. 政府、大学与市场的供求关系

金子元久从高等教育需求与供给两个方面提出了解释高等教育与政府、市场、家庭关系的概念框架，如图 7-1 所示。

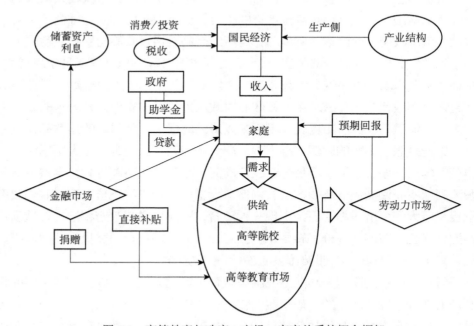

图 7-1　高等教育与政府、市场、家庭关系的概念框架

资料来源：金子元久. 经济增长放缓与高等教育：资本市场的出现[J]. 黄珍译. 北京大学教育评论, 2019（1）: 62-73

金子元久认为，高等教育需求来自家庭的选择聚合，每个家庭的选择取决于其对高等教育成本和收益的预期。高等教育供给是指不同价格（学费）的入学机会的总和。各院校在可用资源（包括政府补贴和捐赠的收入以及其他收入的累积价值）的限制下，确定招生规模和学费定价的特定组合。供需双方受到的影响有来自政府政策以及金融市场的调控。政府通过税收的手段，将一部分国民收入以补贴和学生资助项目的形式提供给高等教育。与此同时，税制会刺激家庭选择接受高等教育，并激励个人和企业为高等教育做出贡献。金融市场通过助学贷款方案，将国民经济中的累积财富投入高等教育领域。当政府出现赤字，并且通过从金融市场借款融资来解决赤字问题的时候，金融市场也间接地为高等教育提供了资金。在院校层面，高等学校出于基建和其他目的从市场借款，随时接受捐款，并通过储蓄等方式获取财务收益。因此，金子元久认为，高校、政府和市场之间的资源和信息流动构成了一幅非常复杂的图景，即高等教育财政的宏观架构。[①]这一架构中的细节因国家而异，在不同的政治、经济与文化背景下呈现出不同的状况。但是，唯一不变的就是政府在这种新的架构中的核心地位和关键作用。

传统观念认为，在高等教育领域，政府与市场的力量是此消彼长的。因此，市场化进程就是高等教育同市场力量结合，将市场原则视为高校日常运作的主要调控力量。既然市场规律禁止控制和垄断，政府与大学之间必然会形成一种松散的关系，政府应严格遵照市场原则，减少使用行政命令和经济手段来干预大学办学。但实际情况并非如此，甚至恰恰相反。澳大利亚的高等教育市场化就是既加强政府调控又强化市场运作的一个典型实例。其实，对国家与市场之间进行二分并没有什么实质性的意义，因为政府本身实际上也是把市场机制和市场改革作为管控工具来使用的。例如，在道金森改革中，联邦政府正是通过竞争、收费等方法扩大了政府政策的影响。在与大学这种在性质上属于独立法人机构的组织打交道的时候，市场的间接调节比行政命令的直接调节更有效。其结果是政府管理效率与市场调节效率的同步提高。所以，对于高等教育领域的改革，问题不是简单地强调政府干预或市场配置资源，关键还在于要把握好政府在新时期的职责与功能的有效发挥。

---

① 金子元久. 经济增长放缓与高等教育：资本市场的出现[J]. 黄珍译. 北京大学教育评论，2019（1）：62-73.

（二）市场功能的有效发挥

1. 市场的功用

当大学从"象牙塔"走入现实社会的时候，市场力量就已经开始对大学产生影响。我们在承认政府对高等教育领域进行干预的必要性的同时，也不能否认市场机制在这一领域也可以发挥重要作用。澳大利亚的高等教育改革的经验表明，在高等教育领域，政府与市场的适当结合往往能比单靠政府干预产生更好的效果。著名高等教育学者马丁·特罗曾经区分了两种高等学校分层体系。在第一种体系中，等级是由政府分配给各高等学校的职能、权力、特权和资源决定的。高等学校的地位、等级、发展受到政府政策和资源配置手段的直接影响。在第二种体系中，高等学校分层的基础是各高等学校的竞争优势。高等学校通过市场竞争获得有助于提高学术声望的条件（如知名学者、研究经费、优秀校友、社会捐赠等），从而提高自身的综合实力和社会地位。[①]澳大利亚在高等教育市场化改革之前的两轨制就是第一种体系的直接体现，大学的地位与优势明显高于学院，由政府财政大力支持，在高等教育系统内占据优势地位。在高等教育市场化改革后，联邦政府促进了高等教育体制从两轨向一轨的转型，形成了"一片平坦（公平）的运动场"，一流大学是市场竞争中的优胜者。因此，澳大利亚高等教育的市场化进程正是联邦政府从上至下地推行从第一种体系到第二种体系的改革过程。

此外，引入市场机制可以提高高等教育系统自身的办学效率，使有限的财政资源得到更有效的利用，实现高等教育机构在经济上的可持续性发展。同时，还可以动员市场与其他非政府渠道的资源参与高等教育领域的改革和发展。此外，引入市场机制还有利于在不增加甚至减少财政负担的情况下允许更多群体拥有更多的教育选择。因此，市场所起的作用就是优化资源配置方式，用更少的钱办更多、更好的教育。政府在高等教育领域中的定位就在于保障高等教育的公平性，而市场的定位则是提高大学的办学效率和效益。

2. 高等教育市场化的连续统思维

对于高等教育市场化的双刃剑效应，已经在前文中进行了阐释。它既可以促使高校高效率地办学，更好地发挥社会功用，又可以使市场逻辑渗入大学，引起大学文化的转型。既然有利有弊，那么如何有效地发挥市场的功能，最大

---

① 转引自：伯顿·克拉克. 高等教育新论——多学科的研究[M]. 王承绪，徐辉，郑继伟，等译. 杭州：浙江教育出版社，1988：182.

程度地警惕市场的风险应该是一个值得探讨的问题。这个问题相较于"要不要市场化"的质疑具有更加实在的意义。

认识高等教育市场化进程，是应对这一问题的前提。高等教育市场化体现为多样化的形态和性质，是一系列现象和趋势的集合，是一种"量变"引发"质变"的过程。本书借助一种连续统思维，将高等教育市场化理解为市场介入高等教育发展的一个连续不断的范围、顺序或整体过程，构成高等教育市场化进程的所有要素和部分都是密切联系、牵一发而动全身的。

连续统的思维在许多学科中都有体现，例如，哲学中的连续（统一体），数学中的连续统、闭联集，力学中的连续介质，物理学中的连续光谱等。连续统的思想已经跨越了学科的界限，成为一种有益的认识世界和解释世界的方式。在某种程度上，高等教育市场化就是持续不断的过程，表现出一种渐变的、渐进的发展特点，是连续性与动态性的统一。因此，本书将高等教育的市场化进程看作一个多维度的立体的连续统，每个维度从一端（非市场）到另一端（市场），中间有着无数的过渡阶段，量变逐渐积累而出现质变。在试图对这个多维度的立体的连续统进行划界时，就是在这个连续统上寻找和确定质变的点，并把每个点综合起来，形成一个在空间上的多维度的立体"边界"。

事实上，对于高等教育市场化这个比较复杂的问题和现象集合体进行研究时，必须牢牢抓住几个重要的特征或者关键点，这对于理解高等教育市场化的质变与量变的关系是十分必要的。但从复杂事物中抽取某种"典型"或对事物的阶段性性质进行模糊化的简单归属时往往容易招致非议。因此，本书的研究仍然借鉴了马克斯·韦伯的"理想类型"法，大胆地尝试，以期找出连续统中的关键点，把握高等教育市场化的发展轨迹。对于某种趋势的研究只能从性质上去把握，既然高等教育市场化是从非市场向市场发展的连续统，那么只有从性质上对高等教育市场化进程进行研究才具有根本性意义。

3. 市场手段、目标与文化

美国伦理学家彼彻姆（T. L. Beauchamp）在其《哲学的伦理学》一书中提出，技术、制度、文化是任何一个健全社会都不可或缺的支点。[①]同样，技术、制度与文化也是一个健全的高等教育系统不可或缺的支点。高等教育市场化的理想类型基于技术、制度、文化这三个支点，根据市场因素在高等教育领域中

---

① 汤姆·L. 彼彻姆. 哲学的伦理学[M]. 雷克勤，郭夏娟，李兰芬，等译. 北京：中国社会科学出版社，1990：90.

的参与程度，由少到多、由浅入深、由表及里，可分为市场手段的运用、市场目标的建立和市场文化的形成三个层次。高等教育市场化的过程也就是市场对于大学的影响逐渐增强的过程。市场手段是企业界通用的高效的资源配置方式。市场目标更多地指资本和市场的寻利性。市场文化体现为企业的价值观和理念。

手段、目标和文化之间的关系不是线性的。线性逻辑是：文化决定目标，目标决定手段。但至少在单一的组织内部这一规律是有可能成立的。例如，大学文化决定大学的办学定位和发展目标，而大学的办学定位和发展目标又决定了大学改革的具体手段。但高等教育市场化涉及两类场域，而且研究的是一个场域对于另外一个场域中的组织所施加的影响，所以手段、目标与文化之间的关系绝对不会遵循线性逻辑，而且有可能相反。改革手段的组织是组织目标和组织文化形塑的结果，还是组织实践中的主客观因素共同作用的结果，这是一个认识论和实践论的哲学问题。内部需求决定外部改革，高等教育走向市场，是因为教育需要借助于市场的某些营运手段更好地完成教育本身的任务。

理想的改革必然是利用市场手段服务于教育目标。然而，手段、目标和文化的区分也具有相对性。量的积累容易导致质的改变。市场对于高等教育的影响程度，必然会遵循着从弱到强、从小到大的发展逻辑。所以，从市场对于大学的影响程度来看，在这一过程中，开始时是更多的市场运营手段在大学中的运用，随着市场影响的深入，市场目标甚至开始左右大学的发展，随着市场目标的渗入和影响的不断加深，可能会出现市场文化对于大学教育文化的侵袭。此外，在连续统上进行分段存在问题，因为从整体来看，连续统就是一个从量变的积累导致质变的过程。而且，在研究中，如果假设在连续统上存在无穷个点，前后之间的关系应该是一种递进式的，而非并列式的，后一个阶段是在前一个阶段的基础之上发展而来，每一个量变都建立在前一阶段的基础之上，并促成了最后的质变，这就是市场手段、市场目标和市场文化三者之间的关系。

4. 市场目标与市场文化的反作用

之所以要区分市场手段与市场目标和市场文化，主要是因为它们对于高等教育的影响在性质上有着很大的不同。这正是高等教育市场化发展到不同阶段的标志性特征，也是有效发挥市场功能并且高度关注市场风险的必需视角。市场目标是利润的最大化，市场文化是企业独有的价值观与习俗的统一。然而，高等教育的根本目标是围绕着"培养什么样的人""怎样培养人"而展开的，其本质是一种高等教育理想，是理想主义与现实主义的结合，是社会本位与个人本位的结合，是价值判断与实践导向的结合。随着市场手段越来越多地介入，市场追求利润的目标与文化会对高等教育的育人目标产生诸多影响。如果说市场手段更多地对大学起着一种积极的作用，那么市场目标与文化的反作用则更多地令学者担忧。这些影响表现在以下几个方面。

第一，市场会导致高等教育的短视。市场目标与市场文化使高等教育的"事业性"式微，"产业性"增强。利润的多少成了衡量大学优劣的标准，缺乏经济利益的学术思想不再为人所青睐。高等教育的支出被持续削减，教育本身的内在需求被忽视，教育的发展亦步亦趋地服从于暂时的、近期的市场需要。那些在高等教育中占主导地位的风险大、见效慢、投资者较少的基础研究受到极大冲击，大量没有太多商业价值的学校学术机构及学术研究系部也面临着生存的压力。市场目标与市场文化使一些基础学科，如哲学、社会科学因不能直接带来明显的经济效益而备受冷落，这是十分危险的。这种只顾眼前利益、忽视长远利益的"短视"行为，必然会影响高等教育的发展。

第二，市场会对大学的精神追求形成压力。大学的职能是培养人才、发展知识及用其智力资源为社会服务，所以它所从事的活动主要是在精神领域。市场的追求是纯物质层面的，而大学则有精神领域的追求。然而，实际上，"社会的精神生产任何时候也不会完全融合在社会的物质生命活动之中"，"在物质生产中起作用的原则和规模只是在有限的程度上适用于精神活动"[①]。所以，如果市场的力量占据主导，它就会在最大限度上把市场的目标和文化强加给精神活动，以实际效益衡量一切，以功利、实用作为行为动机，这将会破坏精神活动所需要的自由氛围和创造空间。[②]

高等教育社会学家维布伦（T. Veblen）曾在《美国的高等教育》一书中写道："人们用更商业的方式来组织和控制大学及其设备、人事和资源。大学被当作一个处理有销路的知识的商业机构，由博学的统帅所控制，所有的改革成果均可转化成最大可能的产出……大学最终将会成为学习公司和处理标准化学识的商业企业。"[③]当然，维布伦的话多少有些嘲讽的味道。[④]

市场文化强调的是市场的特有文化对于大学教育文化的渗透和冲击。在高等教育市场化进程中，如果说市场手段还仅限于技术层面，市场目标停留于制

---

① 戴晓霞，莫家豪，谢安邦. 高等教育市场化[M]. 北京：北京大学出版社，2004：199.

② 戴晓霞，莫家豪，谢安邦. 高等教育市场化[M]. 北京：北京大学出版社，2004：199.

③ Veblen T. The Higher Learning in America [M]. New York：Sagamore Press，1957：62-64.

④ 埃里克·古尔德. 公司文化中的大学[M]. 吕博，张鹿译. 北京：北京大学出版社，2005：50

度或物质层面，那么市场文化将存在于精神和文化层面。大学可以适当地运用某些市场手段，也可能会在某些适度的范围内追求利润和收益，但这都不会影响其作为大学的根本属性。但如果大学的教育文化受到市场文化的侵蚀，将会直接威胁到大学的根本性质和定位，精神领地的丧失是对其最为严重的伤害。此外，市场领域的附加值、利润等概念在大学中越来越具有了实在的意义。大学根据其提供的产品质量确定一个市场所能承受的费用，教育被明码标价，在市场上出售。这些市场策略本身以及策略背后的文化均源自企业界，是大学文化受到市场文化侵蚀的又一个侧面。

第三，市场有可能会损害高等教育的健康和谐发展。许多坚持自由市场主义观点的学者认为，高等教育是市场环境的产物，对于大学而言，最重要的是要保持灵活，迎合外部的需求，对公众需求快速地做出反应，并在此过程中提高教学队伍工作的效率。因此，高等教育的定位取决于其总的目标，即社会对高等教育的综合要求。然而，正是因为对于市场需求反应的相同或相似，有些国家的大学现在正面临着令人非常头痛的趋同化趋势。大学与大学之间在课程开设、办学特色、科研领域等许多方面越来越趋同，甚至许多高校通过复制其他大学的办法来发展自己，这与寄希望于通过市场形成多样化的高等教育的初衷是相悖的，却是市场目标驱动的一个直接负面结果。

第四，还要说明的是，在高等教育市场化进程中确立市场手段、市场目标和市场伦理这三个质变点，是遵从于逻辑的。"逻辑"并非只作为"形式逻辑"，指代形式推理之学。如果考察哲学史就会发现，长久以来，"逻辑"一词在西方一直被作为"心智运作的学问"。西方现代哲学两大巨擘康德和黑格尔都特别重视这一层面的"逻辑"[1]。"理想类型本身不是目的，而是达到理解从具体的、个人的观点看来具有意义的现象这一目的的工具。"[2]因此，高等教育市场化的三种理想类型，并不是将纯粹的形式逻辑追求作为自身的任务，在本书中只是一种思维上的假设，作为一种研究工具，它们虽然不可能解决所有问题，却可以在一定范围内囊括许多高等教育市场化的资料，使纷繁复杂的资料有类可归。尤为重要的是，它们可以明确地通过假设提出高等教育市场化的发展路径，使研究者可以针对各类资料，从这个角度进一步探索影响高等教育的各方面因素，从而使研究具有更高的有效性。

此外，如同马克斯·韦伯对其"理想类型"的解释一样，市场手段、目标、

---

[1] 恩斯特·卡西尔. 人文科学的逻辑[M]. 关子尹译. 上海：上海译文出版社，2004：17.

[2] Weber M. The Methodology of the Social Sciences[M]. New York: The Free Press, 1949: 103.

市场伦理这三种类型只是理论假定的一种"纯粹"形态，是"为了透视实在的因果关系，构造的非实在的因果关系"①。这三种理想类型只表示某种形象是接近典型的，在任何时刻都不会以纯粹形态存在于高等教育的现实之中，三者之间也会互相渗入。例如，当市场文化或市场目标占主导地位的时候，也正是市场手段的运用极为盛行之时。在此将其人为地按纯逻辑的形态区分开来，完全是为了对现实进行某种程度的提炼和"夸张"，选择现实的某些特征作为典型，为比较不同背景下的经验现实提供统一的尺度，便于研究的开展。就概念上的纯粹性而言，它只是一种思维方式，起到认识现实的作用，一方面它与现实具有相似性，这种相似性使比较成为可能。另一方面，它又与现实有着差距，正是差距的存在使得只有通过比较才能更好地获得对现实的认识。社会科学的独特性就在于，它提供了既非经验实在亦非经验实在之摹写的，但以一种有效的方式有助于对实在进行分析和整理的概念和判断，这就是"理想类型"的作用。②

三、大学在高等教育市场化进程中的组织特征与主体地位

（一）作为"混合机构"的大学

随着高等教育市场化进程的不断推进，澳大利亚的大学变得既不像传统意义上的公共部门，也不像自由市场的私有领域，它越来越像一个"混合机构"（hybrid organisation）。正如特威斯特（V. Twist）和威尔特（I. Veld）所说："它是这样一个实体，运作于公共和私有领域之间，履行着公共责任，从事各种商业市场活动。"③一方面，政府对于大学的控制只是改变了形式却并没有减弱；另一方面，在高等教育实践中，大学除了从事传统的教学科研外，还开展了各式各样的与市场相关的合同教育和研究项目来增加学校收入。在这个过程中，市场目标和市场文化更多地渗入并左右着大学活动。在这样的背景下，大学的

---

① 马克斯·韦伯. 社会科学方法论[M]. 李秋零，田薇译. 北京：中国人民大学出版社，1999：181.
② 冯钢. "客观性"、"理想类型"与"伪道德中立"——评罗卫东的"重返韦伯"[J]. 浙江社会科学，2006（6）：84-92.
③ 转引自：李盛兵. 高等教育市场化：欧洲观点[J]. 高等教育研究，2000（4）：108-111.

自主性变得比任何时候都弥足珍贵。

大学从社会边缘走向社会中心的那一刻起，包括政府和市场在内的外界因素就开始影响着大学。在这一过程中，其实无所谓矛盾与斗争，存在的只有永恒不变的适应与协调，即大学需要不断地调节自身以适应外界。高等教育的协调发展是政府、市场及大学三种力量均衡发展的结果。任何单一力量对大学的极端控制都是危险的，最稳定和平衡的力量制约关系应该是均衡的三角模式。在协调与适应的过程中，作为自治机构和法人实体的大学要不断建立和完善自主性，保持自身的"教育特质"。这种自主性的强调已经与中世纪的"象牙塔"、近代英国的独立学院和洪堡时代的大学自由自治相差甚远。现代大学已经从社会边缘走到了社会的中心，这并不意味着其要失去自我，当面对来自政府的宏观监控和来自市场的利润引诱的牵拉与博弈时，大学不可能逃避社会责任，但在履行责任的过程中，其要学会为自身的发展定性、定位、定能，这是在高等教育市场化大潮中建立稳定健康的三边关系的关键。

（二）大学的被动应对与主动选择

以大学与市场的关系为例，美国威廉姆斯大学经济学家温斯顿（G. Winston）曾经讽刺性地提出"为什么大学不能更像一个公司"？温斯顿所提出的是一个修辞学意义上的反讽，却是一个相当严肃的问题。这涉及大学的本质，大学本质上是非营利性的，即使其某些行为像是一个公司，最多也只能是类似于某种公司，而公司可以创造利润，却不能将利润分配给员工。大学既有事业性，又有产业性。高等教育一方面要满足社会各部门的需要，产生创造利润的需求，即有其商品化的一面；另一方面，大学被称为新时期的"象牙塔"，作为社会思想道德和伦理的中流砥柱，作为人类精神家园的高地，毫无疑问，也有其非商品化的一面——其追求的是社会利益和经济利益的统一，而不是单纯的经济利益。事业性和产业性不是其固有属性，而应被视为是一种对教育活动在某一历史阶段运行特征的规定。高等教育要不要融入市场来运作，应该从这种选择性教育所面临的矛盾出发，考察该市场存在的可能性和合理性。事实上，在市场背景下，资本的寻利性和教育的公益性之间的矛盾不一定是对抗性的。如果大学能够正确认识并引导，就可以通过实现利用资本的寻利性来实现高等教育的公益性这一目的。

20 世纪 80 年代末以来，澳大利亚的高等教育领域发生了许多变革，包括大学入学人数的快速增加，建立在国家贷款基础上的学费体制，两轨制的合并以及随之而来的学校平均规模的扩大，大学拨款模式的改革，高校间的竞争机制的引入，大学绩效管理机制的建立，大学治理模式的转变等。这一切都表明，澳大利亚越来越趋向于运用企业的方式来治理高等教育。

从大学的角度来看，这种治理模式既产生了积极的影响，也产生了消极的影响。好的一面是，澳大利亚的大学更加积极地响应国家的政治、经济和社会发展的号召需求，更为积极地回应国家的政治、经济和社会发展目标。不好的一面是，在大学更多地按照竞争性的公司模式办教育时，变得过分关注自己的成本和收入，而且将手段看成目的本身，出于生计，造成了办学的本末倒置。就澳大利亚高等教育市场化进程的发展速度而言，"或许其母国——英国也没有沿着这条道路走得这么远、这么快"①。

美国哈佛大学前校长鲁登斯坦（N. Rudenstine）有一句经常被同行引用的名言："社会变化得越快，大学这块变化相对少、思想观念相对独立的领地就越有价值。"② "大学绝不仅仅是为了解决现实社会问题和适应当前社会需求而设立的，大学还有它更为重要的任务。它要传授的是一代又一代学生终其一生都需要的最基本、最重要的思想、知识和方法，它要探求人类最有普遍意义和恒久价值的真理和学问，它更多地关注"应当怎样"的理想境界，而不是实际的操作和与现实相妥协的方案。"③

正因为如此，"大学有时就是要像一座象牙塔，就是要与现实社会，特别是不够理想的乃至异化的现实社会保持一定的距离"④。大学自治与学术自由是大学存在的内在逻辑，只有充分享有自主性，大学才能真正地发挥自身的作用。大学既不是企业，也不同于政府公共事业部门，大学应有其独特的运行逻辑。市场调节和政府调节只是大学有效运行的手段，大学的自主性调节才是最根本的、起主导作用的力量。在这一过程中，关键是要区分不同调节方式作用的边界和范围，使其功能互补，共同促进大学的发展。因此，现代大学的主要任务就是在保持自身的自主性与满足社会需求之间寻找平衡。从这一角度来看，大学、政府和市场的关系是非对抗性的，是相互促进、互利共赢的。

---

① 西蒙·马金森，马克·康西丹. 澳大利亚企业型大学的权力结构、管理模式与再创造方式[M]. 周心红译. 杭州：浙江大学出版社，2007：ii.

② 转引自：王诺. 读哈佛[J]. 读书，2000（12）：40-44.

③ 转引自：王诺. 读哈佛[J]. 读书，2000（12）：40-44.

④ 赵利屏. 教育市场化悖论[J]. 中共伊犁州委党校学报，2005（4）：58-60.

第二节

高等教育改革与发展的本土思考

面对来自高等教育国际化进程中有形与无形的影响，民族和国家的经济结构、金融贸易体系、社会文化活动的内容和方式都已经发生了深刻的变革，这种变革深深地触及了社会、政治、文化、环境等各个领域，促使高等教育的内外环境和条件都发生了深刻的变化。很多政策产生的背景是类似的，如高等教育从大众化向普及化阶段过渡，政府的高等教育财政方面的压力日益增大，高等教育机构间在国内以及国外高等教育市场中的激烈竞争已呈现出白热化趋势，高校普遍感受到了办学经费方面的压力，高校对于更高程度的办学自主权的渴求，社会投资与个人投资在高等教育经费收入中的比例逐渐上升，以及随之而来的多样化的高等教育需求等。在相应的高等教育政策调整过程中，市场化已经成为当今世界各国高等教育改革与发展的基本趋势。

在我国，伴随着从计划经济体制向中国特色社会主义市场经济体制的转变，长期以来作为政府公共事业部门的高等教育也日益实现了面向市场经济体制的转型。曾经关于我国高等教育"要不要"市场化的问题成为学者讨论的热点，如今更多的研究已经转向探索有中国特色的高等教育市场化道路的问题。可以说，研究向着更为务实和更具操作性的方向发展。在这一过程中，将研究的眼光投向国外，可以为我国高等教育更好地适应市场经济的发展，更好地协调大学、政府和市场的关系，提供一些有益的启示。

一、促进高等教育市场的健康发展

（一）政策调控下高等教育市场的形成

在我国传统的计划经济条件下，高等教育作为绝对意义上的公共产品由国家包办，高校作为公益性、福利性和非营利性机构由政府管理。高等学校的运行和发展受到政府部门计划的直接影响。经费由国家统一分配，专业设置、人才培养的规格和数量由政府以指令性计划向学校下达，学生毕业后也由政府面向社会安排分配，所以高校既无"断炊"之忧，又不必考虑和关注社会、企业和学生的需求。高等学校成了竞争的事业主体，办学既无利益驱动，也无成本与风险约束；高等教育事业的实际运行过程中缺乏利益激励机制、竞争机制、约束机制和风险机制。在经济上，不实行办学成本的经济核算，低效率运行，人浮于事，资源利用率低，浪费严重。这种高等教育管理模式在当时既有其存在的合理性，也为当时的计划经济发展做出了不可磨灭的贡献。但随着社会主义市场经济体制的建立，特别是全球化、知识经济的到来和高等教育大众化的推进，这种高等教育管理模式已经不适合高等教育发展的要求了，客观上限制了高等学校功能的有效发挥，不利于高等学校更好地实现学术效益、办学的社会效益和经济效益的统一。

正因为如此，1985 年颁布的《中共中央关于教育体制改革的决定》后，改革由国家"统包统分"的招生分配制度，在增加计划外招生名额的同时，加大毕业分配制度上的双向选择程度。许多学者将这一文件和其中的相关政策规定视为高等教育市场化改革的开端。[①]20 世纪 90 年代以来，我国高等教育更以扩招、收费、学科调整为标志，显示了自身深刻、全面转型的开始。这就是由精英教育向大众教育转型，由全福利型教育向半福利型及全收费型教育转型，由文、理、法、经分科型院校向综合型院校转型，由单一的国办教育向国办、民办多元教育体制并存转型。[②]这些举措都表明，从某种程度上讲，我国的高等教育也已经迈进了市场化的门槛。随着此后十几年的发展，市场化进程不断推进，我国的高等教育领域表现出了如下市场特征。

首先，高等教育领域出现了公私并举的趋势。我国自从 20 世纪 80 年代中期实行办学体制政策调整以后，许多民办院校应运而生。据统计，截止到 2002 年，全国已有民办高等教育机构 1200 多个，学生 120 余万人，其中教育部承认有颁发学历文凭资格的民办高校 89 所。[③]在民办高等教育机构悄然兴起的同时，一些中心城市也大力开办了数量可观的高校，它们的出现对中国长期形成的一元化办学体制、投资体制和管理体制提出了挑战，昭示着中国高等教育多样化

① 郭歆，夏晓勤. 我国高等教育市场化的源头和动力——一种新制度主义分析[J]. 清华大学教育研究，2003（12）：35-40.

② 胡建华. 高等教育价值观视野下的高等教育质量[J]. 高等教育研究，2005（11）：5-9.

③ 张应强. 体制创新与建设高水平民办大学[J]. 高等教育研究，2002，（4）：28-31.

办学模式的萌生。其中，中心城市创办的高校因有地方政府作为强大的经济后盾，其发展的规模、速度以及产生的经济效益和社会效益远远超过了民办高校。[①]伴随着经济全球化浪潮的冲击和国内高等教育需求的增加，中国高校在 20 世纪 90 年代末连续扩招，结果还催生了以产业方式运作的教育集团、以各种融资形式组建的大学城、以改制为主要特征的二级学院和公立大学转制等新的办学模式。具体来说，我国高等教育出现了多元化的办学格局，除公立高校以外，还包括民有民办、民有公助、公立高校整体转制、公立高校部分转制、公私联办、中外合作办学、股份合作制办学和国外（境外）团体、个人办学等多种办学形式。[②]

其次，高等教育领域的竞争愈演愈烈。一方面，政府通过财政等手段的调控，在高等教育领域建立竞争机制。例如，20 世纪 90 年代中期开始实施的"211工程"以及随后推行的"985 工程"就明显具有促进高等教育系统内部竞争的作用。2012 年，高等学校创新能力提升计划（"2011 计划"）针对中国高等学校已进入内涵式发展的新形势，全面瞄准了人才、学科、科研三位一体的创新能力提升，通过构建面向科学前沿、文化传承创新、行业产业以及区域发展重大需求的四类协同创新模式，深化高等教育的体制机制改革。2015 年的"双一流"建设是新时期全面提升中国高等教育综合实力和国际竞争力的又一项国家战略，标志着新时期高等教育重点建设的目标指向与工作重心。"双一流"既是大学实现跨越式发展的重要契机，也是对大学办学水平与办学能力的重大考验。"双一流"建设依托项目制管理逻辑和制度创新的方式，还原了学科在大学组织中的重要地位。

这些重点发展政策旨在推动重点高校、重点平台、重点学科发挥引领作用，迅速提高高等教育质量和科研水平，提升中国高等教育的全球竞争力和国际声誉。高等教育重点发展政策在师资、经费、服务、设施等各方面给予了高校有力的支持，这对教育经费一直不足的中国高校来说，无疑是难得的发展机会。高校在师资、生源、科研和声誉等不同层面展开了激烈的竞争，如普遍出现了互"挖"人才、优质生源抢夺等现象，即使民办大学也不例外。随着市场手段越来越多地被引入高等教育领域，大学之间以及大学内部的院系之间已经形成了激烈的竞争氛围。如今正有越来越多的高校校长、学院院长、学科点负责人

① 潘懋元，邬大光. 世纪之交中国高等教育办学模式的变化与走向[J]. 教育研究，2001，（3）：3 - 7.
② 转引自：卢乃桂，操太圣. 中国改革情境中的全球化：中国高等教育市场化现象透析[J]. 北京大学教育评论，2003（1）：48-53.

关心自己的学校和学科在各种类型的高校排行榜和学科评估中的排名。

从学校内部来看，竞争原则突出体现在高校内部的人事管理和分配制度改革上，这在教育部 1999 年下发的《教育部关于当前深化高等学校人事分配制度改革的若干意见》中有很简洁的概括，即"按需设岗、公开招聘、平等竞争、择优聘任、严格考核、合约管理"的 24 字方针。不仅很多学校开始取消教师聘任终身制，实行"非升即走""非升即转"的岗位流动聘任制，从前的"铁饭碗""大锅饭"已经被"竞争上岗"所取代。[①]同时，高校教师间的竞争也愈演愈烈。围绕着科研项目、经费、"人才帽子"展开的角逐，使大学（特别是研究型大学）中的教师承受着巨大的职业压力，甚至在一定程度上催生了围绕研究成果发表而形成的产业链，形成了颇具规模的需求链和供应链。

最后，高等教育成本已经实现了多元分担。20 世纪 80 年代以前，中国高等学校办学所需的费用全部由国家财政负担。1985 年，《中共中央关于教育体制改革的决定》指出，高等学校可以在国家计划外招收少量的自费生，学生应缴纳一定数量的培养费。在此前后，一些高校已经尝试降分录取少量自费生。1989年，国家教育委员会等三部委联合发出《关于普通高等学校收取学杂费和住宿费的规定》，从政策上肯定了高等教育应该实行成本分担和成本补偿制度，并从该年开始，对新入学的本专科学生收取学杂费和住宿费。从 20 世纪 80 年代中期到 1992 年，中国高校招生实际存在公费生和自费生的"双轨"制度。经过 1993—1997 年的"并轨"过渡，中国高等教育于 1997 年开始全面实行收取学费制度。经过几年的高等教育成本补偿实践，从高等学校的收支情况看，学费收入占高等教育事业性支出的比例在逐年上升，已经成为财政预算内拨款以外的最重要的经费来源渠道。[②]

此外，大学开始关注收入，除向学生收缴学费以外，学校还创造了集资办学、勤工俭学、兴办校产等行之有效的筹措经费的新途径，甚至有些教学机构开始直接开展商业活动。各学校或开办高新技术公司，或利用自己的专业优势创办特色产业，无不竭尽其能。从具体的办学实践情况来看，"创收"已经成为高校的重要业务之一。[③]另外，高校还与工厂企业建立政产学研用合作平台，促进科研成果的直接转化，缩短从知识到生产的距离，实现高等教育的社会服务。

① 卢乃桂，操太圣. 中国改革情境中的全球化：中国高等教育市场化现象透析[J]. 北京大学教育评论，2003（1）：48-53.

② 李文利. 解决高教经费供求矛盾需要注意的几个问题[J]. 中国高等教育，2002（6）：28-31.

③ 转引自：卢乃桂，操太圣. 中国改革情境中的全球化：中国高等教育市场化现象透析[J]. 北京大学教育评论，2003（1）：48-53.

实行成本分担之后，政府的财政投入呈现出了一些变化。相关研究显示，2005—2015 年，我国高等教育的政府投入增加了 2.96 倍，年增长率平均为 15.16%，其中在 2013 年以前增长较快，此后增速明显放缓。与 2012 年相比，2013 年的政府投入出现了负增长，高等教育的非政府投入增加了 0.77 倍，年增长率平均为 5.97%，其中在 2008 年以前增长较快，此后增速放缓。[①]可见，2005 年以来的高等教育大众化阶段，我国政府投入的相对比例在不断提升，但政府在高等教育投入中的主导作用还不够明显。家庭投入的增长速度明显赶不上经济增长速度，事业收入和学费所占比例的下降最明显。这一经费来源结构的相关数据与经济合作与发展组织成员的整体状况存在一些差异。

（二）高等教育市场仍需进一步完善

如上所述，我国的高等教育市场化进程中的政策调控与澳大利亚在很多方面都表现出类似的特征。首先，高等教育曾被政府定义为完全意义上的公共产品。然而，当面临民众普遍要求接受高等教育的迫切需求与有限的高等教育资源之间的矛盾，以及存在社会多样化的教育需求与趋同的高等教育服务之间的冲突，特别是随着高等教育成本的日益增加，当社会普遍要求高等学校提高办学效率与效益时，政府不约而同地寄希望于通过市场寻求解决问题的方法。在这一过程中，政府下放了部分高等学校办学自主权，学费、社会办学、企业捐助等私人领域更多涉入高等教育，"竞争机制""个人收益""成本分担""差异化价格"等市场词汇在大学中有了具体实在的意义。如果仅仅从表象上看，我国的高等教育市场化已经具备了世界高等教育市场化的典型特征，但对于澳大利亚高等教育政策演进中的市场化改革的深入剖析，为思考我国如何进行高等教育改革与发展提供了非常好的案例。其作用就在于，揭示了高等教育市场化进程中的两面性，这是由高等教育市场化发展的阶段性所决定的。在研究澳大利亚高等教育政策的时候，我们不禁会思考这样一个问题：在深入推进我国高等教育的市场化进程中，如何在有效发挥市场作用的同时尽量从源头上规避市场化可能带来的负面影响？这可能就是比较教育研究最重要的作用。

1978 年以来渐进的市场化改革，使得中国从封闭走向开放，高度计划统率下的经济形式向着较为开放和自由的社会主义市场经济前进。在研究经济问题、

---

① 方芳，刘泽云. 2005—2015 年我国高等教育经费投入的变化与启示[J]. 中国高教研究，2018（4）：78-85.

关注经济建设、推动经济发展的大背景下，经济学从台后走向台前，一时间成为显学，受到社会的追捧，经济学的视角和研究方法更快、更彻底地进入了包括教育在内的其他学科的"园地"。经济学者对于高等教育的市场化进程普遍持乐观的态度，如果在这一过程中出现问题，也只是因为市场化的程度还不够。市场因素无限发展的结果，有可能是市场的目标和文化损害大学的办学思想和教育目标。

事实上，正是因为我国在推行高等教育市场化的过程中暴露出了一些问题，所以与经济学家相反，教育学者的态度则更为复杂。20 世纪 90 年代初，高等教育市场化改革初露端倪之时，许多教育学者对此忧心忡忡，当时盛行的观念是"教育是崇高的公益性事业"，绝不能市场化。①进入 21 世纪以来，仍有许多学者对于高等教育市场化的问题持比较抵触的情绪。②这些学者是令人敬佩的，因为在市场化所带来的更多收益面前坚守大学的内在精神，正是高等教育得以继续发展的内核。从高等教育市场化进程的阶段性的角度来看，大学适度走近市场并引入市场手段，在很大程度上是利大于弊的。鼓励大学市场化，并不代表用市场的营利性目标和追逐利润的文化代替高等教育的本质和灵魂。如果能理解这一点，就可以释然了。

总的来看，澳大利亚的高等教育市场化进程中出现了很多问题，在国内倍受争议。而我国的高等教育改革经历了较长时间的磨合与调适，紧密结合经济领域中的市场化改革，取得了较大的进展，但同时一些负面现象也已经暴露。对市场化改革的负面影响进行全面反思是有益的，但正如陆铭所说，在一系列对市场化改革进行反思的议论中，公众的讨论很容易被引向用改革的负面结果否定改革的方向的误区，而这又尤其集中表现在对于教育事业的市场化的批评之中。不能简单地用某种市场化改革"方式"下出现的负面现象来否定市场化改革的"方向"③。

---

① 北京师范大学王善迈教授的《教育产业化市场化质疑》（发表于《上海高教研究》，1994 年第 4 期）、华中师范大学孟瑜教授的《教育不能市场化》（发表于《教学与管理》，1995 年第 4 期）、江西师范大学欧阳侃教授的《产业化？市场化？商品化？——社会主义市场经济与教育》（发表于《江西师范大学学报》，1994 年第 1 期）都表达了此种观点。

② 持这种观点的学者有赵利屏（见《教育市场化悖论》，发表于《中共伊犁州委党校学报》2005 年第 4 期）、秦行音（见《教育市场化的比较研究：中国和世界》，发表于《教育科学》2003 年第 5 期）、熊卫平（见《教育产业化市场化辨析》，发表于《求索》2001 年第 3 期）、邓俊英（见《关于教育市场化的哲学思考》，发表于《哲学研究》2003 年第 2 期），等等。

③ 陆铭. 高等教育市场化：方向的问题还是方法的问题[EB/OL]. http://luming.essrc.org/Article/ShowArticle.asp?ArticleID=166[2008-01-11].

我国高等教育市场化发展的方向是正确的，问题在于要明确高等教育市场化进程的阶段性问题，即实行有限的市场化改革。邓小平同志在谈到改革开放问题时曾经指出："判断的标准，应该主要看是否有利于发展社会主义社会的生产力，是否有利于增强社会主义国家的综合国力，是否有利于提高人民的生活水平。"①这一高屋建瓴的认识完全可以用来指导高等教育工作。在此套用如下：在涉及发展高等教育的手段和方法的选择上，关键要看是否有利于我国高等教育事业的健康发展，而不必拘泥于它们究竟是"来自市场的"还是来自"非市场的"。

因此，通过市场手段有限调配高等教育资源，引导高校面向社会和产业办学，合理分配政府投入与社会家庭投入的比例，引导高校不断拓宽收入来源渠道，充分发挥高等学校作为市场主体的作用，提供更适合当前经济社会发展需要的高等教育产品，是至关重要的。但在将市场的手段运用于高等教育时，"在手段和根本目标之间适当地拉开距离"②是非常必要的。以理想的崇高教育价值为主导，勇敢地引入市场手段，使教育目标、理念和市场的某些做法相结合，实现教育成效的最优化，避免市场影响的无限扩大，是必要的态度与根本的立场。完全反对大学市场化与无限制地推行大学市场化，都会陷入过犹不及、矫枉过正的误区。高等教育市场化就是一把双刃剑，只有适度发展才能给我国高等教育领域注入更多的活力，才能使大学更好地履行其社会服务职能。当然，为了更好地实现大学市场化的适度发展，政府和大学都要有所作为。

二、明晰政府的角色与定位

既然高等教育市场化的方向没有错，接下来就要在方法的层面上进行深入的探讨。高等教育的市场化有助于打破政府的事无巨细的全面干预和单一的公有筹资模式，利用来自企业界的治理模式提高大学的办学效率，吸引私人领域的资源来满足高等教育进一步发展的需要，这一基本优点是显而易见的。因此，高等教育的市场化问题在很大程度上就是政府在高等教育中的作用被重新划定的问题。

---

① 邓小平. 邓小平文选（第三卷）[M]. 北京：人民出版社，1993：372.
② 吕世荣，姚顺良. 立足文本，关注现实——孙伯鍨先生学术思想的价值和启示[J]. 哲学研究，2004（3）：80-84.

（一）政府宏观调控作用的进一步加强

在高等教育市场化进程中，澳大利亚致力于建立一个"大市场与小而能的国家"。联邦政府在高等教育中的定位与角色的主要变化体现为高等教育"公共产品（public goods）提供者功能"的弱化。澳大利亚联邦政府以前负担了全部高等教育成本，而在市场化改革之后采用不同的形式（拨款、高等教育贡献计划、私人投资等）实现了高等教育成本的多方分担。1988 年到 20 世纪 90 年代初，澳大利亚联邦政府已经从主观愿望和客观现实两方面逐渐弱化高等教育"提供者"的角色，强化"管理者"的角色。通过将市场领域中的许多概念和做法引入高等教育领域，为私营部门和市场致力于高等教育的发展提供了机会，也为高等教育机构寻求自身的发展预留了突破口。

澳大利亚政府角色的转型和治理方式的变革只是高等教育市场化过程中的一种范式。我国高等教育也正在经历市场化的洗礼。与澳大利亚的发展轨迹相似，我国政府与高校的关系正在发生变化，由计划经济体制下政府-大学的单向型关系，向市场经济体制下高校、政府、市场的多向三角关系转变。在此过程中，政府扮演的角色发生了转变，市场进入和政府淡出的现象也开始在我国的教育领域浮现。因此，可以说我国的高等教育市场化进程与许多其他国家存在"范式上的一致性"。但在具体思考我国高等教育的实际情况以及在此基础上政府职能与作用的发挥时，就会发现实际的操作要困难得多。在具体推行的高等教育政策、采取的改革措施以及对大学行为所产生的实际影响等方面，我国可能与其他国家的情形不尽相同，针对本土情况进行修正，任重而道远。

我国的高等教育市场化进程，要坚持政府主导模式，这是两方面因素共同作用的结果。一方面，澳大利亚学者马金森认为，"澳大利亚政府在教育扩张时期犯的一个重要的失误就是，对教育靠自身的力量所能办到的事的期望值太高——似乎现代化所需的一切就是教育改革。大学实际没有能力控制经济和劳动力市场，仅凭教育也不能使国家在世界上变得有竞争力"①。高等教育需要其他诸多条件共同作用才可以有更好的发展，这些因素包括良好的市场氛围和明智的政府决策。与经济发达国家相比，中国的高等教育起步较晚，来自政府强有力的政策支持和经费资助是保证中国高等教育快速发展的重要支撑。与其他

① 西蒙·马金森. 澳大利亚教育与公共政策[M]. 严慧仙，洪淼译. 杭州：浙江大学出版社，2007：V.

经济合作与发展组织成员相比，我国政府在高等教育经费投入占 GDP 的比例上仍有提升的空间。若此时像西方国家那样实行政府后撤、市场前进的策略，难以靠当前教育市场机制的自发性作用实现高等教育的持续高速发展，在较短的时间里超越发达国家并占据全球高等教育的优势地位也只能是一句空话。另一方面，澳大利亚在不断借鉴英国、美国经济领域改革经验的基础上，市场经济结构趋于合理，经济体系不断成熟和发展，但在高等教育市场化进程中仍然不可避免地出现了许多市场失灵的现象。我国仍属于发展中国家，对市场经济建设的经验仍然处于积累过程中，经济总量尚不发达，经济结构尚需完善，面临着艰巨的实现社会主义现代化的任务，这就是中国的国情。运用市场化手段推进高等教育的发展，更需要政府的大力扶持与有效引导。

所以，高等教育市场化必须坚持政府宏观调控与市场调节相结合，充分利用政府的制度性力量，在政府的主导下进行。我国进行高等教育市场化改革，不是要像日本一样改变公办高校的基本性质，既不是要改变公办高校的主体地位，也不是要削弱公办高校的主导作用，而是要努力寻找能够促进高等教育快速发展的形式，利用体现高等教育市场规律的运行机制和组织形式，实现公有制与市场化的结合。现阶段，只有采用政府主导型的市场化模式，才能既保证市场机制更有效地配置教育资源，又能通过政府对高等教育运行的宏观调控，补充、矫正市场机制的不足，实现高等教育持续、稳定、协调地快速发展。因此，在高等教育市场化进程中，随着市场的介入，政府并不是淡出，而是要投入与以前相比更大的精力，发挥更为强大的宏观调控作用。

（二）政府在高等教育市场化进程中的关键作用

澳大利亚联邦政府对于高等教育的干预和调控表现为两个端口：一方面是运用钱包的力量（power of purse）调控高等教育经费入口；另一方面是利用绩效考核和质量评估机制调控高等教育的出口。在这两种调控中，政府的干预是间接的，在收入与产出中间的制度建设和市场化操作环节，大学自身的运作和市场的影响是最为重要的决定因素。

第一，我国的高等教育市场急需政府从制度方面进行规范。自推行市场化改革以来，我国高等教育领域出现了前所未有的繁荣景象，社会办学、定向培养、产教融合、教育培训、终身学习、慕课建设等如雨后春笋一般纷纷涌现，一时间，高等教育的参与率大幅攀升。但实际情况不容乐观，市场本身的不成熟，加上市场管理立法和体制的不健全，在一定程度上造成了高等教育市场的混乱。高等教育从政府集权管理模式向政府主导下的市场化治理模式转轨，既面临着培育市场的任务，又面临着规范市场的任务。政府既可以作为培育和调控市场的主体，又可以运用法规来规范高等学校的市场行为，建立起具有权威性的市场运行机制，统筹协调各方面的关系，从而维护高等教育的市场秩序。

第二，高等教育市场不能以牺牲教育公平为代价来换取效率的提升。保证高等教育市场化进程中的公平，是政府最为重要的职能。在推行高等教育市场化的过程中，作为市场主体的学生和高校都需要一种更为公平的环境。在道金森改革时期，澳大利亚为了缓和矛盾和社会压力，推行了高等教育贡献计划，学生不用立即付费，而是在毕业后工资达到一定水平之后通过税收的形式返还学费。这项政策保证了学生在机会层面上的平等。我国从 20 世纪 90 年代中期开始开展了经费投入体制改革，按照准公共物品的特殊性质，建立了高等教育成本分担机制，在后期的落实过程中取得了明显的成效。但由于学费定价受制于太多影响因素，学费调整机制并没有得到有效建立我国可借鉴其他国家的经验，加快完善学生的资助制度，在奖、助、贷、减、免、补等方面落实对学生的资助，解决因学费上涨所造成的社会公平问题。政府可尝试加大对减息或免息贷款制度的改革，进一步发挥市场机制在优化配置高等教育资源中的基础性作用。

在市场化体制之下，收入分配差距的扩大在所难免，市场本身不具备调节再分配的功能，只有采取适当的税收政策和收入调节政策，政府才能建立和完善社会保障体系，保障高等教育市场化进程中的教育公平。此外，我国的高等教育资源分布并不均衡，这也从客观上要求政府给予区别对待，市场化进程的推行不能僵化和机械。公平与效率之间存在错综复杂的关系。单靠市场化机制不可能达到效率与公平二者之间的平衡和统一。过分强调公平，会造成高等教育的低效率，扼杀高水平学校的办学积极性和创造性；而片面强调效率，也会造成高校之间、学生之间、学科专业之间资源配置与机会分配的不公平，从而挫伤一大批低收入高校、学科专业的办学积极性，影响社会公平，最终导致高等教育的低速度和低效益。[①]科学合理地调节这种关系，使二者达到平衡和统一，是高等教育得以和谐发展的客观要求。

第三，包括澳大利亚在内的许多国家的高等教育市场化都出现了同一个趋

① 吴坚. 政府主导型的高等教育市场化模式——中国特色的高等教育运行机制[J]. 江海学刊,2001(6):54-59.

势，即政府不断下调拨款比例，鼓励大学积极地面向市场融资。但考虑到我国的实际情况，政府的高等教育拨款不仅不应该下调，还应该适当上调。因为市场化并不代表政府就一定要减少投入，尤其是我国的高等教育长期处于资金紧张的环境中，这时候以推行市场化为名减少拨款，可能使大学市场化过度发展，造成市场目标和文化对于大学文化的损害，但政府可以通过改革财政拨款的分配方式提升经费使用效率。例如，在教学型或研究型高校中实行差异化的拨款模式，试行以学生数和教师数为两类基本拨款计算单位的改革，试行成果导向、需求导向、绩效成效导向等不同类型的竞争性拨款模式，兼顾差异化的高校需求，强化市场竞争，建立与高等教育普及化阶段相适应的财政制度安排。

第四，政府在高等教育市场化进程中的责任不仅限于支持公办高校。伴随着 2016 年新修订的《中华人民共和国民办教育促进法》的正式实施，从法律的角度来看，民办学校与公立学校已经具有了平等的办学地位。在高等教育系统中，民办高校已经占据非常重要的地位。根据教育部的官方统计数据，2017 年，民办高校的数量达到 747 所，[①]民办高校面临着巨大的投资压力、运营风险和规模化经营挑战，融资渠道比较单一，只有银行贷款、社会捐赠和学生入学与住宿费用等。现实中还要时刻面对行业准入、师资队伍、办学品牌、社会偏见等多方面的障碍，办学压力巨大，大量院校难以保证稳定运营。

既然民办高等教育机构已经具有同公办高校同等的法律地位，二者共同承担提供高等教育准公共产品的责任，也理所应当地享有政府在经费拨付方面的支持。国外高等教育系统是公私并举的，尽管两类高校在经费结构上存在诸多差异，但在制度设计上均应有统筹考量。澳大利亚的学生无息贷款的申请向全部私立大学开放，通过资助学生的形式变相资助了私立高校。同时，澳大利亚联邦政府的竞争性拨款和科研项目也均公平地面向私立大学开放。民办高等教育将是未来高等教育普及化阶段提供多样化的高等教育服务和产品的主力军，发展民办高等教育不仅可以在很大程度上缓解政府在高等教育方面的财政压力，更重要的是可以促进公办高等学校形成竞争意识，不断提高办学效益和效率。2013 年公布的《中共中央关于全面深化改革若干重大问题的决定》中明确提出："紧紧围绕使市场在资源配置中起决定性作用深化经济体制改革"的有利时机，加快改善民办高等教育发展的制度环境，促进公办高等教育与民办高等

---

① 中国民办教育蓝皮书：至 2025 年我国民办教育总规模将近 5 万亿元[EB/OL]. http://www.sohu.com/a/339376 846_100013278[2019-04-14].

教育并举发展格局的早日实现。为了促使这种格局的形成，当前迫切需要政府在经费、评估、办学自主权下放等方面提供倾向性的扶持。

第五，现阶段采用政府主导型的市场化模式，加快高等教育的发展步伐，并不意味着政府在调控高等教育时仍然以直接管理为主，更不意味着可以背离高等教育的市场化规律，仍然对高等学校进行行政干预。事实上，实行高等教育的政府集权管理模式向政府主导型的市场化模式的转轨，是高等教育运行机制的根本性变革，政府和高等学校的角色都必须进行调整。

三、增强大学办学的自主性

大学既不是企业，也不同于政府机构，其应有独特的运行逻辑。市场调节和政府调节只是促进大学有效运行的手段，大学的自主性调节才是最根本的、起主导作用的力量。高等教育的市场化改革，其实质就是实现大学、政府和市场在高等教育领域中的最佳配置，最理想的结果就是逐步建立起政府宏观管理和政策引导、学校面向社会自主办学的运行机制，使高校真正成为办学的法人实体，让高等学校独立行使自己的权力，承担相应的责任，建立起主动适应经济建设和社会发展需要的自我发展、自我约束的运行机制。为了实现这一目标，大学自身的自主发展，任重而道远。

1985 年发布的《中共中央关于教育体制改革的决定》中指出，"在加强宏观管理的同时，坚决实行简政放权，扩大学校的办学自主权"①。1994 年，《国务院关于〈中国教育改革和发展纲要〉的实施意见》明确指出："为保证政府职能的转变，使重大决策经过科学的研究和论证，要建立健全社会中介组织，包括决策咨询研究机构、高等学校设置和学位评议与咨询机构、教育评估机构、教育考试机构、资格证书机构等，发挥各界参与教育决策和管理的作用。"②2014 年，《国家教育体制改革领导小组办公室关于进一步落实和扩大高校办学自主权　完善高校内部治理结构的意见》出台。在总体要求中明确提出："以构建政府、高校、社会新型关系为导向，积极简政放权，加快转变政府职能，进一步明确政府高等教育的管理职责和权限，进一步明确高校的办学权利和义务，

---

① 中华人民共和国教育部. 中共中央关于教育体制改革的决定[EB/OL]. http:old.moe.gov.cn/publicfiles/business/htmlfiles/moe/moe_177/200407/2482. html [2008-01-12].

② 中华人民共和国国务院. 国务院关于《中国教育改革和发展纲要》的实施意见[EB/OL]. http://old. moe.gov.cn/publitfiles/business/htmlfiles/moe/moe_177/200407/2483. html ［2008-01-12］.

更好地落实高校的办学主体地位，更好地发挥社会的支持和监督作用，加快完善中国特色现代大学制度，加快推进高等教育治理体系和治理能力现代化，形成政府宏观管理、学校依法自主办学、社会广泛参与支持的格局，促进高校办出特色、争创一流。"①2018年，教育部、财政部、国家发展和改革委员会印发的《关于高等学校加快"双一流"建设的指导意见》中提到，应明确并落实高校在"双一流"建设中的主体责任；规范高校内部治理体系。"简政放权"是深化高等教育体制改革的关键词之一。这是一项系统工程，要怎么放，放到什么程度，政府和高校都在身份转换中进行探索。

从政策文本中可以看出，国家对高等教育的管理已经逐渐由国家控制模式向国家监督治理模式转变，从人事聘任到专业课程设置，从财务运作到后勤服务，从学校定位到学生就业等各个方面，都将深入落实高等院校的办学自主权，这无异于一场高等院校的办学革命。在这场改革中，高等院校内部的治理体制、目的、方法、手段、制度规范等所受到的挑战是全方位的。

高等教育市场化几十年来，既取得了成绩，也暴露出了一些问题。"一管就死，一放就乱"的怪圈背后的症结是大学自主性的缺失。在现实的教育实践中，官本位严重的政府型大学、追逐利润的企业型大学、无所不包的社会型大学、目标缺失的模仿型大学的例子并不鲜见。因此，为了使高等教育市场化健康发展，大学自主性的构建和维系是最为重要的方面。大学一方面需要坚守大学自治、学术自由的传统理念，保住自己的精神阵地；另一方面需要明确法人治理结构，明晰自身的权、责、利。在内部的微观治理领域，高校要享有充分的办学自主权，面向市场自主办学，以质量在竞争中立足，努力实现办学的社会效益和经济效益的统一。高校内部必须进行实质性的改革，建立一种高效率、高效益的治理机制，实施一整套最具效率的治理模式，把原有体制下被抑制的供给能力释放出来，最大限度地实现社会效益和经济效益的统一。另外，要密切关注教育市场动态，积极主动地参与市场竞争，敢于创新，善于按照教育自身的特点和规律来管理和运作学校。此外，大学还需要平衡学术权力与行政权力，坚持自身的发展逻辑，协调与以政府和市场为代表的外部关系。但在这一系列改革过程中，大学绝对不能以营利为主要目的，作为实行独立经济核算的事业单位，它可以进行办学成本的经济核算，努力提高办学的经济效益，但这些必

---

① 国家教育体制改革领导小组办公室. 国家教育体制改革领导小组办公室关于进一步落实和扩大高校办学自主权 完善高校内部治理结构的意见[EB/OL]. http://www.moe.edu.cn/publicfiles/business/htmlfiles/moe/s6529/201412/182222.html[2019-05-12].

须以无损于大学的本质与属性为条件。大学的办学与企业经营存在本质的区别。

　　总而言之，高等教育市场化是一把双刃剑。它既是一种机遇，又是一种挑战。一方面，要对市场手段的引入充满信心，以乐观的心态积极营造高等教育市场的良好秩序，实现高等教育高质量、快速地发展。另一方面，要对市场化的过度发展保持警惕，时刻保持清醒的头脑，不能因为物质利益影响大学的精神追求，避免因盲目追逐效率和效益而损害大学的内在发展逻辑。

后　记

从学术研究基因的角度讲，我对澳大利亚高等教育问题的研究兴趣始于在东北师范大学国际与比较教育研究所求学期间。在东北师范大学的宝贵学习经历培养了我对国际高等教育改革的持久兴趣，也使我具备了捕捉国际高等教育发展新动向的洞察力。在多年从事高等教育研究的过程中，我已经习惯将比较教育研究的方法论作为一种基本的思维方式和分析视角。这一切均得益于我的学习经历，得益于东北师范大学国际与比较教育研究所众多恩师的培养。

我国和澳大利亚同属亚太地区重要国家。20世纪90年代以来，我国和澳大利亚在经济贸易、文化往来等多边关系中加速发展，各领域合作取得重大进展。在高等教育领域中的合作也将为两个国家带来更多的实际利益。但我们对澳大利亚高等教育的研究是相对缺乏的。对于欧美其他发达国家高等教育问题的研究可谓繁多，体系化程度很高，研究总体上较为完善，但对于澳大利亚高等教育的系统研究仍然亟待加强。

2008年，我完成了博士论文《澳大利亚高等教育市场化进程中的大学、政府、市场关系研究》，其间的写作过程较为艰难，我将较多的时间花在对澳大利亚的历史、社会、文化与高等教育相关外文资料的搜集、整理与阅读上。当时，恰逢浙江大学出版社推出了一套澳大利亚教育译丛，我如获至宝，也更深入系统地学习了国际高等教育研究知名学者、墨尔本大学高等教育研究所的西蒙·马金森教授的多部著作和论文，这些著作和论文对我的研究帮助极大。完成博士论文之后，我内心有些许遗憾。高等教育是建立在一个国家深厚的历史、文化与传统基础上的，同时又与不同时代的政治、经济与外交关系存在紧密的关联，因此高等教育研究本质上就是综合性的社会研究。国别高等教育研究如果不深入到这个层面恐难有效地解释问题。因此，我便将后续研究的重点放在澳大利亚的历史、文化以及不同时代的社会政治与经济问题上，试图理解不同时期高等教育政策的特殊背景，以有力地解释在全球化背景下澳大利亚对于很多高等教育问题所采取的应对方式。可以说，我对澳大利亚的研究兴趣一直在持续，近几年也发表了几篇关于澳大利亚高等教育的小论文。

2018 年的冬天，我参加了由英国高等教育研究协会主办的高等教育研究国际论坛，又一次见到了马金森教授，向他谈及我对澳大利亚高等教育研究的认识，他勉励我一定要出版这本书，这给了我极大的动力。大连理工大学高等教育研究院的张德祥教授是将我领进大连理工大学高等教育研究院的恩师，又是我从事高等教育研究工作的领路人。他多次过问书稿的写作进展，并提出了非常中肯的建议。因此，我也有了充足的信心将十余年来对澳大利亚高等教育问题的思考进行系统化整理。在书稿的写作过程中，我也关注到了崔爱林、杜海燕等多位学者的相关研究，他们的研究在文献资料、分析视角等方面给我很多启示。感谢科学出版社的大力支持，孙文影、高丽丽等编辑为本书的出版提供了非常多的帮助。我的研究生宋冬雪、王洋、高士琳、邵英硕等帮助我查阅了很多相关文献。在此，我仅能用非常有限的语言表达我内心无限的感谢。

作为一个对国际与比较教育情有独钟的高等教育研究者、一个蹒跚在教育学术研究道路上的愚拙之人，在完成书稿的这一刻，我内心仍然较为惶恐，深知书稿仍存在一些不足，有待后续研究进一步完善。同时，我也是笃定的，因为毕竟研究者的眼光与见识永远是有限的。研究没有边界，以求真和求实为最高宗旨。以个人的有限达至知识的无限，是不可能完成的任务，但既已成为一位研究者，就应该客观地接受大家的意见，并不断上下求索，以达至真的彼岸。

何晓芳

2019 年 12 月 11 日